编委会

CCTV纸上纪录片

中国石窟走廊

The Grottoes Corridor of China

《中国石窟走廊》摄制组 编

读者出版传媒股份有限公司
甘肃教育出版社

图书在版编目（CIP）数据

中国石窟走廊 /《中国石窟走廊》摄制组编 . -- 兰州 ：甘肃教育出版社，2020.11（2023.1重印）
ISBN 978-7-5423-4943-9

Ⅰ. ①中… Ⅱ. ①中… Ⅲ. ①石窟—研究—中国
Ⅳ. ① K879.204

中国版本图书馆CIP数据核字（2020）第211733号

中国石窟走廊
The Grottoes Corridor of China
《中国石窟走廊》摄制组 编

策 划 薛英昭 孙宝岩 李慧娟
项目执行 李慧娟 石 璞
责任编辑 李慧娟
书籍设计 张小乐 而 谈

出 版 甘肃教育出版社
社 址 兰州市读者大道568号 730030
电 话 0931-8439931（编辑部） 0931-8773056（发行部）
传 真 0931-8435009
淘宝官方旗舰店 http://shop111038270.taobao.com

发 行 甘肃教育出版社 印 刷 兰州银声印务有限公司
开 本 787毫米×1092毫米 1/16 印 张 27.5 字 数 330千
版 次 2020年11月第1版
印 次 2023年1月第2次印刷
印 数 1～3 000
书 号 ISBN 978-7-5423-4943-9 定 价 98.00元

壹 石窟鼻祖

贰 敦煌丹青

叁 东方微笑

肆 国家宝藏

壹

石窟鼻祖

中国内地最早的石窟究竟在哪里？赫赫有名的凉州造像又是怎样的尊容？初来乍到的北凉菩萨，为什么和内地的菩萨形象大不相同？从印度到龟兹，从龟兹再到凉州，作为中国内地石窟鼻祖的凉州造像又如何影响了全国的石窟营造？

龟兹佛光

前秦建元二十年（384年）9月，塔里木盆地北缘的古龟兹国烽烟滚滚，杀声震天。前秦大将吕光奉皇帝苻坚之命，率7万大军从几千里外的长安攻到龟兹王城下。吕光向龟兹王白纯发出最后通牒，要他立即交出高僧鸠摩罗什，否则就发起总攻。

白纯倚仗临时集结的西域三十余国70万联军，自以为王城固若金汤，拒不交出鸠摩罗什。吕光“冲冠一怒为番僧”，下令大军攻城。

身经百战的吕光用连营阵法对付龟兹骑兵，用钩锁法对付联军

吕光大军远征龟兹（剧照）

的索套，十几个回合下来，联军被拖得精疲力尽，纷纷躲进各自的营地自保。吕光集中兵力直捣黄龙。前秦军以少胜多，迅速攻克龟兹王城。白纯丢下鸠摩罗什，带着金银细软逃跑了，西域三十余国王侯也纷纷投降。

抢到鸠摩罗什后，吕光没有占领龟兹一寸土地，也没有打算驻军。而是册立白纯的弟弟白震为新国王，让龟兹国又恢复了正常。

这是中国历史上最匪夷所思的一场战争。出动数万大军万里迢迢灭掉另一个国家，竟然只为抢一个高僧。这种奇葩举动在人类历史上都极为罕见。

中国佛教协会秘书长桑吉扎西：五胡十六国要在中原建立一个庞大的国家组织，不光要靠武力征服，还要文化的支撑才行。那他拿什么来支撑呢？就是佛教，用佛教思想来统摄一个国家的文化思想。另外，中国南方和北方的文化差异和冲突，也是通过佛教把它们统一在一起的。

遥想当年，十六国天天打打杀杀，但各国国王无一例外都特别尊重知识，尊重人才。他们甚至把高僧看得比疆土还要紧，对文化软实力的重视到了令人不可思议的程度。于是，往来于丝绸之路的那些学贯中西、满腹经纶的高僧大德，就成了各国竞相争夺的明星。“万人迷”鸠摩罗什更是被中原、西域各国视为国宝级“网红”。

兰州大学教授、博士生导师杜斗城：当时的五胡十六国纷纷立佛教为国教，很多高僧大德被奉为国师参与国政。比如，后赵的石勒、石虎聘请佛图澄为国师，北凉的沮渠蒙逊聘昙无谶为国师，前秦的苻坚在攻打襄阳夺取道安作为国师后，又去西域抢夺鸠摩罗什，这在当时的社会上形成了浓厚的崇佛风气。

《十六国春秋别传》这样描述吕光看到的龟兹国：

> 城有三重，广轮与长安城等。城中塔庙千数，帛纯（白纯）宫室壮丽，焕若神居。胡人奢侈，富于生养，家有葡萄酒，至千斛，经十年不败。

地处天山南麓、塔克拉玛干大沙漠北缘的龟兹，是西域三十六国中最早接受汉文化的国家，也是西域政治、经济、佛教文化的中心。它的范围大致包括今天新疆库车、轮台、沙雅、拜城、阿克苏、新和六个县市。两汉时期，龟兹成为丝绸之路中道的咽喉，战略地位更加重要。汉朝在这里设立了西域都护府，代表中央管理整个西域政务。唐朝在这里设立了安西大都护府，龟兹也进入了发展的繁荣期。直到宋代中后期，龟兹国才从历史的词典中消失。

从公元前176年建国，到公元1001年被回鹘所灭的一千多年

龟兹摩尔佛寺遗址（剧照）

间，龟兹一直处在世界四大文明的十字路口，丝绸之路上的商旅、使者、僧人、画师、工匠、歌舞百伎熙来攘往、川流不息，南方的佛教、东方的儒教、北方的游牧文化、西方的希腊文化都在这里交流融合，创造了一个风情万种的西域佛国。

人，从哪里来？到哪里去？这是人类与生俱来的迷惑。这迷惑推进着科学，也催生了宗教。

世界这个词，就来自佛经。世，代表时间；界，代表空间。

2500多年前，印度王子乔达摩·悉达多在菩提树下悟道成佛，号释迦牟尼。

敦煌研究院文献研究所原所长、研究员李正宇：释迦牟尼出生于一个国王世家，他是个王子。按照常理来说，他应该继承王位。后来他30来岁时，就对人生有了些思考。他发现人从欲望出发，为了满足自己的欲望，就被别人所害，同时被害的人又反过来害别人。所以这样从欲望出发，结果只能是损人利己，大家你害我，我害你，这世界充满了悲惨。他为了悟透这个道理，就夜半逾城，到一个荒山上去，苦苦地思索了很长时间。后来就悟到了这么一个道理，就创立了佛教。

公元前3世纪，印度孔雀王朝的第三代君主阿育王放下屠刀，笃信佛教。他宣布佛教为国教，兴建了84000座佛舍利塔，邀请著名高僧目犍连子帝须长老召集1000比丘，在华氏城举行了佛教史上第三次大结集，整理了佛教的重要经典。接着，阿育王向边陲地区和周边国家派遣使团传播佛教。至此，佛教开始走出印度，迈向世界，最终演变为一个世界性的宗教。

莫高窟第217窟　释迦说法图

佛教是从南北两个方向往周边国家传播的。南传佛教进入了缅甸、泰国、柬埔寨、斯里兰卡等地。北传佛教传入大夏（阿富汗）、安息（伊朗）及大月氏（阿姆河流域），一直越过葱岭传入环塔里木盆地的龟兹、焉耆、疏勒、于阗等地，最后在敦煌汇合，穿过河西走廊进入中原，称为汉传佛教。另一支主要在西藏地区传播，称为藏传佛教。

龟兹是中国最早沐浴佛光的地方。汉语的“佛”字就是通过龟兹文翻译过来的。佛教传入龟兹后得到迅速发展。到鸠摩罗什生活的时代，龟兹佛教达到了极盛。《出三藏记集·鸠摩罗什传》说，鸠摩罗什从沙勒回到龟兹时，“龟兹僧一万余人”，这几乎占到龟兹总人口的十分之一了。

中国社会科学院世界宗教研究所研究员黄夏年：龟兹是中国佛教最早传入的地区。从汉代开始，中原王朝就在这里设立了西域都护府，由都护行使管理权。也就是说，龟兹早在2000多年前就已经属于中国领土。所以，我们有理由把佛教传入中国的历史往上推，上推到龟兹和于阗等地，中国佛教的源头不只是洛阳白马寺，西域才是中国佛教的最早源头。

由于龟兹语和梵语同属印欧语系，在语言方面，龟兹比其他地方更有优势，这里自然成为佛教进入中国的门户。操着各种语言的教徒来到丝绸之路北道最大、最繁荣的绿洲传道弘法，为未来中国第一佛经翻译家的成长提供了最佳语言环境。

鸠摩罗什的身世充满了不可思议的反转剧情。

他的父亲鸠摩炎原来是印度一个小国的宰相，后来不当宰相了，出家当了和尚。为一心修道，他离开自己的国家，翻越葱岭到了西域，被龟兹国王拜为主管佛教事务的国师。但龟兹王的妹妹耆婆却看上了他，非要嫁给他不可。国王不得不强迫鸠摩炎还俗，娶了他这个任性的妹妹，生下了神童鸠摩罗什。但鸠摩罗什刚满七岁，耆婆又突然闹着要出家，而且还要带着小鸠摩罗什一块儿出家。

公元350年，七岁的鸠摩罗什跟妈妈在龟兹最大的寺院——雀离大寺正式剃度，他成了中国最小的佛教徒。

鸠摩罗什天资过人，刚开始读佛经就能日诵千偈。九岁时，他随母亲出国游学，游历了古印度各国，遍访名僧大德，掌握了许多中亚语言，包括梵语、犍陀罗语、焉耆语、粟特语、汉语等。由于他博闻强识，过目不忘，很快就精通了经藏、律藏、论藏三藏和大乘、小乘佛法，十二岁就当了国师，在西域三十六国红得发紫。龟黄夏年：五胡十六国和西域三十六国都有个共识，这个共识是什么？就是尊重佛教人才。在鸠摩罗什身上就充分印证了这一点，由于他佛学造诣很高，各个国家、各个民族都想请他去，这些国家都信仰佛教，他无意中起到了一个增进西域各国民族团结的作用。

兹王白纯为他定制了金狮子座。每到说法时，西域各国国王都恭恭敬敬地长跪在地，让鸠摩罗什踏着他们的脊背登上法座。

只是金狮子座上的鸠摩罗什和匍匐于地的西域诸王都没有想到，因为这位天才少年的超凡智慧，一场战争正悄然临近。

当时，鸠摩罗什“道震西域，名被东国”，远在长安的前秦王苻坚也对他敬若神明，多次派人邀请他到长安讲经说法，可白纯就是不放人。最后，苻坚不得不发动战争来“引进人才”。

伴随佛教东传而来的，还有丝绸之路上的一座座石窟，把这些石窟连成一串，就是一部佛教传播史。

石窟的本义就是开凿在岩石、山崖上的佛教建筑。佛教崇尚清修，古代印度的僧侣们离开闹市，躲进崇山峻岭开凿石窟。

世界上最早的石窟是比哈尔邦格雅城北的巴拉巴尔石窟群，开凿年代约在公元前3世纪。这些洞窟为椭圆形，单穴，一门，高4米，

古龟兹雀离大寺（今苏巴什寺东寺）遗址（冯小龙　摄）

印度阿旃陀石窟第26窟

阿富汗巴米扬大佛被炸前（图左）和被炸后（图右）

适合单人禅修。

公元前1世纪至2世纪的阿旃陀石窟，规模已经很壮观了。整个山谷开凿了29个洞窟，洞窟中出现了石雕佛像和佛经故事壁画。

直接继承印度石窟艺术传统的只有阿富汗和中国。

阿富汗巴米扬石窟是世界上现存最大的佛教石窟群，共有大小窟龛约750个，高53米的石雕立佛“西大佛”为世界上最高的大佛，晋代法显和唐代玄奘都曾瞻仰过巴米扬大佛。可惜，2001年3月12日，世界第一大佛被炸毁，已面目全非。

龟兹故城（图片来自网络）

2018年11月，我们从甘肃最西边的酒泉出发，驱车三千多里，赶往新疆南疆的古龟兹，寻找中国最古老的石窟群。

翻越白雪皑皑的天山，一路上都是一望无际的戈壁荒漠。有时候一连几个小时都见不到一个村庄和集镇。难以想象，在遥远的古代，在天高地远的西域，面对如此荒凉的自然环境和无边无尽的人生苦难，龟兹的先民们是怎样孕育文明、创造艺术的。

莫非，世界上那些最伟大的信仰、最杰出的艺术，就产生于最寂寞荒寒、最没有生机的环境里？

汽车走了整整三天，我们终于到达库车县境内。如今，龟兹故城只剩下两座高台建筑和300米左右的残墙，其余建筑都已荡然无存。鸠摩罗什曾经剃度出家的雀离大寺，即现在的苏巴什寺，也只剩下一座佛塔的塔基和几道被风化的围墙了。

真正的龟兹，只有去龟兹的石窟寺里找了。

离开库车前往拜城，又是一路的荒山秃岭和雅丹地貌。当一车人昏昏欲睡地穿过一段平坦的戈壁后，眼前突然出现了一片巨大而开阔的河谷，让我们都尖叫起来。只见木札提河蜿蜒流过，两岸沃野平畴，白杨掩映。南面的雀尔达格山头白雪覆盖，祥云环绕，宛如仙境一般。而北边的明屋达格山，山色赭黄，几乎寸草不生。悬崖峭壁上布满了大大小小的洞窟。

这就是中国历史上开凿最早的佛教石窟群——克孜尔石窟。

克孜尔石窟群始凿于东汉时期。目前有编号的洞窟249个，残存壁画约7000平方米，是除莫高窟外，国内保存壁画最多的石窟。

龟兹石窟群还包括库车的库木吐喇石窟、森木赛姆石窟、玛扎伯哈石窟、克孜尔尕哈石窟，新和的托乎拉克埃肯石窟，拜城的台台尔石窟、温巴什石窟等多处石窟。

一把打开中国石窟密锁的钥匙，就藏在千佛栖息的龟兹石窟群。

窟前广场上矗立着鸠摩罗什的雕像。雕像通体呈黑色，衣纹贴身，犹如“曹衣出水”。鸠摩罗什低眉颔首，俊逸超凡，仿佛仍在

鸠摩罗什雕像

新疆克孜尔石窟

岩石 / 第四纪半胶结砂砾石层

建造年代 / 始于东汉，终于宋代（吴健　摄）

金狮子座上讲经说法，把大乘佛教的无上智慧播撒到人间。

一代宗师鸠摩罗什是克孜尔石窟的精神象征。他在龟兹弘扬佛教的20年间，也正是龟兹石窟开凿的起步阶段，他传播的佛教思想，对克孜尔石窟壁画、塑像都产生了深刻的影响。

处在巴米扬和敦煌之间的克孜尔石窟，比莫高窟早一个世纪左右，它是佛教石窟艺术从印度传入西域、形成龟兹造像模式后再传入敦煌的中继站。

佛教石窟传入龟兹后，由于砾石岩酥松容易坍塌，龟兹工匠就把印度的半圆形覆钵塔，变成了直通窟顶的龟兹式中心塔柱窟。后来，敦煌及河西其他石窟乃至云冈石窟的中心塔柱窟，都是按照龟兹模式建造的。

敦煌及河西其他早期石窟壁画的很多谜团，上溯到克孜尔便迎刃而解了。

中国社会科学院世界宗教研究所研究员张总：石窟开凿就是先开凿出前室，两边再挖甬道，甬道在后壁相通，形成了富有地域特色的龟兹中心柱窟。礼佛人进窟后，穿过前室，然后从左甬道绕塔柱一周做礼拜。佛教讲究右旋绕塔礼拜，以人的右肩对着佛塔来绕行。

克孜尔石窟第100窟　中心柱

从克孜尔石窟色彩浓烈、构图瑰丽的壁画上，我们感受到中国艺术与古印度、希腊、罗马、波斯艺术碰撞时迸出的美妙火花，以及全新的艺术样式带给龟兹画师的最初的惊喜。

克孜尔石窟壁画的人物都有丰满的额头、高耸的鼻梁。这是古希腊的人物造型手法。飞天形象跟莫高窟早期飞天非常接近，都是“V”字形身躯，上身裸露。线条粗犷豪放，男性特征明显。龟兹画师用粗犷有力的线条，勾画出雄健壮实的骨骼，再用赭石等矿物颜料，通过深浅不同的多层色彩晕染来构成明暗变化，让肌肤产生立体感。这种集犍陀罗风格和龟兹画风于一体的“西域晕染法”，给中国传统绘画带来了强烈的震撼。

克孜尔石窟第38窟　飞天

张总：本生故事就是佛陀还未成佛之前的故事，如曾经投胎为人做国王、大臣、猎人、婆罗门、刹帝利等。还有一类因缘故事，就是各色人等种种因缘的传教皈依。这两大类故事是克孜尔以至新疆地区菱形格壁画的主体内容。

最独特的是克孜尔石窟的菱格构图壁画。第110窟的三面墙壁，上、中、下三行共绘了61个菱形方格，每一个菱形格里都有一个佛本生故事片段，像一本连环画。这种画法明显借鉴了古希腊的”一图一景一故事”的塑像模式。

受印度本土宗教的”生殖崇拜信仰”的影响，克孜尔石窟中出现了大量薄衣透体、丰乳肥臀，甚至裸体的菩萨、伎乐形象，她们头向左侧、胸向右转，臀部又往左耸出，形成“三道弯”式的体态，极富性感魅力。“三道弯”体态后来也传入敦煌和中原地区石窟。

克孜尔石窟　菱格画（吴健　摄）

克孜尔石窟　壁画

只不过含蓄的内地画工让女性的菩萨、天人们不再暴露乳房、臀部等敏感部位，给她们穿上了更多的衣服。

被称为音乐窟的第38窟是龟兹乐舞艺术的集大成者，壁画汇集了西域各国的舞蹈以及印度、波斯、龟兹的各色乐器，乐器品种和数量远远超过印度石窟。如此排场的天宫伎乐，我们很快就会在敦煌莫高窟壁画中看到了。

最能反映鸠摩罗什大乘佛教思想的是克孜尔前期的7处大像窟，只是窟中大像都在千年前的宗教战争中被摧毁了。从第47窟前壁残存的大圆孔来看，这里曾有一个高16米左右的大立佛，是仿照巴米扬大佛式样开凿的，为龟兹地区最高的立佛像。

龟兹研究院研究员霍旭初：除了克孜尔石窟的7个大像窟外，在其他龟兹石窟里也有多处反映大乘佛教思想的大像窟。库木吐喇石窟有4个，森木赛姆石窟有4个，克孜尔尕哈石窟也有4个。龟兹石窟群共有20多个大像窟，这在全世界的佛教石窟群中都是少见的。如果当时没有巨大的财力和人力以及得到国王、贵族的支持，如此浩大的工程是不可想象的。这正是鸠摩罗什在龟兹时，国王白纯倾力支持他弘扬大乘佛教的证明。

克孜尔石窟　壁画

克孜尔石窟第71窟　大佛窟

中国考古学泰斗、北京大学教授宿白先生在《克孜尔部分洞窟阶段划分与年代等问题的初步探索》一文中指出：

> 克孜尔石窟位于佛教东渐的关键地点。就佛教石窟而言，它正处在葱岭以西阿富汗巴米扬石窟群和新疆以东诸石窟群之间。它所保存早期壁画的洞窟数量，远远超过了巴米扬，而其第一阶段的洞窟的具体年代至少要早于新疆以东现存最早的洞窟约100年。因此，克孜尔石窟在中亚

和东方的佛教石窟中，就占有极重要的地位。克孜尔石窟是龟兹诸石窟群中的代表。在古龟兹文化遗物存世稀少的今天，克孜尔石窟又是整理研讨久已沉埋的古龟兹文化的丰富宝藏。

龟兹石窟大胆吸取了外来艺术并加以改造、融合，创造出一种崭新的民族艺术样式，开创了中国石窟艺术的先河。西北、中原地区的石窟寺都发轫于龟兹石窟。后来，龟兹艺术传入内地，改变了中国绘画、雕塑的主题、风格、样式和方向，极大地丰富了中国传统艺术。

有人把佛教石窟进入中国内地比作一场漫长的旅行，而龟兹石窟群就是这场旅途的起点。在敦煌石窟正式开凿前100年，从洞窟形制到壁画内容，从佛典到经师，从画工到塑匠，龟兹都做好了充当“二传手”的准备。

现在，一个即将改变中国佛教的高僧就要开启东行传法之旅，中国石窟开凿的生机勃勃的时代也将随之到来了。

在攻下龟兹的第二年，吕光带着此行最大的战利品——鸠摩罗什，向长安进发，同行的还有许多龟兹画师和歌舞百伎。

后来成为中国四大佛经翻译家之一的鸠摩罗什，是把梵文佛经译成通俗流畅的汉语的第一人，大乘佛教的一代宗师。他翻译的35部、294卷重要经典，语言简洁，浅显易懂，脍炙人口，成为中国八大佛教宗派的立宗经典。

国学大师陈寅恪曾说，鸠摩罗什的译经艺术在玄奘法师之上，“一为删去原文繁重，二为不拘原文体制，三为变易原文”。

梁启超先生称鸠摩罗什为“译界第一宗师”。他说：“自罗什诸经论出，然后我国之翻译文学，完全成立。”

时至今日，全世界汉传佛教信众诵读的佛经，十有八九都是鸠摩罗什的译本。

桑吉扎西：只要有我们汉传佛教的法师、僧人在海外不同的寺院讲经说法，哪个寺院都少不了使用鸠摩罗什大师翻译的《弥陀经》《妙法莲华经》《观世音普门品》《维摩诘经》《金刚经》，所以说这就是鸠摩罗什大师对于世界佛教文化，对于不同宗教文化交流的一个杰出的、伟大的贡献。

一位出生在龟兹的僧人，却能把高深莫测的梵文佛经翻译成优美晓畅的汉语，无数经师皓首穷经也难敌他的妙笔生花。鸠摩罗什的译经深刻影响了中国乃至东南亚的宗教、哲学、文学艺术。那些闪耀着智慧光芒的经典，成了中国石窟开凿、壁画造像制作的依据和蓝本。

中国石窟开凿刚刚拉开序幕的年代，正是鸠摩罗什在长安翻译的佛教经典在全国广为流传的时期。如“二佛并坐讲法”来自鸠摩罗什翻译的《妙法莲华经》,《维摩诘经变》来自他翻译的《维摩诘经》。还有唐代广为流行的《阿弥陀经变》《西方净土变》《观世音变》等经变画，都是依据鸠摩罗什译经的描述来绘制的。可以说，鸠摩罗什是中国石窟开凿、佛教艺术发展最重要的幕后推手。

北凉国王的灵光一闪

遥远的东方大国一直是印度、西域僧侣梦寐以求的传法之地。

还在吕光进攻龟兹之前，鸠摩罗什和妈妈就有过一次交谈。耆婆预言，他将肩负东土传法的使命。

耆婆：大乘深教应在震旦（中国）广为传播，普度众生。但要将它传到东土，只有依靠你一个人的力量了。

鸠摩罗什：如能让大法流传东土，令众生洗尘除垢，

吕光大军东行归来（剧照）

悟到真谛，儿愿意前往。

耆婆：但这样做对你自身很不利，我儿能做到吗?

鸠摩罗什：舍身利他乃大士之道，儿甘愿赴汤蹈火，受炉镬之苦!

鸠摩罗什万万没有想到，在他的一生中，除了出生地龟兹，凉州竟然是他居住时间最长的地方。

离开龟兹后，吕光大军带着鸠摩罗什出高昌，前往敦煌。过了罗布泊，他们进入丝路商旅谈之色变的险途——白龙堆。

这是一片绵亘近百公里的风蚀台地，古丝绸之路中道就从白龙堆中穿过。远远望去，一道道土台犹如一群群白龙在沙海中游弋。这里上无飞鸟，下无走兽，寸草不生，是一片令人绝望的生命禁区。

吕光的大部队在饥渴难耐中走出了白龙堆，进入春风不度的玉门关。

历史上，阳关、玉门关是汉王朝和西域之间的分界线。对华夏民族的天涯游子来说，踏进两关之门就意味着回到了生死不离的故

玉门关附近的汉长城烽燧

土。东汉班超驻守龟兹、征战西域38年，晚年给皇帝上奏说：

臣不敢望到酒泉郡，但愿生入玉门关。

对于鸠摩罗什来说，踏进玉门关的意义更为重大，这是他东土弘法的第一步。一颗光明与智慧的种子，即将在古老中华大地上生根发芽，给华夏文明注入新鲜血液。

鸠摩罗什来到敦煌时，距乐僔和尚在莫高窟开凿第一窟还不到20年，宕泉河畔此起彼伏的开凿声不绝于耳。

当时开凿石窟的僧人和工匠们谁也没想到，这位匆匆而过的龟兹僧人和他传播的大乘佛法，会深刻影响莫高窟佛教艺术长达一千年。也不会想到，他们塑造佛像、描绘壁画、抄写佛经的绝大部分蓝本都将出自这位年轻僧人之手。

也就是从鸠摩罗什那个时代开始，在1000多年的漫长岁月中，莫高窟连续开凿，造像不止。历经北魏、西魏、北周、隋、唐、五代、宋、西夏、元，莫高窟共留下735个洞窟，其中有壁画和雕塑的492个，壁画面积45000平方米，彩塑2400尊，成为世界现存规模最大、延续时间最长、内容最丰富的佛教艺术宝库。

鸠摩罗什路过敦煌时住在普光寺。有一天夜里，他梦见自己骑乘的白马突然开口说话了。白马说："我本是西海白龙，为你东土传法驮经。如今你已穿越塔克拉玛干沙漠，安全步入东土，我可放心回去了。"说罢，一道白光划过夜空。鸠摩罗什急忙起床赶到马厩，发现白马已经死去。

敦煌百姓听说大师的白马死去都很悲伤，纷纷捐款捐物，在普光寺院内修建了一座白塔，祭奠白马的亡灵。

如今，汉唐敦煌故城已基本化为废墟，城址内唯一保存下来的完整建筑物就是鸠摩罗什的白马塔。

敦煌百姓的崇佛之风，让鸠摩罗什看到了东土弘法的希望。

告别敦煌，大部队沿河西走廊一路东行。就在他们行进到姑臧

敦煌　白马塔

武威　鸠摩罗什塔

时，一个爆炸性的新闻让鸠摩罗什的东行之路陡然生变。

前秦皇帝苻坚率领百万大军进攻东晋，被八万东晋军打得落花流水，这就是历史上著名的淝水之战。苻坚战败后，本是手下大将的羌人首领姚苌叛变，杀害前秦皇帝，夺了皇位，建立了后秦。

吕光觉得，此时回长安无异于自投罗网，不如保存实力，另立门户，择机再进军长安。

公元386年9月，吕光在姑臧称帝，建立后凉政权。年号太安。

姑臧，就是今天的武威，祁连山东部最大的绿洲，河西走廊第一重镇，古称凉州。五胡十六国，前凉、后凉、北凉、南凉四国，加上隋末的大凉都在凉州定都，凉州被称为“五凉古都”。单从这不断变化的政权名称就可以看出，凉州历来是兵家必争之地。

吕光不走，鸠摩罗什也走不了。凉州一困，就是17年。

武威市北大街的鸠摩罗什寺，就是当年吕光为鸠摩罗什修建的精舍原址。到民国时期，鸠摩罗什寺的殿堂僧舍无一幸存，唯有舍利塔一直巍然耸立。据传塔内供奉着鸠摩罗什的舌舍利。这位旷世奇才的三寸不烂之舌，是中国佛教史上最不可思议的神话。

敦煌莫高窟

岩石 / 第四纪半胶结砂砾石层

建造年代 / 始于前秦，终于清代

夹在青藏高原和蒙古高原之间的河西地区，是一条全长1000多公里的狭长通道。因为地处黄河以西，地形如同走廊，被称为“河西走廊”。

西汉时期，汉武帝发动河西之战，赶走了强大的匈奴。汉朝在河西设立武威、张掖、酒泉、敦煌四郡，并在敦煌设立阳关、玉门关两个“海关”，丝绸之路从此开通。处在西域与长安之间的河西走廊，自然成为佛教东传中国内地的第一站。

那么，佛教最早传入河西走廊究竟是什么时候呢？

1987年，酒泉地区文物普查队在敦煌与安西（今瓜州）之间发现了一个汉代驿站遗址。甘肃省考古所对遗址进行了挖掘，出土汉简20000多枚。汉简文字显示，这个驿站叫“悬泉置”，是汉唐时期接待丝绸之路上往来的中外人员和传递邮件的大型中转站。

其中一枚汉简上的一行字引起了专家的关注：

少酒薄乐。弟子谭堂再拜请会。月廿三日，小浮屠里七门西入。

这枚汉简原来是一枚请柬，说的是敦煌一位佛弟子名叫谭堂，他在家里备好了酒菜，准备宴请自己的老师，他让老师从“小浮屠

理方法师：鸠摩罗什后来在长安圆寂，依照龟兹国的习俗，他的法体要火化。火化后人们发现，灰烬中留下了一片完整的舌头。大家想起鸠摩罗什临终前曾有遗言：“如果我译的经卷没有舛错，身后火化，我的舌头不烂。”后来，鸠摩罗什的舌舍利就葬在他长期驻留过的凉州。

汉武帝列四郡据两关（剧照）

悬泉置“小浮屠里”汉简

里”七号门西边进来。

浮屠，是佛陀的另一种音译。“小浮屠里”就是有小佛塔的巷子，可见当时的敦煌已有佛塔。专家推断，这枚木简的时间最早是公元58年左右，比汉明帝永平十年（67年）印度高僧和东汉使者白马驮经返洛阳的时间还早近10年，比乐僔开凿莫高窟第一窟早300年。

谭公子没有想到，他的请柬会在1900多年后出土，成为中国内地佛教东传最早的历史记载。

既然公元1世纪佛教就已传入中土，为什么此后两三百年里一直没有在内地传播开来，而内地石窟开凿更是一片空白呢？

汉代由于汉武帝“罢黜百家，独尊儒术”，儒家道统一直占据汉朝文化的主流。东汉时就传到中土的佛教，只是作为一种神仙方术在边缘地区传播。屈指可数的佛寺，也主要是供西域来华的僧侣和商人参拜使用。朝廷甚至有“华人不得为僧，朝廷不礼胡神”的禁忌。

杜斗城：十六国、北朝的大部分政权是胡人统治，胡人认为外来的佛教正好适合他们的口味和统治需要；另一个原因是东汉末期开始，占统治地位的儒家思想被儒生们弄得非常繁复，死气沉沉，实际上走向死胡同了，中国人需要呼吸点新的空气了，正好这时候佛教过来了。佛教是一种伟大的文化，接受佛教的民族也必须是文化底蕴非常深厚的民族。佛教从印度传来到西域，到内地以后才发扬光大了，说明什么问题？说明我们中华文化博大精深，能融合它，能接纳它。

历史总会出现一些意想不到的拐点。

西晋末年，天下大乱。北方的匈奴、鲜卑、羯、氐、羌等少数民族纷纷逐鹿中原，中国历史进入长达300多年的大分裂、大动荡时期。被汉朝称为胡教而一直受到抑制的佛教，却受到北方少数民族统治者的狂热追捧。魏晋南北朝时期，中国佛教突然进入井喷期。

郑阿财：我们中国在东汉以后，政治动乱，人民生活境况悲惨，人们感觉到很无奈，今生不可求，那么怎么办呢？正好印度的佛教传进来了，它的宗旨就是今生不可求，你可以求来生。因为那时候人们生活在这样痛苦无奈的情形之下，只好把希望寄托在未来，佛教正好可以解脱我们内心的痛苦，给予我们一个对美好的未来的寄托。

楼宇烈教授也认为，儒、释、道都强调人的自我提升、自我超越，佛、仙、圣都是人做的，它与西方依靠造物主的拯救，决定命运是不一样的。所以佛到了中国以后找到了同道。

佛教东渐，河西走廊近水楼台先得月。

到东晋十六国时期，整个中原地区战火弥漫，干戈不息，而河西地区则社会安定，经济富裕，既为中州人士避难之地，又是高僧大德弘法之区。虽然百余年间五凉之间免不了互相征伐，但比起河南、河北、山东等地的大动乱，河西走廊无疑是一片人间乐土。

河西走廊近水楼台先得月（剧照）

4世纪初，张轨任凉州刺史。《晋书·张轨传》记载，他到凉州不久，即“征九郡胄子五百人，立学校，始置崇文祭酒，位视别驾，春秋行乡射之礼”。张祚、张天锡执政凉州时期，社会上拜师求学蔚成风气。张天锡还亲自组织了《首楞严经》的翻译。一时凉州高僧辈出，人才济济。西域、天竺高僧或者驻锡凉州译经，或途经凉州到内地传法。凉州、敦煌成为十六国时期北方佛教中心之一。中原板荡之时，河西佛教甚至成为中华一枝独秀。

正如陈寅恪先生所说：

> 刘（渊）石（勒）纷乱之时，中原之地悉为战区，独河西一隅自前凉张氏以后尚称治安，故其本土世家之学术既可以保存，外来避乱之儒英亦得就之传授，历时既久，其文化学术遂渐具地域性质。

也就是说，在鸠摩罗什来到凉州前，这里已经成了儒、释、道

河西学院教授吴浩军：永嘉之乱时，京城士大夫就认识到：“天下方乱，避难之国唯凉土耳。”建兴之乱后，晋王司马保败亡，《晋书·张轨传》说：“其众散亡凉州者万余人。”大量中原庶士避居河西，使河西文人学士大为增加，这对保留中原先进文化和推动河西文化的发展产生了积极的影响。

杜斗城：关键还在于鸠摩罗什的另一门学问——阴阳术，也就是堪舆之学。吕光一旦遇到异象，就让鸠摩罗什卜算。从龟兹回师途中，吕光曾在山下安营扎寨，鸠摩罗什说："此地是凶险之所，不可驻留，应当移往高地。"吕光不听，结果半夜山洪暴发，官兵死伤数千。这让吕光对鸠摩罗什刮目相看。在凉州，鸠摩罗什又预见了卢水胡人的谋反、吕光庶子吕纂平叛难以成功等，结果一一灵验。吕光觉得，鸠摩罗什的神力如果为他人所用，后果不堪设想，所以他既不能让他回龟兹，也不将他送到关内。

文化的滥觞之地。

然而，一介武夫吕光却对佛学毫无兴趣，禁止鸠摩罗什从事传法活动。吕光死后，他的继任者吕隆也不信奉佛教，人生中最年富力强的十多年里，鸠摩罗什踟蹰凉州，一筹莫展。不仅让凉州佛教失去了政府的支持，也让鸠摩罗什没有了用武之地。

远在长安的后秦政权一直没有放弃对鸠摩罗什的争取。姚苌多次邀请鸠摩罗什前往长安，吕氏政权不但不放人，反而对鸠摩罗什严加看管，唯恐他被人挖走。

后秦弘始三年，公元401年5月，历史在凉州又做了一次回放。为抢一个高僧发兵消灭一个国家的大戏在鸠摩罗什身上第一次上演。

姚苌的继任者姚兴求贤心切，干脆一不做二不休，再次使出了当年前秦王苻坚的老把戏，他派陇西公姚硕德率大军前去后凉抢人。姚硕德兵临城下，激战数月后，吕隆上表归降。鸠摩罗什终于被迎请到长安。

人生的最后11年，鸠摩罗什在长安完成了他的佛经翻译工程。

黄夏年：鸠摩罗什在凉州最大的收获，就是他把汉语学好了，所以到了长安以后，他就能很顺利地翻译佛经了。鸠摩罗什伟大就在于他把这种佛经里面的故事，用文学语言充分地表达出来了，而像《法华经》里这些文学性的故事，又给搞壁画艺术创作的人一个灵感的来源。

众所周知，在十六国的帝王中，后赵石勒、石虎，前秦苻坚，后秦姚氏兄弟，西秦乞伏氏，北凉沮渠蒙逊父子都是崇佛的极品。

鸠摩罗什滞留凉州一筹莫展（剧照）

沮渠蒙逊，张掖临松（今甘肃肃南马蹄镇）匈奴族卢水胡人。他的姓氏源于祖先曾担任的匈奴左沮渠官职。《晋书·沮渠蒙逊载记》云："沮渠蒙逊，临松卢水胡人也。其先世为匈奴左沮渠，遂以官为氏焉。"

在鸠摩罗什尚未离开凉州的后凉龙飞二年（397年）四月，沮渠蒙逊的伯父被吕光所杀，沮渠蒙逊在张掖发动起义，建立北凉，推段业为大都督、凉州牧。后来，沮渠蒙逊又杀了段业，自任大都督、凉州牧、张掖公，改元永安。永安三年（403年）七月，沮渠蒙逊与南凉王秃发傉檀联合发兵进攻后凉。

也该吕氏政权倒霉，刚被前来抢夺鸠摩罗什的后秦姚硕德大军围城，又遭沮渠蒙逊、秃发傉檀围剿，墙倒众人推，最终导致后凉灭亡。

公元412年，沮渠蒙逊把北凉都城从张掖迁到凉州，改元玄始，北凉历史翻开了新的一页。接着，沮渠蒙逊相继攻陷酒泉、水淹敦煌，吞并了西凉国，总控了河西走廊全境，他的势力还延伸到了今宁夏、新疆、青海的一部分地区，成为黄河以西最强大的王国。

沮渠蒙逊这位习惯于打打杀杀的国王极度崇佛。所到之处，都轰轰烈烈地建寺庙、捧高僧、译佛经，使北凉一跃成为可与长安匹敌的佛教中心。

当时，中天竺高僧昙无谶到龟兹国，虽然积极活动上层，却没有得到龟兹王的青睐——可能因为他们正在捧鸠摩罗什，顾不上这个外来的和尚。失望之余，昙无谶就到西秦国，被拜为国师，后来他又投奔沮渠蒙逊，沮渠蒙逊如获至宝，给他组织了五百多人的佛经翻译班子。这个班子效率很高，翻译出了中国佛教史上具有划时代意义的《大般涅槃经》《金光明经》《大方等无想经》等八十多部佛经，史称"北凉译经"。

杜斗城：北凉昙无谶翻译的《大般涅槃经》解决了当时中国佛教界一场有关"佛性"问题的大辩论。《大般涅槃经》倡导的"众生皆有佛性，人人都能成佛"的观点风行全国，由此形成了中国的涅槃学派，即涅槃宗。我们中国人很早就讲人人皆可成尧舜，大乘佛教讲人人皆可成佛，所以说佛教传到内地和我们儒家的思想融合起来了，大乘佛教才发展起来。

《大般涅槃经》在大江南北风行一时，昙无谶又被北魏太武帝拓跋焘惦记上了。太武帝派人给沮渠蒙逊捎话，要把昙无谶据为己有，还说如果不把昙无谶送来，就兵戈相见。

昙无谶感到他本人乃至整个河西佛教前途不妙。他一方面不遗余力地翻译佛经，同时又策划沮渠蒙逊在凉州大规模开凿石窟。他自己原本想返回西域避难，但沮渠蒙逊生怕他被别人利用，竟派人把他暗杀了。

除了崇佛，沮渠蒙逊还很重视对中华典籍的保存和传播。他曾写信给南方刘宋王朝的司徒王弘，要求帮他找《搜神记》，王弘请人抄写了给他送去。元嘉三年（426年），沮渠蒙逊的儿子沮渠兴国从刘宋请来《周易》及子、集诸书合470卷。另一个儿子沮渠牧犍继位后，把永嘉之乱前保存在凉州的中华典籍154卷赠送给刘宋，还赠送了凉州、敦煌学者编纂的《甲寅元历》《凉书》《敦煌实录》《十三州志》等书籍。

五胡十六国时期，周秦两汉传承的汉文化体系面临崩盘的危机。生死关头，河西走廊却意外地成为保存汉文化根脉的一个基地。当地涌现出了一批名硕大儒，如郭瑀、刘昞、索靖、索统、张穆、张湛、祁嘉、宋繇、宋纤、汜腾、阚骃等。他们纷纷著书立说，兴办学校，聚徒授业，传播发展儒家文化。

北魏以后，河西学人及弟子、后代陆续迁入内地，其中很多学者加入关陇学派，成为十六国、南北朝的文武重臣，参与国家管理，使秦汉以来的中华正统政治文化制度得以延续，助力开创了大唐盛世。

陈寅恪在《金明馆丛稿二编》中曾这样评价关陇学派：“取塞外野蛮精悍之血，注入中原文化颓废之躯，旧染既除，新机重启，扩大恢张，遂能别创空前之世局。”

杜斗城：十六国时代的“胡族”政权，其先进程度往往表现为汉化的程度。从北凉政权对中国传统文化的熟悉和渴求可以看出，这个政权的封建化程度远远超出了周边与之并立的南凉、西秦、北魏等政权。正因为这样，北凉政权就有较强的接受佛教文化的能力。沮渠蒙逊较快地摆脱了较为原始落后的氏族制度，建立了汉化程度较高的政权，加之他在统治河西时又能注意发展经济、稳定政治，这就为大规模地翻译佛经、建造石窟创造了条件。

2019年春天，纪录片《中国石窟走廊》摄制组来到甘肃省博物馆，寻找一段尘封60年的往事。

这是一个极少有人光顾的文物库房，里面存放着很多分割成块的壁画，还有各种各样的佛、菩萨像的残肢断体。这些佛像和壁画残件，都来自武威天梯山石窟，在半个多世纪前，几乎整整一座石窟都被搬到这家著名的博物馆里了。

天梯山石窟　部分拆迁文物

这些原本不可移动的佛像、壁画，为什么会离开天梯山石窟，被锁在博物馆的库房呢？

甘肃省博物馆原馆长初世宾：1959年，武威地区计划在黄羊河上游的天梯山修建水库，天梯山石窟将全部被淹。就在武威地区做出决定要放弃天梯山石窟的情况下，省文物局、省博物馆的一些专家，特别是常书鸿先生强烈呼吁：立即上报文化部，尽最大力量抢救天梯山石窟文物。后来得到文化部批准，由甘肃自己组织力量来抢救。

就在这次抢救性的拆迁中，研究人员揭开了天梯山第4窟表层的清代壁画，露出了覆盖在下面的北凉壁画，两个有异域风情的北凉菩萨惊艳登场了。

她们高鼻深目，丰乳厚唇，身材妖娆，仿佛从恒河边款款走来。

这是中国内地最早的菩萨像，尽管她们的血统可能来自遥远的国度。

初世宾认为，这两幅北凉菩萨像最重要的价值，就在于它是最具有外来的、外国的，特别是佛教的发源地印度的艺术风格的作品。

天梯山石窟是不是沮渠蒙逊开凿的？北凉菩萨为什么和后来的菩萨形象大不相同？从印度到龟兹，从龟兹到凉州，西来的造像又走过了怎样一段漫长而曲折的旅程？

武威城南50公里外的天梯山是祁连山的一个支脉，山虽不高，却异常陡峭，登山如登天，故名天梯山。这里有一座始凿于北凉时期的石窟——天梯山石窟。

令人难以想象的是，如今这里除了一个唐代露天大佛窟，其余十几个洞窟都已空空荡荡，既无壁画，也无塑像，甚至连洞壁上的

天梯山石窟第4窟　菩萨　北凉

天梯山石窟第4窟　菩萨　北凉

泥皮都被铲光了。谁能想到这个石窟有着北凉皇家石窟的显赫身世，对包括敦煌莫高窟、大同云冈石窟、洛阳龙门石窟和天水麦积山石窟在内的中国四大石窟都产生过影响？

当年，沮渠蒙逊面对自己一手打造的佛国，却产生了另一个隐忧。

这位一生征战、戎马倥偬的北凉王不止一次看到，战乱中金碧辉煌的王宫一夜之间便土崩瓦解，雄伟壮观的佛寺转瞬便灰飞烟灭。他担心地面上的土木建筑迟早会毁于战乱兵燹，怎么才能使佛法永固呢？

昙无谶建议，最坚固的建筑材料莫过于山石，只有像印度那样在大山里造石窟，才可能保证像教不灭，佛法永存。

沮渠蒙逊采纳了昙无谶的建议，他命令僧人和工匠在城南的祁连山中勘察地形，选择适合开窟造像的地点。最后，他们把目标锁定在了距凉州城百里之外的南山。

沮渠蒙逊决定在南山开凿石窟（剧照）

武威天梯山石窟

岩石 / 古近纪砂砾岩

建造年代 / 始于北凉，终于清代（吴健　摄）

唐代道宣在《集神州三宝感通录》中记录了这个中国佛教史上的重大事件：

> 凉州石窟瑞像者，昔沮渠蒙逊以晋安帝隆安元年（397年）据有凉土二十余载，陇西五凉，斯最久盛。专崇福业，以国城寺塔修非云固，古来帝宫终逢煨烬，若依立之，效尤斯及。又用金宝终被毁盗。乃顾眄山宇可以终天，于州南百里，连崖绵亘，东西不测，就而斫窟，安设尊仪，或石或塑，千变万化。有礼敬者惊眩心目。

这段记录，后来被各种佛教文献一再转述。研究中国美术史的专家谈到两晋、南北朝的佛教艺术，一定要把凉州石窟提上一笔。因此，北凉王沮渠蒙逊首创的南山石窟，就有了划时代的意义。

然而，唐代以后，轰动一时的凉州石窟却从史料中消失得无影无踪，就连它的名称也不再有人提及。由于唐代典籍中并没有明确交代沮渠蒙逊开凿石窟的具体地点，以至于中国内地最早的石窟究竟选址在哪里，凉州造像又是怎样的尊容，千百年来再也无人知晓，赫赫有名的凉州石窟遂成为美术史上的一页空白。

黄夏年：新疆的石窟开凿时间早，但都没有留下文字记载。天梯山石窟是有文字记载的，而且是非常详细的记载，属于推不翻的定论。

“建弘元年”题记

出了兰州市，我们沿黄河一路向西南，踏着古代高僧的求法之路前往炳灵寺石窟。

黄河远上，不见白云。现代城市的喧嚣渐渐化为灰霾般的模糊背景，迎面而来的是消散了千百年的历史风云。

去炳灵寺有水旱两条路：水路从著名的刘家峡水库大坝乘船，沿黄河逆水而上；旱路是从永靖县城沿山间屈曲盘旋的土路穿行。

为免长途颠簸之苦，我们选择了水路。

刘家峡水电站（图片来自网络）

于20世纪70年代建造的刘家峡水库，是第一个五年计划期间，中国自己设计、自己施工、自己建造的大型水电工程。水域面积130多平方公里，库容量接近57亿立方米。147米高程的大坝将滔滔黄河拦腰截住，形成了高峡出平湖的壮丽景观，水库湖面长达55公里，湖面的另一头就连着炳灵寺。

快艇在水库湖面破浪前行，我们惊奇地发现，愤怒的黄河到这里突然变得十分温顺，数十公里水面碧波荡漾，水鸟成群。

终于看到黄河清了，不禁想起明代大作家罗贯中的诗句：

尘浊想应淘汰尽，
黄河万里一时清。

百里湖面后半段，河水开始变黄。快艇驶近了小积石山谷。但见两岸千峰攒涌，万壑争奇。黄河沿线难得一见的丹霞石林，让人仿佛置身于千奇百怪、千变万化的巨人阵。倚天耸立的巨无霸们，在黄河水面上投下婀娜多姿的身影，别有一番境界。

小积石山，黄河在这里拐了一个弯

小积石山，黄河在这里拐了一个弯

天下的美景，多在远离了人海的大山深处；

佛陀的居所，多在屏蔽了红尘的绝壁之间。

未见佛陀，已入仙境。在“黄河三峡”的簇拥下，十万佛洲次第展开。

甘肃省临夏州永靖县小积石山，黄河在这里拐了一个急弯，成就了丝绸之路上的第一座黄河石窟。

由印度而西域，再由西域而敦煌、凉州，当佛陀的足印穿越河西走廊到达古河州时，首次君临黄河。

行近峡口处，小积石山最高峰——姊妹峰让千峰万壑顿时变成了陪衬。千仞绝壁上，蜂窝状的石窟密密麻麻地排列着，向人们呈现千年岁月累积出来的惊人创造。

就在北凉王沮渠蒙逊大建河西石窟的同时，鲜卑族建立的西秦国也在黄河峡谷开凿炳灵寺石窟。虽然两国曾大动干戈，势不两立，但北凉和西秦的石窟却像一对姊妹花。

炳灵寺石窟头枕黄河，脚踩悬崖。窟龛集中分布在大寺沟西侧

炳灵寺石窟

岩石 / 白垩纪沉积红砂岩

建造年代 / 始于北凉，终于清代（吴健　摄）

的崖面上。窟龛依山势而开，三五成群，高低错落，浑然天成，宛如梦一样的水上佛国。

历经十六国、北魏、北周、隋、唐、宋、西夏、元、明、清各代的连续营造，炳灵寺现存窟龛216个，造像815身，壁画约1000平方米。

炳灵寺最早的记载出自北魏郦道元的《水经注》：

> 河北有层山，山甚灵秀……悬崖之中，多石室焉……岩堂之内，每时见神人往还矣。盖鸿衣羽裳之士，炼精饵食之夫耳。俗人不悟其仙者，乃谓之神鬼。

水上佛国

同行的杜斗城教授认为，所谓的“神人往还”，应该指的是在炳灵寺修行的僧侣。僧人坐禅，需要幽静的自然环境，因此，十六国时期的很多石窟都选择在幽静的山林中。炳灵寺石窟深藏在小积石山中，既有中西交通之便，又距当时西秦的政治中心不远，确是僧人习禅的理想之地。僧人坐禅还需“观像”，因此石窟中就有释迦牟尼、无量寿佛、药师佛的塑像和壁画。

西北师范大学教授李并成：考察丝绸之路的整个走向和路网布局，我们可以清楚地看到，祁连山脉、西秦岭、小积石山等都在炳灵寺附近汇聚，大夏河、洮河、大通河也在这一带相继注入黄河。沿着这些山麓、河谷而行的丝绸之路东段五条干道都在这里相聚。既然丝绸之路被誉为世界文化流播的“大运河”，那么这条路上的“山结”“水结”和“路结”所在地炳灵寺石窟，无疑是东西方文明的荟萃之所。

炳灵寺所处的临夏回族自治州古称枹罕，这里是中原、河西走廊、青藏高原的交界地带，自古就是羌、氐、鲜卑、匈奴、吐谷浑、吐蕃、党项等多民族活动的历史大舞台。汉代以来，丝绸之路从中原进入河西走廊的五条干道都在炳灵寺汇集，便捷的交通为佛教传播提供了有利条件。

十六国时期，南下的一支鲜卑部族到了甘肃陇西一带，史称“陇西鲜卑”。公元385年，鲜卑乞伏氏首领乞伏国仁自称大单于，在榆中建立西秦政权，后来他们迁都枹罕。乞伏乾归继位后，被推为河南（西秦）王，迁都金城（今兰州）。乞伏乾归东征西讨，势力不断壮大，到乞伏炽磐时，国力达到鼎盛，疆域范围“西逾浩门（青海乐都），东抵陇坻（陇山），北距河，南略吐谷浑”。

西秦历代君主都笃信佛教，吸引内地和西域的高僧云集于此，译经传法，开窟造像。

炳灵寺石窟保护研究所研究员赵雪芬：西秦开国君主乞伏国仁邀请高僧圣坚来西秦翻译佛经，弘扬佛法。圣坚在西秦“即播释风，仍令翻译，相承四主，四十四年”。主持翻译了《罗摩伽经》《摩诃刹头经》《演道俗业经》等十四部佛教经典，译者注“西秦沙门圣坚译”或“西秦沙门圣坚奉召译”，这些佛经的译出为佛教在西秦的发展奠定了基础。

后来的乞伏炽磐国王又邀请了著名印度禅师昙摩毗“来入其国，领徒立众，训以禅道”。秦地高僧玄高得知昙摩毗在西秦传授禅道，便率众前来，“从毗受法”，后被西秦拜为国师。在圣坚、昙摩毗、昙弘、玄高等大禅师的影响下，枹罕成了河湟地区的佛教文化中心。西秦政权在小积石山大寺沟一带掀起了第一个石窟开凿的高潮。

炳灵寺的标志——第171龛唐代石胎泥塑弥勒大佛，始建于公元731年。大佛高27米，位列世界第九大佛、中国第五大佛、甘肃第三大佛。大佛面朝黄河，正襟危坐于大山怀抱中，雄浑庄严，威

炳灵寺石窟第71窟大佛（右）与第169窟（左）

风八面，令人肃然起敬。

目前看到的炳灵寺大佛是2013年重新修复的。历史上的大佛上半身为石雕，下半身为泥塑，史载“寺有大阁，附山七重，中有像，刻山石为之，百余尺”。清代同治之前，大佛有保护性的七层楼阁，为明朝成化年间修建。清代同治战乱中，楼阁被烧毁，千年大佛素面朝天，长期日晒雨淋，损坏严重。

大佛头顶上的天然溶洞

大佛的头顶上有一个喇叭形的天然溶洞，由于同治年间焚毁了栈道，直到20世纪60年代，百年间无人登临。

1951年秋，陇上石窟考古第一人、时任兰州大学中文系主任的冯国瑞先生，跟随当时的省委副书记孙作宾到临夏参加土改工作，工作之余考察了炳灵寺石窟。

早在1941年，冯国瑞就在《麦积山石窟志》一书中提到，《水经注》记载的河州“唐述、时亮二窟，今已不知其所在”。

冯国瑞考察炳灵寺时，这里已是满目疮痍。大多数石窟雕像和壁画都在悬崖绝壁上，没有栈道可攀，冯国瑞只能用望远镜观察，边看边做记录。凭借卓越的考古学知识，他认定“唐述、时亮”二窟就是现在的炳灵寺。

这时，历史上闻名遐迩的唐述窟已被世人遗忘了数百年。

考察回来后，冯国瑞发表了《炳灵寺石窟勘察记》。这是第一部研究炳灵寺石窟的专著。冯国瑞根据古籍中的有关记载，对证炳灵寺的地理位置、水流、凿窟、造像、建塔时间及题记、石刻碑文等，对石窟沿革做了详细的考察和论述。他认为，西晋泰始初年（265年）这里就有了佛教活动。

据冯国瑞先生考证，炳灵寺最初的名称“唐述窟”系羌语，意思是鬼神窟。他认为最初生活在这一带的羌人把小积石山叫作“唐述山”，石窟随之称为“唐述窟”。唐朝时，“唐述窟”改称“灵岩寺”。宋代以后，藏传佛教兴盛，这里又称为“炳灵寺”。藏语“炳灵”的意思是“十万佛洲”，接近于汉语的“万佛峡”。

冯国瑞的考察报告引起了学界高度关注。1952年，由中央文化部牵头，西北军政委员会文化部组织了以赵望云为团长，吴作人、常书鸿为副团长，李可染、张仃、冯国瑞、段文杰、孙儒僩等专家组成的勘察团，对炳灵寺石窟进行了首次科学勘察。

曾经参与这次科学勘察的敦煌研究院研究员、95岁的孙儒僩先生回忆说：

孙儒僩先生（时年95岁）

当时大多数栈道早都毁坏了。我们在20多米高的崖壁上，凌空搭上简易的木梯，攀登到洞窟里，或者用绳子把身体绑在梯子上工作。我们是冒着生命危险临摹壁画、拍摄图片和进行现场勘察的。

这次勘察做的洞窟编号为124个，其中36个窟、88个龛。这是炳灵寺历史上的第一次编号。除此之外，他们还获取了大量的照片、测绘图和临摹品。

由于栈道焚毁，勘察队员没能登上大佛头顶的洞窟，一个即将改写中国石窟史的重大秘密没有被勘察团发现。

11年后的1963年5月，甘肃省第一次文物普查，第一站就选择

甘肃省文物普查工作队划船渡黄河

甘肃省文物普查工作队攀登第169窟

了炳灵寺石窟。大佛头顶的大溶洞像一个巨大的问号，让初世宾等考察队员们跃跃欲试。

考察队准备了30米长、碗口粗的两条缆绳，拼接了10米木梯。总领队岳邦湖率先攀登，探路指挥，初世宾紧随协作，王有举殿后接应。他们从早上9点开始，利用崖面的坑凹和遗留的残桩栈孔，捆绑架设极简易的绳梯，几经翻转腾挪，直到下午4点终于登上了近40米高的溶洞，进入第169窟，发现了这个炳灵寺的开山之作——中国罕见的西秦石窟。

2011年11月11日，我们随同佛教研究专家杜斗城、张总、纪永元等，攀上了第169窟，探寻这座西秦石窟的隐秘往事。

这是一个不规则的天然大溶洞，有佛龛24个，佛像68身，壁画约150平方米。由于数百年无人登临，第169窟因祸得福，塑像和壁画都幸运地得以完整保留，11尊三世佛立像也避免了后代重塑，保持了早期的原貌。可以看出，佛陀刚刚来到黄河边的炳灵寺落户的时候，还是高鼻梁、深眼窝、八字胡，服装也是印度式的通肩袈裟，好像没有经过河西走廊的洗礼，直接从印度或者西域来到炳灵寺石窟安家的。

炳灵寺石窟第169窟　佛与菩萨像（吴健　摄）

佛像穿的通肩式袈裟，有着流水般波动的韵律，弧状的平行细线刻出的衣纹，连袖口的边缘也是波浪式，让人感觉就像一件湿衣服紧紧贴在身体上，把人体的结构显露出来，美术史上称之为“曹衣出水”。这与中国秦汉时代传统造像的宽袍大袖、从不显示人体结构的传统很不一样。

张总：“曹衣出水”就是密集的衣纹，是平行的，一圈一圈的。这是印度犍陀罗艺术风格，沿着丝绸之路东传到了炳灵寺的石窟里。但是到了中原的龙门石窟、云冈后期的石窟，这种风格就停住了，就是表现出汉化的、中国化的、秀骨清像的特点。所以炳灵寺这个塑像在中国佛教艺术的雕塑风格上，它也有一个重要的阶段性的表现。

更有趣的是佛陀、菩萨旁边都有墨书题记，标着各自的名号。这种画法来源于中国传统的“左图右史”，使这里更像一个大课堂，向来者一一介绍诸神的尊姓大名。

第6龛供养人像旁的墨书题记，能辨认出的有“大禅师昙摩毗之像”“比丘道融之像”“比丘慧普之像”“博士安姚庆子之像”“侍生金城万四之像”“侍者之像”等。

杜斗城先生认为，这个“昙摩毗”就是昙无谶。

炳灵寺石窟第169窟　佛像

杜斗城："大禅师昙摩毗之像"所说的"昙摩毗"就是西秦国师，也就是后来去了北凉的昙无谶。壁画上的这个人剑眉、深目、白脸，面向佛龛，身披绿色交领袈裟，确有西域人的模样。他在这里开龛造像，应该是受到了西秦王室的支持与赞助。另外还有"乞佛罡集之像"。"乞佛"即"乞伏"，"乞佛罡集"应该是西秦皇家成员。这里还有盛装女贵族供养人像。这些足以说明西秦皇室及一些官吏一起参与了第169窟的开窟造像。

炳灵寺石窟第169窟　维摩诘之像

题记为"侍者之像"的画面上，维摩诘躺在床上，盖着被子装病，显然反映的是《维摩诘经变》的内容。

纪永元：维摩诘这样的形象还是很少见的。

杜斗城：很少见，他是中国第一维摩诘。

张总：是最早的维摩诘。

纪永元：跟敦煌壁画中的那个维摩诘形象可完全不一样。

张总：敦煌壁画中是一个中原老者的形象。这个是一个西域的女子，完全是个菩萨的形象。

纪永元：那脸型很像新疆克孜尔石窟的佛像的脸型。

第12龛出现了"法显供养佛时"的题记，还有"恒州道人法显康乐而也礼拜佛时"等。两条题记都提到"法显"，他是不是那位东晋高僧法显？他去印度取经确实曾途经西秦。著名学者阎文儒先生推测，这可能是东晋去印度求法的著名高僧法显留下的遗迹。

杜斗城：《法显供养图像》有人说是东晋时候的那个法显，有些人认为是以后的。还有人认为不是法显，可能是另外一个什么人。不过这个法显，根据他的西行路线来说，可能到过西秦国，而且时间也差不多。

张总：这可能填补了历史空白。

法显西行印度求法是中国佛教史上的大事件，他从长安出发，经过西秦境内的今甘肃省榆中县，至今青海省海东市乐都区，从扁都口翻越祁连山入张掖，西到敦煌。法显的西行线路必须渡过黄河，而当时黄河的重要渡口就在炳灵寺。

法显的《佛国记》记载：

炳灵寺石窟第169窟　法显供养题记

法显昔在长安，藏残缺，于是遂以弘始二年，岁在乙亥，与慧景、道整、慧应、慧嵬等同契至天竺，寻求戒律。初发迹长安，度陇，至乾归国，夏坐。夏坐讫，前行至耨檀国。

“乾归国”是西秦的都城金城（今甘肃兰州市西）。“夏坐”，是佛教要求僧侣们在每年的雨季，都要在寺里安居三个月。完成夏坐后，法显与众人一起继续西行来到耨檀国，也就是今青海西宁市。

隐藏了很多秘闻的炳灵寺第169窟，似乎就是为了千年后的某一天，让学者们踏破铁鞋，寻根溯源，打破砂锅问到底而存留下来的。

在1963年5月的首次攀崖成功后，当时负责做文字记录的初世宾发现，第6龛“西方三圣”塑像边上有一篇很长的造像题记，末尾处有这样一行字：

建弘元年岁在玄枵三月廿四日造。

初世宾凭直觉断定，墨书是北朝写经的书风，却想不起来“建杜斗城：如果这个“建弘”题记不发现的话，这一批石窟还被认为是北魏时候的。长期以来，中国考古学界有个保守倾向，就是宁愿说得保险一点，不愿意多说。420年的题记，说明这个石窟修得可能比420年还要早，因为题记是完成壁画的时间。这个题记的发现，对整个中国早期石窟的断代起了决定性的作用。这是中国最早的有明确年代题记的石窟，再没有比这个更早的。

弘元年”究竟属于北朝的哪个朝代，哪一年。他从高空向下喊话，请地面带年表的技术人员查对，结果查出“建弘元年”是十六国西秦王乞伏炽磐的年号，时间是公元420年。这个大发现让山上山下的考察队员都惊喜地欢呼起来！

这短短的一行字，也震动了中国石窟考古界。

“建弘元年”正月，西秦王乞伏炽磐立二子慕末为太子，三月，炳灵寺169窟建造完成。毫无疑问，这个窟是国内罕见的西秦王乞伏炽磐开凿的皇家石窟。

虽然敦煌莫高窟唐代碑记有乐僔在“前秦建元二年”，即公元366年开窟的记载，但具体石窟现已无从查证。炳灵寺第169窟“建弘元年”造像题记的发现，解决了长期以来十六国和北魏中期以前造像不能严格区分的难题，证明甘肃最早的石窟群至少早于云冈、龙门几十年以至半个世纪以上。以此为坐标，敦煌莫高窟、天水麦

炳灵寺石窟第169窟　供养像

炳灵寺石窟第169窟　飞天　西秦

积山等早期石窟的分期断代也有了标准。

初世宾：在考古学界，一直认为甘肃的石窟好多都是受了云冈石窟的影响。不对。现在有了这个纪年，这是一把非常准确的尺度，使中国的石窟研究向前推进了一大步，极大地提高了石窟研究的学术水平和科学性。

粗看上去，炳灵寺石窟和克孜尔、敦煌、云冈、龙门等石窟全然不同。石壁上都是大大小小高低错落的佛龛，只有少部分可以出入的洞窟。

第125龛内的一组释迦牟尼、多宝二佛并坐像与169窟完全不同，它们是典型的北魏风格。佛像的脸型变瘦了，五官小巧了，表情含蓄了，嘴角隐含一丝笑意，身上穿的是南朝士大夫们那种宽袍大袖衣裳，好像竹林里谈玄论道的雅士。

第126窟出现了前所未有的大面积浮雕，全窟共有雕像112尊，为炳灵寺北魏石窟中造像最多的洞窟，雕塑风格由十六国时期的粗犷奔放转为秀骨清像，刻画入微。

唐代文成公主进藏的唐蕃古道，就在炳灵寺附近。这条连接长安，穿过秦陇大地直达青藏高原的大道开通后，炳灵寺迎来了开窟造像的高潮。

炳灵寺现存唐代窟龛138个，占炳灵寺窟龛总数的2/3以上。唐代雕塑无论石雕还是泥雕，都饱满富丽、热情奔放、充满活力。第31龛一佛二弟子二菩萨，造型比例匀称、体态丰腴，形神兼备，是炳灵寺最精美的盛唐造像，被印在炳灵寺的门票上。

1967年，刘家峡水库蓄水，处在最高设计水位以下的炳灵寺第1、16、90、133窟都将被淹没。在搬迁第16窟长8.4米的卧佛时，

炳灵寺石窟第125龛　佛像　北魏

炳灵寺石窟第126窟　石刻浮雕

需要把佛像切割成几段。技术人员在切割时发现，这尊大卧佛有五层泥塑，第一层是清代，第二层是明代，第三层是宋代，第四层是唐代泥塑。切开唐代泥层后，终于发现了最早的原作。全国现存时代最早的大型卧佛塑像终于露出真容。

一般认为，这尊卧佛是北魏造像，但初世宾先生考证后认为，这是罕见的西秦涅槃大像。

初世宾：经探测、解剖，证明16窟卧佛内层为西秦原作。它的身型长而窄直，双股间有仰月型阶梯衣纹，都和塔吉克斯坦南部阿兹纳寺院遗址出土的12米涅槃像相似。还有，炳灵寺涅槃像的袖口、裙缘的对称水波纹褶襞，又和西秦169窟佛像完全相似。炳灵寺132窟北魏石雕涅槃像，身形、衣纹、褶襞、双足的雕塑方法跟这尊涅槃佛很不一样，证明二者无渊源关系。所以，这尊涅槃像必为西秦之作无疑。它是中国内地十六国时期唯一的、也是最早的涅槃像，它与西域、中亚和犍陀罗、印度涅槃像有密切的关系。

炳灵寺石窟第16窟　涅槃佛像（吴健　摄）

炳灵寺石窟第169窟　佛像　西秦

更罕见的是西秦涅槃佛像脚上竟然穿着木屐。

佛像传入中土，一直承袭印度佛像赤足的样子。西秦的塑匠可能认为佛祖在另一个世界还要四处奔波度化众生，于是给他穿上了一双南北朝时期流行的木屐，创作出了独一无二的穿鞋的大卧佛。

穿鞋的大佛躲过了滔滔黄河水的侵袭，但炳灵寺的楼阁栈道、经堂大殿却没有躲过同治年间的战火，藏在后山的康熙版《大藏经》106卷也仅存66卷。历史上，明代嘉靖之后，炳灵寺石窟就渐渐不为人所知。而同治之后更是路断人稀，日渐萧条，以至于在将近100年的时间里，没人知道黄河大峡谷里，竟藏着一座中国内地最早的大型石窟群。

黄河日夜不停地从石窟下流过。大河浩荡，凭栏观想，姊妹峰下的炳灵寺越发显得古雅幽静。

被掏空的内地鼻祖石窟

宿白先生曾指出，当时高僧昙无谶、玄高等往来于西秦和凉州之间，说明西秦佛教与凉州同根同源，而且西秦乞伏炽磐开凿炳灵寺第169窟的时间（420—431年），也与北凉沮渠蒙逊凉州南山石窟的开窟时间（412—428年）相近。因此，参考炳灵寺西秦龛像，推测凉州石窟或许没有大误。

那么，与西秦同时代的北凉造像又会是怎样的面貌呢？

2018年7月，中国美术学院副教授何鸿再次踏上了西行之路。作为一个南方的美术专家，何鸿总是抑制不住西行的冲动。

20多年前，何鸿在日本留学，偶然获得了日本收藏家收藏的20多幅张大千敦煌壁画临摹粉本、几十件藏经洞经卷，他还收集了数百张20世纪四五十年代敦煌石窟、凉州石窟、麦积山石窟的旧照片。近几年，何鸿陆续整理出版了这批珍贵图版资料。他一有机会就到敦煌、武威、天水一带考察石窟，通过旧照片中反映出的今昔变化，印证旧照片背后甘肃石窟群的沧桑变迁。

何鸿的导师、著名美术史专家、原浙江美术学院教授史岩先生曾用脚步丈量过河西、陇右的大小石窟，留下了很多珍贵资料。这次，何鸿带着史岩在20世纪50年代考察天梯山石窟时拍摄的旧照片来武威实地考证。

1943年，史岩陪同著名考古学家向达前往敦煌莫高窟考察，路过武威时，他们曾怀疑天梯山大佛寺就是沮渠蒙逊的南山石窟。史岩觉得，这座不为人所知的石窟，很可能涉及中国美术史上一个悬

何鸿（左）考察河西石窟

著名学者史岩先生

而未决的重大问题：中国内地最早的石窟究竟在哪里？

史岩在考察笔记中写道：

武威南部的祁连山区域辽阔，站在城内大云寺钟楼南望，峰峦相接，白雪皑皑，徒增浩叹。询问当地人士，也没有知其处所的，真是毫无线索可寻。当时会有这样的不正确看法，认为武威接近地震中心地区，石窟想已早经毁灭，或被崩岩淹没了，美术史上有名的凉州石窟只好让它成为空白的一页。实际上凉州石窟群虽然在一千数百年中间饱受人为的和自然的尤其是地震的破坏，但是仍有部分石窟依然兀立于人间，只是当地人民不知它的历史，而考古学家却也无人访问罢了。

1952年，甘肃省人民政府主席邓宝珊到武威，曾向唐榴亭副县长问起凉州石窟遗址的情况。唐副县长认为武威县南百里张义堡天梯山的大佛寺便是。

这一年，冯国瑞先生又来到武威参加土改，顺便实地勘察了天梯山石窟。冯国瑞认定，天梯山石窟就是沮渠蒙逊的北凉石窟。他在《甘肃日报》上发表了《记武威境北凉创始石窟及西夏文草书墨迹与各种刻本》一文，让消失数百年的凉州石窟再次进入人们的视野。

一心想让佛法永固的沮渠蒙逊万万没有料到，他选择的南山恰好处于一条地震断裂带上，历史上多次遭遇地震破坏。碑铭记载，明代正统九年（1444年）时，天梯山还有26个洞窟。1927年大地震以前尚存18个窟，地震后只剩下了13个窟。

1954年，史岩先生再次路过武威，他抱着彻底解开凉州石窟之谜的决心，准备攀上山崖做详细调查。当地农民帮助他开路架梯，史岩冒着坠入悬崖的危险，腰系绳索依次进入各个洞窟，用6天时间调查了残留的13个洞窟。

史岩认为，天梯山石窟群从北朝至隋唐时期陆续都有兴造，宋元以后直到清代继续有过重修，除了第1窟、第4窟两个是北朝洞窟，其余都是隋、唐洞窟，但都经过了后世的反复重修。

史料记载，沮渠蒙逊的石窟选址在凉州城南百里，造像有石雕也有泥塑。而天梯山离凉州城南正好一百里，造像虽以泥塑为主，但是也有个别石雕，与记载完全符合；而且，城南百里再也找不到其他石窟遗址。史岩由此得出结论：

> 沮渠蒙逊的石窟应该是在天梯山。换句话说，天梯山石窟是由沮渠蒙逊首先创凿的。可是他所创凿的石窟现在已经不存在了。

20世纪50年代前期的天梯山石窟（庐江草堂　藏）

天梯山第3窟　唐代胁侍菩萨像（20世纪50年代拍摄，庐江草堂　藏）

天梯山第3窟　唐代胁侍菩萨像（20世纪50年代拍摄，庐江草堂

天梯山石窟　唐代菩萨头像（20世纪50年代拍摄，庐江草堂　藏）

天梯山石窟　西夏胁侍菩萨塑像（20世纪50年代拍摄，庐江草堂　藏）

天梯山石窟　北魏石雕佛头（2
50年代拍摄，庐江草堂　藏）

天梯山石窟第13窟　唐代大像（20世纪50年代拍摄，庐江草堂　藏）

然而，天梯山的北凉皇家石窟身份刚刚被学界确认，接踵而来的大拆迁又让它面临生死考验。

在天梯山石窟附近修黄羊河水库，源于1958年。当时全国上下掀起了大修水库的热潮。可是水库工程处拿出的设计方案却让文物工作者大吃一惊：按照设计方案，水库蓄水后，将淹没山上的十几个洞窟！所以这才有了1959年的天梯山石窟文物大拆迁。

直到今天，60年前参与天梯山石窟拆迁的敦煌研究院修复专家李云鹤先生还不肯退休，86岁的他每天都在石窟里修大佛。

1956年，李云鹤刚来莫高窟上班，当时的敦煌文物研究所所长常书鸿就给他分配了一个谁也没干过的工作。

86岁仍不退休的李云鹤先生

敦煌研究院保护研究所原副所长李云鹤：做什么工作呢？常书鸿给我说，洞窟里面你看到了吧，壁画脱落太多，塑像东倒西歪的也太多，就叫你做壁画和彩塑的保护工作。我知道这个工作你不会，并且我们国家也没人会，要是有会的，我也不叫你学了。当时我的回答是：常先生，我试一试吧。

当时，修复古代壁画、塑像是世界性的难题。但既然答应了常书鸿，他就用一生兑现了这个诺言。

那时候，莫高窟大多数洞窟没有门，风沙的侵蚀，让壁画变得很脆弱。起甲、脱落、发霉、变色、空鼓、酥碱成为莫高窟壁画的"癌症"。尤其是下层洞窟，大多都被流沙掩埋，常书鸿带着研究所的员工把沙子清理后，由于洞窟的湿度骤然变化，壁画起甲特别严重，一掉就是一片。

刚刚开始做修复工作的李云鹤不知道什么是壁画起甲，只是觉得应该把翘起的壁画粘回去。起初，他用美术研究所调色的胶配制黏合剂。但胶和水究竟调多少比例合适，怎么往壁画里面送，用什么工具，这把他难住了。他就反复试验，用毛笔将胶水涂在起甲壁画的缝隙里，然后压平。可有的缝隙太小，毛笔塞不进去。后来他改用医院输液的胶管往里滴，效果还是不理想。

没有修复工具，全靠自己发明。没有修复技术，只能自己琢磨。无意中，他成了中国壁画修复第一人。

3年后的1959年，还没完全学会修复壁画的李云鹤，却跟着常书鸿、李承仙、段文杰、史苇湘等美术专家来武威天梯山剥壁画。

当时已经是1959年的冬天了，黄羊河水库工程上马在即，要求石窟拆迁工程必须在半年内完成。由甘肃省文物局和敦煌文物研究

青年时代的李云鹤在莫高窟修复佛像

1959年12月，常书鸿（左一站立者）带领工作队拆迁天梯山石窟（常宏　提供）

所专家组成的拆迁工作队，冒着严寒，开始对天梯山石窟进行大规模清理、临摹和拆迁工作。

当时的分工是：常书鸿总指挥，李承仙、段文杰、万庚育、李复、翟光伟负责临摹重要壁画；李贞伯、祁铎负责全面摄影；张学荣、李云鹤、窦占彪负责剥取壁画；孙儒僩、何静珍负责测绘；倪思贤、张鲁章等负责考古发掘。

李云鹤剥壁画的第1窟、第2窟处在石窟的最高层。从山下到洞窟的垂直高度有八九十米，仅有一条很窄的斜坡小道，小道上布满碎石，走起来打滑，路边就是数十丈深的陡崖。为了人员安全，小路边上用椽子搭了临时护栏，但危险并没有解除。因为山石坚硬，栏杆扎不下根，基本上成了摆设，他们每次通过都要特别小心。

孙儒僩先生永远忘不了那个异常寒冷的冬天。

“冬天那个风啊，吹得我简直冻得不行了。”他说，“后来就捡了个草绳子往腰上捆一下，免得棉袄透风，吹到背上。”

因为时间紧、任务重，他们晚上都要上山加班。每天吃过晚饭，趁天还没有黑就赶快步行四五里路，爬到洞子里工作，十点钟再提着马灯下山。

孙儒僩：当时正是三年困难时期，每天近十小时的工作，加上从石窟到住地往返三次，少说也有二三十里路，每晚十一二点才躺在炕上。累了不要紧，可以一睡了之，但是饥肠辘辘，实在难以入睡。数九寒天，房子里的土炉子只能提供有限的温暖，水缸都冻破了。粮食不够，副食又差，我的两腿浮肿，全身乏力，又不敢向人说，咬紧牙关坚持工作着。

孙儒僩在天梯山石窟测绘第13窟

李承仙在临摹天梯山壁画（常宏　提供）

天梯山石窟拆迁队工作照

孙纪元在天梯山搬迁塑像

三九寒天，山高路窄。剥下来的大块壁画用两块木板夹住，四人并排抬着，可以艰难地挪到山下。而拆下来的大塑像很笨重，很难抬着通过狭窄的山路，人员和文物都不安全。怎么办?

孙儒僩和窦占彪向水库工程指挥部借了一台手摇绞车，把绞车架在山脚下的河滩上，钢绳连在山顶崖体上，安装了一个三角支架，构成一组高空运输索道。

索道架好后，天梯山第2窟、第3窟内的5身佛像和11身菩萨塑像从山顶上缓缓滑下。大佛和菩萨终于“走出”千年洞窟，安全到达地面。

从1959年冬到1960年春，艺术家和技术人员每天在几十米高的洞窟里爬上爬下，成功地将一座石窟拆了。除了搬不动的第13窟7身大像外，其余洞窟中的30多身塑像、130多平方米壁画都被打包装箱，永远离开了天梯山的怀抱。

让人欲哭无泪的是，水库大坝蓄水后，才发现水利专家把最高水位算错了。实际水位只淹到第13窟唐代大佛。最高水位距山崖最底层的小洞窟还有5米，距最高层的洞窟有20多米。也就是说，水库对第13窟大佛以外的所有洞窟都没有威胁。天梯山石窟白拆了!

1959年12月，天梯山石窟拆迁工作队合影（常宏　提供）

就在这次阴差阳错的乌龙搬迁中，覆盖在第1窟、第4窟的北凉壁画才得以重见天日，由此带来中国石窟史上的一个重大发现。

常书鸿等专家认为，天梯山北凉菩萨与莫高窟早期菩萨壁画明显不同。凉州画工使用的菩萨像粉本可能直接来自印度，也可能是随着鸠摩罗什和龟兹画工一起来到凉州的。

宿白先生也认可敦煌专家的判断。他说，两座塔庙窟最下层壁画比敦煌莫高窟现存早期洞窟的壁画为早，疑为北凉的遗迹。这个怀疑是有道理的，对这两座洞窟应予以特别重视。

敦煌雕塑家杜永卫：当时的中国画家只会画单线平涂，而这个菩萨眉眼鼻梁的立体晕染效果是怎么弄出来的？而且菩萨的双层下巴、双肩浑圆、细腰肥臀都是典型的印度美女体型，与印度阿旃陀石窟第1窟的菩萨非常相似。他显然采用的是天竺画法，而且画得非常纯熟，内地画家就是照着粉本也不一定能画得这么到位。所以我觉得天梯山最早的壁画可能是西域画师或者是波斯画师所作。

初世宾回忆说，当时常书鸿先生设想，天梯山这些搬出来的塑像、壁画，要在兰州的白塔山上重新复原。但是在三年困难时期，人连肚子都吃不饱，哪有钱来复制洞窟呢？

孙儒僩：天梯山石窟在中国佛教艺术史上有极其重要的地位，可惜的是，仓促的决定把一个石窟给毁了。但是这次搬迁，意外证明了凉州石窟的存在。这是除新疆之外我国内地最早的石窟。如果当时决策之前，多考虑一点文物的价值，权衡一下利弊，也绝不会造成这样难堪的后果。

如今，天梯山石窟唯一留下来的就是这一尊26米高的唐代露天大佛和弟子、菩萨、天王塑像。这7尊大像面朝碧水，波澜不惊，守望着被掏空的中国内地鼻祖石窟。

祁连山最美石窟群

专家推测，统领河西走廊全境的沮渠蒙逊，一路扩张，一路兴佛，应该不止在天梯山一个地方开窟造像，凉州石窟的范围，很可能遍布整个祁连山区。

我们以天梯山石窟为起点，沿祁连山展开搜索，在更广阔的区域里寻找北凉造像的前世今生。

祁连山冰川积雪融化形成的石羊河、黑河、疏勒河三大内陆河，滋养了河西走廊的武威、张掖、酒泉、敦煌绿洲，补给了往来丝绸之路的无数商旅、使节、军队和僧侣，也成为佛教石窟诞生的“温床”。每一条水系，都必然有著名的石窟群相伴而生。

发源于祁连山中部的西北第二大内陆河——黑河，流经张掖、酒泉、嘉峪关三市，下游向北流进内蒙古西部的居延海。它就是史籍里赫赫有名的“弱水”。

黑河上游的张掖，古称甘州。这是河西走廊最富饶的绿洲，被称为“金张掖”。西汉列四郡时，汉武帝取“张国臂掖，以通西域”之意命名了这座城市。西魏时改为甘州，隋代恢复张掖郡，唐初又设州。元朝时，甘州曾做过甘肃行省省会。

张掖最为世人称道的就是

流过张掖城外的黑河

当年隋炀帝西巡，在这里会见了27国君王和使臣，召开了中国历史上第一个“万国博览会”。

1274年夏天，一位意大利青年来到甘州，立刻被这座“一湖山光，半城塔影，苇溪连片，古刹遍地”的城市迷住了。他和父亲、叔叔本来是东去元上都拜见元世祖忽必烈的。他们花了三年半时间才穿越欧亚大陆进入河西走廊，却出人意料地在甘州逗留了将近一年时间。

这个意大利青年就是著名旅行家马可·波罗。他在后来的《马可·波罗游记》中说：

> 甘州是唐兀忒省（西夏）的首府，幅员辽阔，甘州支和硕（亲王）受理全省大权。人民大多信奉佛教，也有基督徒和回教徒。基督徒在这里建筑了三座宏伟壮丽的教堂。

在漫长的丝绸之路上，“半城芦苇半城塔”的“金张掖”总给人一种久违的归属感。难怪马可·波罗走到这里就迈不开步，难怪中国第一大室内卧佛在这里一睡就是近千年。

> 创于西夏，建于前明，上下数百余年，更喜有人修善果；
> 视之若醒，呼之则寐，卧游三千世界，方知此梦是真空。

睡佛殿前的这一副长联，道尽了塞上名刹、皇家寺院——张掖大佛寺的前世今生。

张掖大佛寺初建于北凉，原名“迦叶如来寺”，是沮渠蒙逊的国寺。公元401年，沮渠蒙逊在张掖发动政变，最初建都张掖。迦叶如来寺就是当时北凉的佛教中心。

西夏以来，张掖大佛寺越发受到历代帝王的青睐，成为西夏和元、明、清各代皇室敕建的寺院。如今，大佛寺依然保留着最完整的中国古代佛教寺院格局。

大佛寺建筑群贯穿于一条东西走向的中轴线上，左右配殿呈对

张掖丹霞地貌（吴健　摄）

张掖大佛寺外景

称式排列，建筑包括山门、牌坊、钟楼、鼓楼、卧佛殿、万圣殿、藏经殿、土塔、金塔殿等12座建筑，占地3万多平方米。

供奉着佛祖释迦牟尼涅槃像的卧佛殿雄踞寺院中心。大殿呈长方形，面积近1千平方米。

张总：大佛寺这个大殿是一种特殊的建筑。为了造这个大卧佛，佛寺的内部格局非常大，宽度达到了11开间，进深达到了9间，这是中国古建筑里最高的规格了，再没有超过这种规模的。

佛祖涅槃像横卧在大殿正中的佛坛上。卧佛身长34.5米，肩宽7.5米，耳朵长约4米，脚长5.2米。造像为木胎泥塑，金妆彩绘，面部贴金，头枕莲台，双眼半闭，嘴唇微启，丰满端秀，神态安详。据说，大佛一根手指就能平躺一个人，大佛耳朵上可以并排坐8个人。

张总：卧佛长度达到了34米左右，这个长度可以说是亚洲最大的室内卧佛了。我们知道举世闻名的阿富汗巴米扬的两座大的立像，一座是35米，一座是53米。这个卧佛如果竖起来跟阿富汗的那座35米立佛的高度差不多。

释迦牟尼涅槃像以千年不变的姿态安卧丝绸古道，横渡万里浮云。在他半睁半闭的法眼里，无情流逝的岁月和来来往往的众生刹那间便成过眼云烟。

作为最初打造的佛国，沮渠蒙逊不会仅仅满足于在地面上建大佛寺。那么，在张掖境内的祁连山峡谷峭壁上，还能不能找到沮渠

张掖大佛寺　大卧佛（吴健　摄）

蒙逊北凉造像的踪迹呢？

马蹄寺石窟的八月十五月夜

2018年中秋节，《中国石窟走廊》摄制组从张掖城出发，向南行驶60多公里进入祁连山区，马不停蹄地赶往马蹄寺拍摄。

高耸入云的雪山、松涛阵阵的森林、秋色点染的山谷、金碧辉煌的石窟……这些西北少有的大美景象把我们惊得目眩神迷，以至于忘了休息，忘了吃午饭，从上午拍到傍晚，一直到最后一抹夕阳收尽才下山，夜宿山脚下的农家客栈。

直到入睡前，十五的月亮还没有钻出厚厚的云层。我们在小院中间架起摄像机，对准云层隐隐发亮的区域按下延时拍摄键，等待月亮钻出来，也好安慰一下远在他乡的宁强、何鸿两位专家不能回家团圆的心。

昏黄的圆月终于挤出云层，总算给了我们一点面子。导演说：今晚的云遮月倒很能表达沮渠蒙逊发怒时的气氛。

今人不见古时月，
今月曾经照古人。

遥想十六国时期的北凉王沮渠蒙逊，他一定也在祁连山里看到过同样的月光。他不甘心占山为王，想冲出云团，冲出祁连山，去开创一番轰轰烈烈的霸业。

马蹄寺石窟所在地隶属张掖市肃南裕固族自治县马蹄区，这座马蹄山古称临松山，是整个祁连山区风景最壮美的地段。山间有条河谷古称“临松薤谷”。“薤”者，多年生草本植物，叶细长，开紫色小花，鳞茎和嫩叶可以食用。

临松薤谷就是沮渠蒙逊的老家，匈奴族卢水胡部落世代生活、游牧的伊甸园。如今生活在这里的裕固族人的祖先都不是当年的卢水胡人，而是唐代在祁连山游牧的甘州回鹘的后人。但无论是当年的卢水胡、回鹘还是汉族、裕固族、藏族，都崇尚佛教。从沮渠蒙逊时代开始，1600多年来，临松山下的各族人民连续营造、世代坚守着马蹄寺石窟。

自公元397年起到412年迁都姑臧以前的15年，沮渠蒙逊的活动范围都在张掖一带，所以不能排除沮渠蒙逊在此开窟造像的可能性。

我们不妨一一找来。

马蹄寺石窟群共有70多个洞窟。因第9窟的一块大青石被神马“踏石留印”，故名马蹄寺。整个石窟群包括马蹄北寺、南寺、千佛洞、上观音洞、中观音洞、下观音洞、金塔寺7个部分。石窟群点状分布在马蹄山的红砂岩崖壁上，相互间最近距离2公里，最远的20多公里。一座座石窟参差错落，又相互呼应，与祁连山融为一体。

马蹄寺秋色

张掖肃南马蹄寺石窟群

岩石 / 古近纪砾岩

建造年代 / 始自北凉，终于清代（吴健　摄）

体现了天人合一、道法自然的东方美学思想。

景区入口处的马蹄寺千佛洞，开凿在一道异常陡峭的红砂岩壁上，窟龛依山形自然分为南、中、北三段。现存洞窟10多个，编号窟9个。

千佛洞有4个早期中心柱窟，其中1号窟内有一尊高5.7米的石胎泥塑立佛。大佛目视前方，气宇轩昂，有唐人风格。但洞窟的形制依然是北朝流行的中心塔柱样式。

大佛的高度与史料记载的沮渠蒙逊丈六佛像相差无几。专家推断，这有可能是沮渠蒙逊当年为母亲雕塑的丈六佛像，供奉在他们卢水胡族人的家园，只不过后世又在早期造像的基础上做了重塑重绘。对此，宁强教授有不同的观点。

首都师范大学教授宁强：这种可能性现在看来不大。它的造像风格和我们在附近见到的其他北凉石窟的佛像差别非常明显，它的袈裟的衣纹，还有面相、五官、体型，都和我们现在见到的北凉的佛造像有明显差别。最大的可能性是隋代造的。

马蹄寺千佛洞第1窟　立佛

马蹄寺千佛洞第4窟　天外来客

何鸿：这尊主像有人认为开凿于隋，也有认为是唐。主尊的名称也有不同称呼：史岩先生认为是毗卢遮那佛，两侧是声闻乘弟子。姚桂兰和格桑美卓先生认为主尊是阿弥陀佛，时代为隋唐。1994年日本学者肥田路美先生认为是凉州瑞像，沙武田先生比较敦煌莫高窟的203、300、332等窟造像，也认为是凉州瑞像，确切时代为唐代前期。

第4窟也是中央塔柱窟，洞窟左右两侧的石壁上残留了两尊巨大的石雕像，威猛无比，气度不凡，有北朝天王雕像风格。但面部五官和衣饰被严重风化剥蚀，变成了模糊的裸体，很像两个外星人。

新疆和河西走廊的山间河谷崖壁为砂砾岩结构，不易雕刻佛像，只能采用泥塑彩绘，所以从龟兹到敦煌，从敦煌到武威，很少见到石雕佛像。这两尊石雕莫非真是天外来客？

紧接着，千佛洞第6号窟又出现了一组巨大的一佛二弟子石雕立像，这三尊雕像保存得非常完整，连凿刻痕迹都宛然如新，而且没有一点缺损，简直是个奇迹！

1954年，史岩先生到马蹄寺考察时，也被这组石雕惊呆了。他根据佛像的脸型、衣褶、手式和洞窟的样式推断，这是隋代原作，并且是具有雄伟健实气魄的隋代杰作。史岩说，在麦积山以西地区，这是唯一直接在石窟的岩石上雕刻的造像，艺术价值极高。这个窟应该被推崇为西北广大范围内最宝贵的一窟。

第8窟也是一个早期中心柱窟，窟外的覆钵塔，精美宏大，完整如初，是藏传佛教的遗迹。窟内壁画被后代重绘了好几层。有一

马蹄寺千佛洞第6窟　佛、弟子石雕

马蹄寺千佛洞第8窟　北魏壁画

块壁画脱落，露出了北朝二佛并坐说法图的原貌：中间是古雅脱俗的佛陀，两边是风华绝代的供养菩萨。绘画线条精准，笔法细腻，一看就出自丹青高手。菩萨都是现在流行的瓜子脸，肤白唇红，楚楚动人。青金石、石绿等矿物颜料鲜艳如初，彰显了1500年前的奢华和高贵。

大美马蹄寺

马蹄寺的标志性建筑是马蹄北寺3号窟，又名“三十三天”，石窟建在马蹄山最大的一块峭壁上，高达60米。石窟依山造型，沿壁凿窟，共有21个窟龛，排列为7层，外部是互不相连的窟檐，内部有暗道相通，窟檐自下而上逐层减少，重叠为一个巨大的宝塔形。每窟正中开一大龛，内有石胎泥塑佛像，四壁残留元、明时代的影塑千佛及壁画。这个窟被史岩称为中国石窟营造史上的伟大构造形式。

紧挨着“三十三天”的“藏佛殿”也是马蹄北寺的宏伟建筑。这座3个窟门的宫殿式洞窟，纵深33.5米、宽27米、高15米。巨大的前堂后是拜殿，两侧为甬道，甬道两侧开46龛，龛内各塑一结跏趺坐的元代坐佛。

史岩先生1954年来这里的时候，前堂正中的石胎立佛尚在，拜殿里46个佛龛内的坐佛都很完整。现在前堂大佛已毁，换了新塑的金佛。46个佛龛要么空空如也，要么是无头佛。窟内壁画几乎全部被铲光，仅残存前堂右壁角落里的元代菩萨立像。

遥想当年，在坚硬的石壁上凿出13567立方米的宫殿式佛窟，

马蹄寺　藏佛殿前室

需要动用多少人力、物力、财力？若非皇家建造，哪个民间功德主能有如此气派？

还有一种说法："藏佛殿"最早是东晋敦煌大儒郭瑀在临松山设坛讲学时开凿的。《晋书·郭瑀传》云：

郭瑀，字元瑜，敦煌人也。其有超俗之操，东游张掖，师事郭荷，尽传其业。精通精义，雅辩谈论，多才艺，善属文……隐于临松薤谷，凿石窟而居。

马蹄寺　藏佛殿甬道

郭瑀生活的年代，正是晋末和十六国的前凉、前秦先后统治河西的时间。他青年时从敦煌游学到张掖，拜隐居在张掖东山的著名学者郭荷为师，潜心攻读，精通经义。郭荷死后，郭瑀继承师业，隐居临松薤谷开凿石窟，设馆讲学，著书立说，门下弟子多达千余人，著有《春秋墨说》《孝经综纬》等。

十六国的统治者都既崇佛又敬儒，前凉王张天锡曾派使前往临松山，请郭瑀出山为官，被郭瑀婉言谢绝。前秦苻坚一边抢鸠摩罗什，一边也请郭瑀出山，郭瑀借口为父守孝，拒绝前往。

幸亏淝水之战苻坚大败，否则，他很可能会派吕光来临松薤谷踢馆。

但郭瑀最终没守住这份清净。东晋太元元年（376年）王穆在酒泉起兵对抗前秦，联络郭瑀与敦煌索嘏做策应，并封郭瑀为左长史、军师将军。后来王穆与索嘏闹不和，王穆起了杀心，郭瑀极力劝阻，王穆不听，杀了索嘏。郭瑀悲愤至极，绝食七天而死。

谁也没有想到，郭瑀只为隐居讲学而建的石窟，在并不遥远的未来，会成为中国最早的佛教石窟之一。

山路弯弯，屈曲盘旋。南山乌云密布，眼看要下雨了。马蹄寺石窟管理处张新荣主任说，秋后山里要下就是暴雪！我们加快速度赶往此行最重要的目的地——金塔寺石窟。

从马蹄寺到金塔寺有20多公里。满山的秋草渐黄，羊群啃着山坡上的草缓缓移动。连绵不断的盘山路把我们带到海拔3000米的大刺沟山谷中。经过大都麻河边的景区检查站时，就远远看见苍松翠柏间，一道高大的红色砂岩崖壁格外醒目。前面都是碎石路，时不时遇见洪水沟，沟边堆积着山洪冲下来的泥石。张新荣说，一下暴雨，泥石流就从对面的山顶倾泻而下。

马蹄山　大刺沟

张掖金塔寺石窟

岩石 / 古近纪砾岩

建造年代 / 始于北凉，终于元代

这是1954年调查金塔寺的史岩先生的记录：

山路崎岖，非常难走。除乘坐牲口外，没有其他交通工具。从马蹄寺东南的方向翻越几个荒山和野谷，约行五公里，在一座高峻的大山面前走下一条险拔的山坡，进入一条深长的峡谷，在崎岖的石矶组成的山沟和丛林中前进，再从比人还高的荆棘丛中攀登险阻的高坡，遂能到达窟下。这里已经进入深山，少有人迹，荒林丛草中极多野牛和其他兽类的脚印。

我们在茂密的松林中继续前行2公里，终于找到了隐藏在祁连

山深处的神秘雕塑世界——金塔寺石窟。

这是一个高悬在山腰石壁上的佛窟，只有并列的东西两窟，离地面约100米，240余级石阶犹如天路，通向半空中的佛窟。

幸亏隐遁于人迹罕至的深山，又开凿在离地百米的断崖上，这个经典石窟才逃过了山下大多数洞窟所遭遇的劫难。

何鸿对比史岩先生的旧照发现，金塔寺的外貌已经发生了很大改变。20世纪50年代，因前壁崩毁，金塔寺石窟内的中心塔柱暴露在外。估计当时暴露的佛像贴了金箔，所以称为金塔寺。现在，管理所新修了窟檐，把洞窟保护起来，从山底下已经看不到窟内的“金塔”了。

作者在拍摄途中

金塔寺石窟　东窟中心塔柱

我们扛着沉重的设备攀着240级台阶，爬上金塔寺。对面的大雪山云山雾罩，白云触手可及，耳边传来阵阵松涛。恍惚间，竟有腋下生风、羽化成仙的幻觉。不由感叹，在这样一个幽僻险绝之处开凿石窟，真是一个超凡入圣的选择。

金塔寺东窟正中是方形中心塔柱。每面分三层开龛造像。第一层大龛塑佛坐像，左右为胁侍菩萨立像。佛陀面相浑圆，袒露右肩，体型健壮，还没有脱去刚刚从印度传入时的印记。第二层每面开三个小龛，塑交脚弥勒或坐佛。第三层不再开龛，而是塑大型千佛一排，佛后配菩萨立像，直至窟顶。

宁强：由于种种原因，内地石窟鼻祖天梯山石窟的北凉遗迹几乎荡然无存。幸运的是，我们在金塔寺找到了完整保存的中心塔柱和精美造像，足以代表凉州石窟当中的中心塔柱窟式。

让人惊叹的是翩翩起舞的高肉雕飞天。她们呈“V”字形，大半个身子探出龛沿，好像随时要脱壁而出接引众生，脸上露出孩子

金塔寺石窟　高肉塑飞天

金塔寺石窟　菩萨塑像

金塔寺石窟　主尊佛像

般天真烂漫的笑容。顶端的菩萨也纷纷探出身子，像在急切地打探人间的消息。

这种大型高肉塑飞天伎乐，在整个中国石窟中都是绝无仅有的。

史岩先生看到金塔寺飞天后大为赞叹。他说：

> 在雕塑艺术上，莫高窟和麦积山石窟的北朝系艺术要算是丰富多彩的了；但是像金塔寺和千佛洞的北朝窟中所见的高肉雕的大型飞天、千佛、菩萨和莲花生童子等，却没有发现。而这里的具有伟大气魄的高肉雕大型飞天之类，是富有创造性的，它接受了影塑的传统形式，又有了更进一步的发展，它给予人们的感动是大大超出影塑的。艺术家一定要有健全的想象力、高度的表现技术、丰富的造形经验和大胆的构图设计能力，否则是不能做到的。

初世宾先生认为，金塔寺的飞天和敦煌莫高窟的不一样，它好像是直接从印度“飞”过来的。

宁强：这是按照北凉的审美标准来塑造一个美丽的公主。但是，她身上穿的却是袈裟。你看，她是披了袈裟的一个美丽少女。所以我觉得金塔寺的工匠不仅仅是照搬从西域而来的造像，而是根据本地人的愿望，按本地人的审美需求做了改造，这就是我们见到的凉州模式的典型再现。

西窟与东窟格局略同，但规模较小。经过后世多次修补和妆彩，致使许多造像失去了原貌。由于明代藏传佛教在这里很流行，塔柱上部的佛像被改成了戴帽子的宗喀巴像，只有龛外左胁侍菩萨立像还保留了原作。

这尊肩宽体壮的胁侍菩萨，体格饱满，梳着辫子，像一个刚刚策马归来的卢水胡族少女。

何鸿从收藏的旧照上看到，20世纪50年代时，东窟东龛的菩萨像、西窟西龛的佛、菩萨头部都是完整的，但现在这几座佛和菩萨头都没了。

23岁就在金塔寺守护石窟的刘国虎主任告诉何鸿：2002年秋天，金塔寺发生过重大盗窃案，11件文物被盗，包括高肉塑飞天2身，胁侍菩萨1身，坐佛5尊，壁画3块。

在一个月黑风高的夜晚，青海祁连县的几个盗贼撬开金塔寺的

大门实施了盗窃。案件很快破获，两尊刚卖给尼泊尔人的佛像被追回。敦煌研究院李云鹤先生专程去西藏接回了佛头，带着几位弟子对佛像、壁画做了修复。

李云鹤：金塔寺那两个洞子是最好的，尤其是那些塑像，一个洞子里有百十身塑像。洞子地下原来堆着好多碎块儿，我就跟李波（李云鹤儿子）说："我说李波，这些碎块肯定能拼对起塑像。"结果真就拼对起两身供养像来，没有头，但是身体什么的完全可以看出来。最后验收的时候，他们那个姚所长说："李老师，我这塑像咋多出来了？"

旧照片显示，在这次盗窃之前，金塔寺还多次被盗过，那几个身首异处的佛、菩萨也许永远无法复原了。

金塔寺石窟地势险峻，规模宏大，造像又如此精巧华丽，显然不是一般民众所为。学者认为，它很可能是沮渠蒙逊主持修建的南山石窟。

杜斗城：就金塔寺东、西二窟的内容、时代和规模来看，很可能是北凉立国后，修建在祁连山境内的第一处石窟。公元412年，沮渠氏迁都姑臧，其国力也达到鼎盛之时。在他们的扶持与倡导下，凉州也成为我国北方佛教圣地，一时高僧云集，佛事盛况空前。天梯山石窟很可能是在公元412年以后，继肃南金塔寺之后出现的第二处北凉时期开凿的石窟。

松涛阵阵，佛音渺然。所有历史的寻访，都是一种碎片的拼接。中国石窟鼻祖的历史碎片，就散布在茫茫祁连山中。

中国石窟的凉州模式

就在考古界苦苦寻找凉州造像的时候，酒泉一带新出土的北凉石塔似乎有话要说。

酒泉是汉武帝在河西最早设立的郡，市中心鼓楼的四面门额上，分别镌刻着“东迎华岳”“南望祁连”“西达伊吾”“北通沙漠”四句话，清楚地标注了酒泉在丝绸之路上东接中原、西连西域、南屏吐蕃、北拒匈奴的战略位置。

汉武大帝也未曾想到，2100多年后，由他开拓并亲自命名的酒泉，会成为中国人登天的台阶。从2003年起，沙漠深处的酒泉卫星发射中心成功地将几批中国航天员送上了太空，实现了中华民族飞天的梦想。

作为丝绸之路的咽喉要道，人类四大文明、三大宗教的交汇之地，酒泉大地上留下了星罗棋布的历史遗迹，全市文物点达到1393处，甘肃省7处世界文化遗产，酒泉市就占了4处，包括敦煌莫高窟、玉门关、悬泉置、锁阳城。作为全国文物资源最富集的地区之一，酒泉被称为一座中国历史的露天博物馆和地下画廊。

人们说，酒泉的每一块石头都能讲一个故事。而北凉石塔的故事更为传奇。

酒泉前后两次共出土了6座北凉石塔。

第一次是在酒泉文殊山石窟寺院遗址的一个储藏室发现的，共藏有5座残塔，其中1座为北魏的，4座为北凉的。经考证，这5座石塔是清代光绪年间在酒泉城内的石佛寺湾子挖出来的，大致位置在现在酒泉城的西南方。

1969年，酒泉又出土了著名的高善穆塔和程段儿塔，出土地点也是石佛寺湾子。

专家发现，石佛寺湾子这个老地名非同寻常，南北朝时期这里很可能香火缭绕、寺塔遍布。

据《太平御览》记载：“初，（沮渠）茂虔为酒泉太守，起浮屠于中街，有石像在焉。”可见，出土这6座石塔的石佛寺湾子，正是北凉酒泉太守沮渠茂虔的“浮图”所在地。直到中华人民共和国成立初期，酒泉城内的庵观寺院还有36处，寺塔建筑遍地都是。

河西地区共出土北凉石塔12座，其中酒泉6座，敦煌5座，武威1座。另外，新疆吐鲁番市也出土了2座。因吐鲁番当时也属北凉地盘，以上石塔都称为北凉石塔。

北凉石塔的出土之处，都是寺庙所在地，说明当时石塔都不在石窟中安置，而是地面塔寺内的供奉物。石塔上有沮渠蒙逊时代的明确纪年，塔身雕刻的佛、菩萨造像，为我们掀开了“凉州造像”神秘面纱的一角。

先看看这尊甘肃省博物馆珍藏的国宝级北凉石塔——酒泉高善穆石塔。

高善穆石塔，用青黑色玄武岩雕琢而成，小巧玲珑，雕刻精美。有“承玄元年（428年）建”铭文，这是明确的沮渠蒙逊的纪年。塔高44.6厘米，基座底径15.2厘米。八面基座每面线刻供养人一身，上端刻八卦符号。塔身中部刻有发愿文“高善穆为父母报恩立此释迦牟尼得道塔”以及《增一阿含·结禁品》中的一段，共36行。塔身上部为印度覆钵塔形状，刻有八个佛龛，七龛为禅定坐佛像，一龛为交脚弥勒菩萨像。佛像面容浑圆，两眼鼓凸，着通肩大衣。交脚弥勒菩萨头戴宝冠，袒露上身，下着羊肠大裙，双手交于胸前。塔盖还刻有北斗七星图形。

魏文斌：北凉石塔的这个塔的形制源自印度。这个龛里边的造像非常统一，就是七佛加一弥勒的形式，这个当然也是受印度的影响，尤其是受犍陀罗艺术的影响。

高善穆石塔是我国发现最早的石造像塔中最精美的一件，也是中国人模仿印度覆钵塔的最早实例。石塔上的线刻画，刀法简练，

酒泉高善穆石塔（甘肃省博物馆　藏）

线条流畅，人物造型朴拙，与炳灵寺西秦壁画的风格非常接近。黝黑的石质与浅白的刻痕构成阴阳相生的奇妙视觉平衡，而1600年沧桑岁月的包浆，又让它褪尽了石头的坚硬，如温润的祁连墨玉般光滑，通体散发出古雅深邃的光芒。

其他北凉石塔的造像内容和风格都与高善穆塔基本一致。

酒泉田弘石塔，承玄二年（429年）建。

酒泉马德惠石塔，承阳二年（430年？）建。

酒泉白双咀石塔，缘和三年（434年）建。

酒泉程段儿石塔，太缘二年（436年）建。

敦煌南沙山石塔，年代不详，与马德惠石塔基本相同。

吐鲁番宋庆石塔，年代不详，与程段儿石塔基本相同。

吐鲁番小石塔，年代不详，与宋庆石塔基本相同。

敦煌三危山石塔，年代不详，与吐鲁番小石塔基本相同。

敦煌岷州庙石塔，年代不详，与上述塔基本相同。

何鸿：值得注意的是，史岩先生在1943年就关注到了文殊山石窟出土的石塔铭刻，这些残石道出了北凉王朝的信息密码。如田弘造经塔残石中有“承玄二年”经文，承玄是北凉沮渠蒙逊的年号。白双咀残石也见沮渠蒙逊年号发愿文。史岩先生从风格断定，这些石塔似为北魏之前十六国后期遗作。

北凉石塔是中国出现最早的一批佛教石塔，它们集儒、释、道思想于一塔，代表了北凉的佛教思想和艺术特色。北斗七星和八卦符号等东方传统文化元素在佛塔上出现，可能与沮渠蒙逊既推崇佛教又倡导儒教的思想，以及魏晋佛教传播中杂糅黄老道术的倾向有一定联系。

敦煌三危山石塔

北凉石塔局部

酒泉程段儿石塔

杜斗城：北凉石塔的建造者用中国传统文化中的《易经》八卦来象征和说明佛法像万物的产生和发展一样，轮回循环，传承不绝；用北斗七星来说明弥勒即将出世成佛，佛法将永存下去。这表明北凉佛教通过中国传统文化中被视为儒家精髓的基本理论，对佛教教义进行了形象的说明，这对一直受传统文化熏陶的北凉士大夫和信众来讲，就更容易理解和接受了。石塔发愿文的主要内容是为君王、父母、师长祈福发愿，说明中国传统文化中的伦理道德和宗法思想对佛教有一定的影响，这是早期中国化佛教的一个重要特点。

杜斗城：当然了，北凉石塔都比较小，一般就是三四十厘米高，它是一般民众供养的石塔，可能在家中供养，也可能是造好以后供献给寺院。北凉石塔上的造像不能完全代表北凉的佛教艺术。只能说北凉石窟和北凉石塔加在一起，才能代表北凉的佛教艺术。

书法研究者还注意到，北凉石塔铭文的字体浑厚质朴，粗犷开张，带着北方少数民族的生猛和雄强，是后来名噪天下的“龙门二十品”经典魏碑书法的最早源头。

宿白教授认为，酒泉、敦煌一带出土的这批北凉石塔最重要的价值在于，它们可以增补天梯山石窟第1、4两窟已不存在的凉州造像的主要形象。如造像题材的七佛坐像加一弥勒；佛的坐姿、手姿、须弥座、通肩右袒式大衣；弥勒菩萨的宝冠、璎珞装饰、交脚坐式等等。这些都为北凉造像模式的研究提供了第一手资料。

时隔1600年后出土的北凉石塔，让我们看到了佛陀刚刚进入中国内地时的模样。

让我们返回祁连山，继续寻找北凉石窟的蛛丝马迹。

20世纪90年代初，一个秋日的周末，住在酒泉的我骑着自行车从市区出发，骑行30里路，第一次来到文殊山。

据我当时的简单了解，文殊山石窟是中国最早的石窟之一，也是国内少有的从北凉一直延续到民国、规模仅次于莫高窟的大石窟寺。传说文殊菩萨曾显灵于此，故名文殊山。文殊山石窟历经北凉、北魏、隋唐、北宋、西夏、元、明、清、民国各代不断增修，形成了庞大的石窟寺建筑群，鼎盛时期石窟总数达到100多个，山上的寺庙更是多达360多座，为河西地区香火最旺的佛教圣地。

但我到来时，却只看到一片荒山秃岭，满目苍凉萧瑟。原来布满山头的100多个洞窟绝大多数空空如也，像无数个黑洞洞的瞎眼。曾经的360座层层叠叠的庙宇楼台连断壁残垣都不见了。仅有的几个冒香火的洞窟，都是20世纪80年代以后当地信众建造的，塑像壁画大红大紫，工艺拙劣。

很难想象，这就是昔日河西走廊上人山人海的佛教圣地！

仅仅几十年时间，一座营造千年的佛教石窟就大树凋零，黯然退出历史舞台，沦为寒碜破烂的山间小庙了。

当时我的脑海里闪过莱蒙托夫的诗句：

肃南文殊山石窟

岩石 / 古近纪砂砾岩

建造年代 / 始于北凉，终于清代

空空如也的文殊山石窟

也许我爱的已不是你，

而是对你付出的热情。

就像一座神庙，即使荒芜，

仍然是祭坛。

一座雕像，即使坍塌，

仍然是神。

据明代《重修肃州新志》记载："城西南三十里山峡之内，凿山为洞，盖房为寺，内塑佛像，旧称三百禅室，号曰小西天。"

文殊山的100多个洞窟分布于前山和后山两个区域，现在有壁画和塑像的洞窟只剩下前山千佛洞、万佛洞，后山古佛洞、千佛洞4个洞窟。据说这4个石窟是因为当时有人住才免遭毒手。

何鸿从史岩先生的考察笔记中发现，1954年时，文殊山的寺院数量依然很惊人。史岩的初步统计显示，山上有道教的斗姆宫、三皇宫、无量殿、眼光娘娘殿、灵官洞、三义殿、药王殿、翠云宫、龙王宫、玉皇宫、三清宫、城隍殿、东岳庙、罗祖宫、山神殿、十王殿、仙姑殿、日月宫、玉皇楼、王母宫、五圣宫、百子阁、无极宫、普度宫、文昌宫、财神庙等。佛教的千佛楼、观音洞、地藏寺、文殊寺、睡佛寺、古佛洞、千佛洞、万佛洞等，的确是观寺林立，香绕文殊！

史岩的一张旧照片中，仅后山一个小山坡上就有20多个寺院道观。我们找到当时拍摄的位置做了对比，20多个庙宇建筑已不翼而飞，对应的庙址上只剩一个个残破的空洞。这中间只隔了六十多年。

何鸿：这个照片的拍摄时间是1954年。1953年全国做了一次文物调查，也来了文殊山石窟，所以我们现在看到的这个情景，是晚清以来一直到五六十年代破坏的。

文殊山后山谷寺外景（20世纪50年代拍摄，庐江草堂　藏）

2019年的文殊山后山同一位置

关于文殊山的建造年代，从石窟保存的元代泰定三年（1326年）的《重修文殊寺碑》得知：“所观文殊圣寺古迹，建立已经八百年矣。”

如今，唯一能证明文殊山北凉石窟身份的就只有前山千佛洞了。

作为硕果仅存的北凉石窟，前山千佛洞很少对游人开放。顾所长打开了千佛洞的铁锁，把我们带进了洞窟。

洞窟不大，长宽高都不足4米。正中是方形的中心塔柱。四面各开两层佛窟，每层都有坐佛、菩萨像。西、北两壁尚存北凉壁画。北壁分上下两部分，上部画着通肩服装的千佛，下部画立佛十身。西壁中部画阿弥陀佛及观世音、大势至菩萨，下部画着一排供养人。

让我们兴奋的是窟顶部的北凉飞天，他们直鼻大眼，丰唇深目，身躯呈“V”字形飞翔状，体型健硕，甚至略显笨重，仿佛刚从印度、西域飞来。画法是典型的西域晕染法。

杜斗城：若以泰定年间上溯八百年，则为公元526年左右。此时正值北魏孝明帝孝昌年间。当时，全国各地的造像与壁画的风格，早已被孝文、景明以来逐渐盛行的“秀骨清像”风格所代替。文殊山前山千佛洞内的现存壁画风格与北魏完全不同，它接近敦煌莫高窟272、275窟等十六国时期壁画的风格。所以，《重修文殊寺碑》中所记，应该指的是文殊寺院的修建年代，而文殊山石窟的开创，则要早于公元526年。

文殊山前山千佛洞　窟顶飞天　北凉

作者在文殊山万佛洞大型界画前拍摄

甘肃省博物馆董玉祥、岳邦湖在文殊山石窟考察报告中做了详细描述：

佛与菩萨像都体格魁梧，具有早期作品的特征。其画法的特点，先以土红或白色画出人物基本形象，再用较深的宽线在颜面和肢体边缘勾出轮廓，然后以红线或黑线勾勒使其定型之后，再用鲜艳而又浓厚的色彩，涂其衣裙和帔巾等饰物，裙纹除用线勾画，其边缘用一种比底色较深的颜色，晕染一道，使其明暗分明，增加了强烈的体积感。与新疆克孜尔千佛洞以及敦煌272、275、254、259等早期洞窟内之壁画，有着不可分割的渊源关系。

宿白先生认为，前山千佛洞甚至早于敦煌莫高窟现存早期洞窟。他说，值得注意的还有前山千佛洞阿弥陀佛、观世音菩萨和大势至菩萨这组图像，这是莫高窟早期洞窟中所没有的题材，而这种题材，却以不同的译名——“无量寿佛”，出现在刘家峡市炳灵寺的西秦龛像中。

紧挨着前山千佛洞的万佛洞，是北魏时期的中心柱式洞窟。但北魏的痕迹只剩下中心柱和几尊残损严重的塑像，四壁都是西夏时期重绘的壁画。东壁正中这幅场面宏大的巨型经变画《弥勒上生经变》是整个河西石窟群中罕见的大型界画。

文殊山前山万佛洞 《弥勒上生经变》局部

所谓“界画”，是指用界尺作画。这幅楼台界画场面宏大，结构复杂，左右均衡，上下呼应，人物众多，气势恢宏。画师用界尺准确工整地描画了兜率天宫庞大繁复的“工”字形建筑群体，又用极细的笔触勾画出建筑细部及人物形象、花草树木。总计绘制大小殿阁门楼建筑12座，各色人物239人。画面中心的弥勒菩萨着藏式装束，不同于常见的交脚弥勒形象；两侧侍立的各类“眷属”也穿袍服。这说明西夏时期藏传密教已开始在河西流行。

如此来历非凡的古老石窟，竟然遭到了史上最彻底的摧毁。而仅存的北凉飞天，也藏在深山人不识。

永远无法愈合的伤口布满文殊山

何鸿感慨地说，莫高窟元代以后就停止营造，云冈石窟、龙门石窟也只跨了几个朝代。像文殊山这样连续营造近1600年，包含从北凉到民国所有朝代的石窟和建筑遗迹的大型石窟寺，全世界都很少见。说不清其中有多少晋唐精品洞窟，也说不清庙宇中有多少全国少见的完整的唐宋建筑。真是太可惜了！因为要“破四旧”，他们就一砖一瓦地拆掉了360座庙宇，仔仔细细地铲掉了100多个洞窟的所有壁画，认认真真地砸毁了成百上千座佛、菩萨像，这等于亲手把一座世界文化遗产彻底拆毁了！

群山无语，众神不言。那些经年累月层层叠叠积累的文化遗产，可以和自然法则抗争而留存千年，却最终抵不过人类的摧毁。

继续向西，又到了举世闻名的敦煌莫高窟。

北凉玄始十一年（422年），沮渠蒙逊攻克敦煌。笃信佛教的北凉政权继续在大泉河畔的崖壁上开窟造像。

莫高窟现存最早的洞窟都是北凉时期开凿的，最能反映沮渠蒙逊时代的造像风格。

莫高窟现存北凉石窟共7个，编号为267、268、269、270、271、272、275。在这7个洞窟中，267、268、269为三洞合一的单元，主室编号为268；270、271、272也是三洞相连，主室编号为272；加上独立的275，称为“北凉三窟”。

奇特的是，“北凉三窟”没有中心柱，整个洞窟仿照汉魏传统木构建筑，多汉阙形式的佛龛。这种阙形龛的结构与东汉画像砖中的中原建筑形式完全相同，是印度佛教石窟与中国传统建筑的合璧，在整个河西以及云冈早期窟中都没有先例，也与天梯山、炳灵寺、马蹄寺、文殊山石窟的凉州洞窟中心塔柱完全不同。但壁画人物造型特点、晕染方法等却与凉州石窟惊人地相似。

莫高窟第268窟　北凉

有人推测，在五凉中，酒泉、敦煌所属的西凉是唯一的汉族统治政权，也是沮渠蒙逊最后一个征服的王朝，因此敦煌最早的石窟不可避免地具有汉民族的文化元素和审美追求。

第268窟是个平顶的长方形毗诃罗窟，又称禅窟，也就是用于坐禅修行的洞窟。飞天高鼻大眼，上身袒裸，线条粗犷，呈“V”字形身姿，有西域造型特征，被认为是莫高窟最早的飞天。

“北凉三窟”最大的看点是第272窟的闻法菩萨。西壁两侧密密匝匝绘满了40个小菩萨。他们有的持花，有的

莫高窟第272窟

徒手，或坐或跪，手舞足蹈，仿佛听到佛祖说法后都乐得跳起舞来。菩萨的舞姿、神态无一雷同，等于为我们保留了古印度的40个舞蹈动作。

壁画以单纯的土红为底色，用褐色勾勒人物轮廓，再用白色点出鼻眼隆起部位，凸显出立体效果，色调热烈而明快。但由于年久日深，这些色彩、线条都发生了变色反应，大多数褐色变成了黑色，使得人物形象更加粗犷生猛，接近西方野兽派画风。

敦煌研究院院长赵声良：我们知道敦煌壁画经过了一千多年的风霜，最后大部分颜色都变黑了。最早工匠们学习印度的绘画方法，叫作西域晕染法。用很重的颜色，由浓到淡地表现人体的立体感。可是经过一千多年，大部分颜色变黑了。这种变色有个特点，就是脸上只剩下了粗黑的轮廓和白色的两个眼睛一个鼻子，还有嘴唇，我们把它称作“小字脸”。这是敦煌早期壁画一个很有趣的现象。

第275窟这尊3.4米高的交脚弥勒塑像是敦煌早期石窟中最大的塑像。菩萨上身赤裸，体态健硕，头戴三珠冠，目光收敛下视，外展的嘴角露出一丝浅浅的微笑。衣服的褶皱和起伏用贴泥条和阴刻的方法表现，造像题材和技法都来自犍陀罗。

同处一窟的另一个较小的交脚弥勒，高坐在汉朝宫阙一样的龛里，像一位陷入沉思的少女。用汉朝宫阙的形式给菩萨造龛，是敦煌工匠改造外来佛教造像的第一次尝试。后来，这种形式传到了中原的云冈和龙门等石窟。

赵声良：这种交脚而坐的菩萨像，我们称作“交脚菩萨”，是典型的犍陀罗风格。还有一种是思维菩萨，好像这个菩萨在思考的样子。思维菩萨和交脚菩萨都是犍陀罗艺术的典型代表。他们的特点就是身体的比例非常匀称，鼻子比较高一点。菩萨两边还有两个狮子，双狮座，这些都是犍陀罗艺术的特点。

莫高窟第275窟

新疆龟兹研究院研究员霍旭初：克孜尔石窟的雕塑，跟犍陀罗雕塑几乎没有什么区别，完全就是希腊风格。到了莫高窟，早期的佛像也有很明显的犍陀罗风格，后来就逐渐演变成中原风格了。因为敦煌正好是西域和中原的结合点。

宿白先生在敦煌莫高窟

我们回过头来看，武威天梯山第1窟、第4窟，张掖马蹄寺、金塔寺东西二窟，酒泉北凉石塔，文殊山前山千佛洞，玉门昌马下窑石窟，敦煌莫高窟“北凉三窟”，炳灵寺第169窟等早期石窟和造像，无论是石窟形制，还是造像题材、壁画风格，都非常接近，它们同属十六国时期的北凉、西秦时代，共同构成了凉州石窟造像艺术模式。

宿白先生在综合考察了新疆、敦煌、河西石窟群和炳灵寺石窟后，结合酒泉、敦煌、吐鲁番发现的北凉石塔，把新疆以东现存的早期佛教石窟造像艺术命名为“凉州模式”。内容包括：

（1）有设置大像的佛殿窟，较多的是方形或长方形平面的塔庙窟。塔庙窟内的中心塔柱，每层上宽下窄，有的方形塔庙窟还设有前室，如酒泉文殊山前山千佛洞之例。

（2）主要佛像有释迦牟尼、交脚菩萨装的弥勒。其次有佛装弥勒、思维菩萨和酒泉文殊山前山千佛洞出现的成组的十佛（十方佛）、阿弥陀三尊。以上诸像，除成组的十佛为立像外，皆是坐佛。

（3）窟壁主要画千佛。酒泉文殊山前山千佛洞中出现《说法图》，左壁《说法图》的主像是阿弥陀三尊；壁下部出现了供养人行列。

（4）边饰花纹有两方连续式的化生忍冬纹。

（5）佛和菩萨的面相浑圆，眼多细长，深目高鼻，身躯健壮。菩萨、飞天姿态多样，造型生动。飞天形体较大。

后来，宿白先生又根据新发现的材料做了进一步补充完善：

（1）石窟形制有塔庙窟、佛殿窟两种。

（2）方形平面的塔庙窟，顶作覆斗形即盝顶。其前有的残存横长形的前室遗迹。从遗迹可知，其前壁敞开，中部列置廊柱，横长的前室室顶为前后两坡式，即敦煌称之为“人字披”者。

（3）塔庙窟中心塔柱上开凿的浅龛，皆作圆拱状，龛梁两端下垂为龛柱。龛内坐佛皆作禅定姿态，立佛皆作游行像。

（4）塔庙窟左右壁主要布置上下成列的千佛。

（5）佛殿窟的主像为立姿游行像，两侧各立一胁侍菩萨像。

（6）塔庙窟与游行像为主像的佛殿窟或上下布置，或左右毗邻，有可能是以前未曾留意过的组合石窟。

宿白把凉州模式分早期和晚期，早期以天梯山残存的壁画、造像，酒泉、敦煌等地出土的北凉石塔和炳灵寺第一期龛像为代表；晚期以肃南金塔寺、文殊山前山千佛洞和炳灵寺第二期龛像为代表。它们都是佛教进入中国最早的造像形式。

后来中国内地大兴石窟造像，石窟遍布全国，但它们的鼻祖就在河西走廊的祁连山中。

天梯山大佛涅槃重生

据唐代道世《法苑珠林》记录，沮渠蒙逊曾在南山石窟为去世的母亲塑造了一尊丈六石像：

> 北凉河西王沮渠蒙逊为母造丈六石像于山寺，素所敬重。以宋元嘉六年（429年）遣世子兴国攻枹罕大败，兴国遂死于佛氏。逊恚恨，以事佛无灵，下令毁塔寺，斥逐道人。逊后行至阳述山，诸僧候于路侧。望见发怒，立斩数人。尔时，将士入寺礼拜，此像涕泪横流，惊还说之。逊闻往视，至寺门，举体战悸，如有犯持之者，因唤左右扶翼而进，见像泪下若泉，即稽首礼谢，深自尤责，登设大会，信更精到，招集诸僧还复本业焉。

1500多年过去了，天梯山石窟中还能不能找到丈六石像的踪迹呢?

何鸿从20世纪50年代的旧照片中发现了一个重要信息，就在天梯山石窟的西北坡，1927年大地震震塌的区域，很可能还残留着沮渠蒙逊的北凉石窟。

当年，史岩先生在天梯山石窟立面图上标注了这个塌陷区，他判断，这个塌陷区里很可能隐藏着北凉石窟的重要线索：

> 据从小出家现已五十一岁的李喇嘛亲口见告：在1927

天梯山石窟外景（20世纪50年代拍摄，庐江草堂　藏）

年大地震时，在石窟群西北部崩落的10个窟中，有一个位于最高处的大窟，其中有与第1窟构造样式很近似而规模更大的中央方塔，上面开龛，窟内四隅都有假柱（按此种假柱在麦积山北朝洞窟中也有之），且有两个入口，在两入口之间的外壁，且有造像数尊；又说在窟内壁面有密排的影塑等装饰，地面堆有无数小型泥塔和模制泥佛等，壁画有四五层之多，厚达一寸。

在1959年的拆迁中，这个塌陷区就是天梯山考古发掘的重点之一，专家们希望通过清理发掘，找到沮渠蒙逊北凉石窟的遗存，从而破解中国石窟史上的千古之谜。

1960年元月的一个寒风刺骨的夜晚，孙儒僩和拆迁队员们正在山上挑灯夜战，忽然听到有人大喊：

“有人掉下去了！”

“老倪！老倪！”

他们知道出事了。大家赶到山下，就看见甘肃省考古所的倪思贤躺在地下，一动不动了。

孙儒僩听在场的人说，当时一个民工在塌方区上端清理土石，由于天黑，没看清脚下，一不小心差点跌倒，旁边的倪思贤顺势拉了他一把，工人得救了，可倪思贤却没有站稳，脚一滑就滑到悬崖边上，他伸手去抓一棵小灌木，但已经无济于事，转瞬间就掉下了几十米高的深渊。在高速坠落的过程中，他的身体还碰在一处突出的岩石上，翻了两下就直落崖底。

孙儒僩一路小跑到医务所请来大夫。大夫摸摸倪思贤的脉搏，再翻开眼睛看看，连强心针都没有打，就说“不行了”。说罢就走了。孙儒僩回到宿舍，把自己的褥子抱来给倪思贤盖上，又找了一块门板把他抬回来。抬的时候，孙儒僩发现倪思贤的身体软软的，大概骨头都摔碎了。

一个乐观坚强的年轻考古工作者就这样走了。

晚上，倪思贤的遗体就停放在孙儒僩的宿舍里。那一夜，他听着屋外呜咽的风声，一直没有合眼。

“从那次事故后，指挥部为了安全，决定晚上再不让大家上洞子加班了。”孙儒僩说。

在天梯山石窟拆迁中牺牲的倪思贤

在付出了巨大牺牲后，拆迁队在塌陷区新发现了5个被掩埋的石窟。天梯山石窟的总编号由13个变为18个。

在这次搬迁清理中，除了剥出第1、第4窟北凉菩萨壁画外，还在第1窟内发现了一尊北凉小坐佛。小坐佛头部已毁，残高约30厘米，身穿土红色的通肩式袈裟，衣纹、坐姿与酒泉出土的北凉石塔上的坐佛造像很相似，而且更为古朴原始。当时负责做发掘记录的张学荣先生判断，这可能是天梯山石窟现存最早的造像。

张学荣把每个窟、每个壁的内容逐一登记，整理成详细材料，提交给专家组。1959年12月21日到24日，段文杰、李承仙、万庚育三位专家专门集中了三天时间，拿着张学荣的登记表，对所有18个石窟的时代、形制、塑像和壁画的内容、风格、榜书、游人题记等都做了集中复勘，最后将复勘材料上报队长常书鸿先生审定。

常书鸿和专家们一致认为：天梯山石窟就是北凉王沮渠蒙逊所开凿的凉州石窟。现存第1窟、第4窟及新近发掘出来的新编第18窟，均为北凉时期的石窟。

那么，沮渠蒙逊的丈六石像究竟是否存在，它的具体位置又在哪里呢?

专家们把目光投向了第18窟上部左侧的第15窟。这个石窟在地震中整体塌毁，只保留了后壁的立佛，立佛残高3.6米，塑泥脱落，只剩下人形石胎，膝以下还残留了一小部分贴体的衣纹塑泥，显示出早期佛像特征。

宿白先生认为，第15窟原是一处立佛殿窟，此窟的主像应该是一立佛像和二胁侍菩萨像。

杭州收藏家常宏找来了张学荣保存的一张20世纪50年代天梯山的黑白照片，照片下面用铅笔清楚地标注着："第15窟立佛石胎。"

麦积山石窟研究所原所长、研究员张学荣：至于究竟哪一个是北凉王沮渠蒙逊为母亲所造的"丈六石像"及沮渠蒙逊为了"安设尊仪"所造的具体石窟，现已很难断定了。不过，大家还是认为，由于史料中记载："中有土圣僧，可如人等，常自经行……遥见便行，近瞩便止……"加之石像又有"丈六"之高，沮渠蒙逊所造之窟也一定不小。但当时发现的第1、第4两个北凉窟都比较矮小，不可能造出丈六石像，加上窟门低矮，佛像也不可能在较远的地方"遥见便行"。新编第18窟虽然十分高大，但因后室部分已为中心柱所占，而前室部分不可能另造一身"丈六石像"。

1959年拍摄的天梯山石窟第15窟立佛残像（常宏　提供）

这尊立佛残像的高度足有一丈六尺。石窟所处的位置也非常显赫，具备“遥见便行”的视觉效果。因此，专家组一致认为，这尊立佛很可能是沮渠蒙逊为母亲所造的“丈六石像”，只是还有待将来在整个石窟恢复后，进一步研究考证。

60年后，我们来到天梯山石窟，在一个又一个残洞里寻找北凉造像的遗迹。拍了两天都没见到丈六石像的影子。难道它早已在风中消散了？

何鸿爬到山腰处研究第1窟的中心塔柱。看到四壁空空，一无所获。他问跟拍的摄影师有没有发现佛像，答曰，空空如也。他又登上最高层的第2窟，在窟前的栈道边一回头，就看见右上方石崖的小平台上，隐约有尊矗立的残像裸露在外，这会不会是那尊“丈六石像”呢？

何鸿：在整个天梯山石窟中央的这个部位，下面有三个我们见到的中心塔柱，然后上面站了这么一尊立佛。这个背后应该有很多我们可能还不知道的秘密。

栈道的位置太偏，看不清全貌，我们立即启动无人机，在高空拍摄。无人机传回的照片上，站立大佛的形象一目了然。

航拍的天梯山石窟第15窟立佛像

1959—2018年的天梯山石窟第15窟的残像

拿出旧照片做比对，航拍图显示的大佛站姿更为完整。这为沮渠蒙逊所造“丈六石像”的最后确定提供了有力证据。

虽然这尊立佛大部分已经损毁，但从它健壮的身材，挺拔的站姿，残留的衣纹上，依然可以看到中国内地最早佛教造像模式——凉州造像的真面目。

又是几十年过去了，丈六佛像的考证还没有得出最后的结论。而裸露在山头的立佛像却长年累月地遭受着西北风的剥蚀，佛像腿部仅存的衣纹塑泥早被剥蚀殆尽，变成了一根形状模糊的石柱，不仔细看根本认不出来。

何鸿叹息着下了山。在第13窟大佛前，正巧碰上他在中国美术学院的同事汪教授，她带着一群大学生在做毕业考察。何鸿在大佛前给大学生们讲起了60多年前，美院前辈史岩先生考察天梯山石窟的故事。

很多人并不知道，天梯山石窟唯一保存的这尊唐代大佛像，在20年前却是另一个样子。

1960年黄羊河大坝蓄水后，第13窟大佛的胸部以下，弟子、菩萨、天王的脖子以下都在水中浸泡了几十年，大部分表皮泥层都剥落了。20世纪60年代末，天梯山附近的农民划着船来到第13窟，

1953年拍摄的天梯山石窟大佛窟

20世纪60年代被毁了佛头的天梯山石窟第13窟大佛

爬到佛头上挖宝，竟然把千年大佛头砸得稀烂！

1998年，天梯山石窟大佛修复工程启动。已经到了退休年龄的李云鹤先生被敦煌研究院返聘回来，主持这项修复工程。

当时，一直跟着他做塑像修复工作的儿子李波已经成了敦煌研究院的技术骨干，父子俩共同挑起了修复天梯山大佛的重担。但他们手中只有几张20世纪50年代的黑白照片，而且都不是很清晰的远景。用平面照片修复立体大佛，尤其是复原已不存在的大佛头，更是难上加难。

李云鹤；我只有那张小照片，那可把我难住了。而且因为搭起架子以后，你看不着上面，不像现在我修大塑像，我就把空间留下了。我修修就要站住看一看，这个比例对不对，协调不协调？那时都搭起架子来，前面是水，你没退路，没有地方观看，比例很难掌握。

李云鹤40年积累的佛像修复经验，似乎全部失灵了。

李云鹤想起他到日本学习的时候，发现人家有电脑三维扫描技术，可以把塑像扫描出来。他就让李波拿着旧照片，到兰州各大学、科研单位去问，能不能扫描。结果没有一家有这个技术和设备。

“最后没有办法了，我说只能硬着头皮上。”李云鹤说，“我说有这个旧照片，咱们就按照照片去追这个形象。”

父子俩把那张只有邮票大小的旧照片放大到极限，再对照大佛头像的残存部分确定实际尺寸，成功破解了佛头的立体成像的比例问题。他们严格按照古代的材料和工艺流程开始了大佛的修复工作。

通过对大佛残留泥皮的取样分析后，他们发现古代工匠在泥中掺的纤维材料有麦草、麦衣和胡麻杆。底层泥用长麦草，表层泥用短麦草或麦衣，衣褶和发髻里面用的是胡麻杆。他们就从附近的二坝乡拉来黏土，从民勤县拉来胡麻杆，从武威买来麦草，佛头骨架用的木材都是上等的园松。

李云鹤：土里边有盐分，盐分对塑像是破坏性最大的。我们要把盐分全部洗掉，漂洗掉。最后用的都是用纯净水洗过的土。所以说，我的一斤土比你一斤面粉还要贵。想一想，我要用多少纯净水去洗它呀。

为避免天梯山残存的佛像再遭地震破坏，李云鹤父子还特意用螺纹钢、圆钢对骨架作了支撑加固，确保佛像能抵御8级地震。

修复后的佛头和佛身浑然一体，千年大佛在李云鹤父子手中重获新生。

让李云鹤欣慰的是，修复工程结束开验收会的时候，专家们说百分之九十是很像的。

“我说这我就很满意了。对不对？在那个条件下。”李云鹤说。

修复塑像、壁画很像在面壁，在绣花，而他们手拿注射器和刀

李云鹤父子修复后的天梯山石窟第13窟大佛

具，又像在进行一场手术。的确，他们就是在对壁画病变进行手术治疗。所有人都按照李云鹤首创的一整套修复流程小心翼翼地操作着，往往一坐就是好几个小时。

李波说："壁画起甲开裂了，我父亲制定的修复流程先是除尘，然后灌胶、打针、输液、回贴，最后是用包了纱布的滚子轻轻滚压加固，整个过程都要全神贯注，不能有一丝马虎。"

从甘肃省内的莫高窟、榆林窟、天梯山、麦积山、炳灵寺、大像山石窟，一直到青海省塔尔寺、西藏布达拉宫、北京故宫，哪里有"生病"的壁画和塑像，李云鹤就会出现在哪里。一幅幅病害缠身的壁画，一个个残肢断体的塑像，在他的精雕细琢下，都会奇迹般地起死回生。60多年来，这双手修复的壁画有4000多平方米！要知道，壁画修复是以平方毫米计算的。

尽管做了一辈子壁画修复工作，李云鹤还是觉得时间不够用。

李云鹤：我就是大夫，我就是给壁画、塑像看病的大夫。我说你看那些塑像，看那些画的菩萨、那些人物，它们在等着你呢，在等着你救救它，它有了病啦，你赶紧把它救一救啊！我说，它们就是不会说话，你不要虐待它，要善待它。像这里，画得这样精美的艺术品，这是在那个历史条件下，有这么高水平的艺术工作者，他们在这里辛辛苦苦绘制出来的。这么多的壁画、塑像，要是再被破坏掉，我们对得起祖先们吗？

文物最大的价值是时间，最大的敌人也是时间。

千百年来，自然环境和人为因素在慢慢侵蚀着中国古代石窟的肌体。李云鹤所能做的，就是与时间赛跑，延缓它们衰老的速度，把这份宝贵遗产尽可能完整地保护下来，留给后人。

2019年3月，李云鹤在北京出席2018年度"大国工匠"十大人物颁奖仪式，从他的老上级、敦煌研究院名誉院长、中国改革开放四十年先锋人物樊锦诗手里接过了"大国工匠"的奖杯。从北京刚回来，他就赶到榆林窟，继续修复榆林第6窟大佛。

最让李云鹤欣慰的还是孙子李晓洋留学回来后，也接过了文物修复的接力棒。如今，他们祖孙三代人都在敦煌修大佛。李云鹤和时间赛跑了一辈子，现在终于代代相继了。

2005年底，根据国家文物局"原址恢复"的精神，甘肃省博物馆将天梯山石窟搬迁文物中的绝大部分移交回武威市，由敦煌研究院负责修复。其中壁画120多平方米，塑像22尊，佛头9个，塑像、壁画残件25箱。

从最早拆迁到今天的修复，敦煌研究院与天梯山石窟再续前缘。

天梯山石窟文物修复现场

李波负责修复的几尊唐代塑像已经完成，正在等待验收。父亲李云鹤先生虽然不在现场，但这里的修复人员都是他手把手带出来的。所有的修复技术，包括修复工具，也都出自李云鹤之手。

领队樊再轩是敦煌研究院的修复专家，也是李云鹤的高徒。他和技术人员正在对一尊佛像进行三维扫描，以便进行虚拟修复的实验。当年困扰过师傅的三维扫描技术，已被弟子们熟练掌握了。

敦煌研究院研究员樊再轩：很多壁画是好几层的，最多的有三四层，我们要一层一层地揭开，每一层都不能有任何损伤。这样，修复的工作量和时间就增加了好几倍。

修复完成的壁画被重新镶嵌在与石窟墙壁一样的地仗层中加固，这样可以很方便地搬动。项目全部完成后，这些修复好的壁画、塑像会送回天梯山原址保存和展出。

技术人员一块一块地拼接残损的壁画，一点一点地还原北凉的气息。不知不觉中，这项修复工作已经进行了4年时间。在枯燥的拼接中，也有意外的惊喜出现。

修复壁画

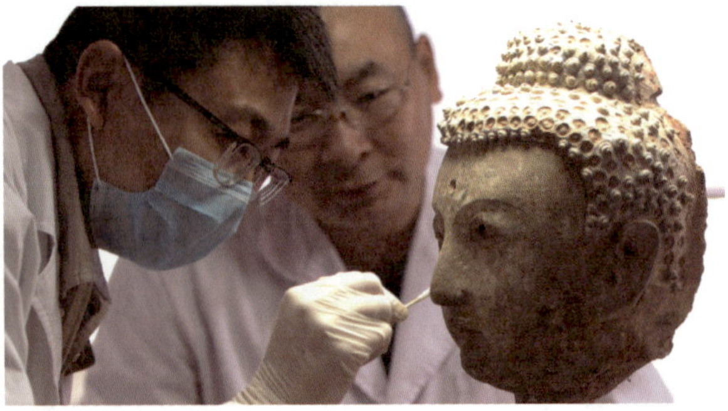

修复塑像

天梯山石窟第4窟　菩萨　北凉（2017年剥出）

2017年，他们发现第4窟的元代壁画层有松动，整体揭开后，一幅北凉菩萨以犹抱琵琶半遮面的方式惊艳登场。接着，他们又剥出一幅残缺的菩萨像，这两幅菩萨像和1959年最早剥出的北凉菩萨像都出自同一个洞窟。

2019年5月22日，就在我们拍摄修复现场的过程中，又一个奇迹发生了。

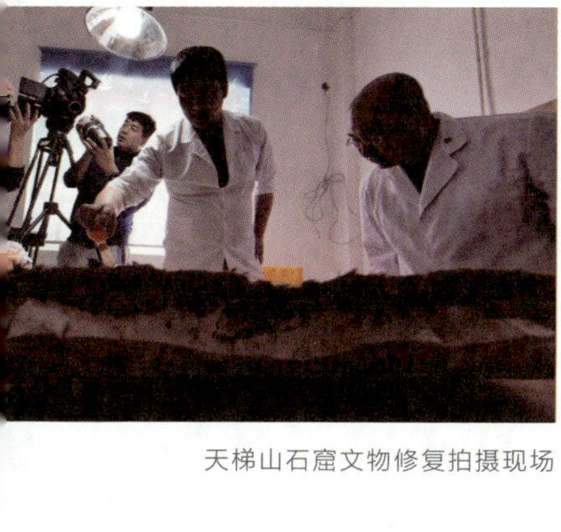

天梯山石窟文物修复拍摄现场

修复人员又揭开了第4窟的一块元代壁画，用牙签一点一点地剥掉表面泥皮，一双美丽的大眼睛渐渐睁开，又一个北凉菩萨惊艳登场！盈盈眼波穿越1600年岁月，至今令人怦然心动。

天梯山石窟陆续剥出的五尊北凉菩萨像，与炳灵寺169窟壁画上的菩萨、飞天的造型、服饰和绘画技法几乎完全一样，也与河西走廊的莫高窟、文殊山、金塔寺等石窟的早期壁画，以及酒泉北凉石塔的造像极为相近，仿佛出自同一批粉本。它们都带着与生俱来

天梯山石窟第4窟　北凉菩萨惊艳登场

的早期特征和强烈的时代共性，共同揭示出中国内地最早佛像的真实面目。

从龟兹到河西，从祁连山下到黄河之滨，我们辗转几千里，终于一点一点地拼接出了“凉州造像”的完整拼图。

古渡上的丝路佛陀，已横渡万里浮云。它们在河西走廊和黄河三峡完成了积淀和嬗变，即将随着黄河一路东行，奔向中国政治文化的核心地带。

凉州模式挺进中原

凉州造像模式正式传入中原地区，是在北魏之后。

北凉义和三年（433年）4月，戎马一生的北凉王沮渠蒙逊去世，儿子沮渠牧犍即位。北魏太延五年（439年）8月，太武帝拓跋焘兵临姑臧城下，沮渠牧犍率文武百官出城投降。拓跋焘攻下姑臧后，又进攻酒泉。沮渠牧犍的弟弟沮渠无讳撤离酒泉，前往高昌。442年占据高昌为都，改元承平。直到460年沮渠无讳被柔然所杀，风风火火六十多年的北凉政权最终灭亡。

北魏鲜卑族拓跋部，最早来自大兴安岭，汉武帝征服匈奴后，整个漠北地区空虚，他们乘机占领了漠北的大片土地，东汉后期游牧到塞北一带，东晋十六国时期，终于在五胡争霸中崛起，担负起了中原乱局终结者的历史使命。

攻下凉州，标志着拓跋焘统一了中国北方。当时北魏的疆域包括整个蒙古高原，西至新疆东部，东北至辽西，南与刘宋政权隔黄河对峙。至此，中国历史进入了长达160多年的南北朝时期。

面对“白骨露于野，千里无鸡鸣”的中原大地，尤其是北魏首都平城（今大同）原是塞外荒寒之地，城市人口极少的现实，北魏政权为了充实兵员和发展国力，他们用武力掠夺人口，来“移民实京”。

据《魏书》记载，在北魏的抢人大战中，先后10次从全国各地大规模移民到平城，有记载的人数有101.5万人，包括高昌9万俘虏，凉州“三万户”，长安“工巧二千家”、山东“百工技巧十万余口”

等，加上当地的鲜卑人和军队，平城的人口规模迅速超过建康好几倍，成为堪与罗马城和君士坦丁堡比肩的世界级大都市。

云冈石窟研究院院长张焯：北魏推行的掠夺与徙民政策，使平城这座昔日的边陲小城迅速跃升为北中国政治、军事、经济和文化中心。随后对西域的征服，又将平城推向东方国际大都市的新高峰。在各国各地贵族官僚、儒道沙门、能工巧匠、租户商贩、金银财富汇聚平城的同时，佛教信仰也日益升温。

还有一种记载，说拓跋焘从凉州迁走的宗族吏民是10万户。按照当时凉州25万户的人口规模，迁走10万户也不是没有可能。

这10万户人中，包括沙门领袖师贤、玄高、慧崇、昙曜和3000多僧侣、工匠。后来，这些凉州僧匠们主持和参与建造了举世闻名的大同云冈石窟。

初世宾：北魏用军事手段实行“拿来主义”，他们不像有些游牧民族对被征服国家实行野蛮屠城，而是迅速掠夺、霸占其人、财、物，尤其是对凉州3000僧侣的“强拆式”掠夺，让它很快拥有了丰富的佛教文化资源，为佛教的迅速发展打下了基础。

2018年4月，我们《中国石窟走廊》摄制组与石窟研究专家杜斗城教授一起从武威出发，踏着古代凉州僧匠迁徙的足迹，来到了山西大同，采访拍摄云冈石窟。

云冈石窟坐落在大同城西16公里的武州山南麓，武州川（今名十里河）的北岸。东西绵延1公里。现存大小窟龛254个，石雕造像51000余尊。

云冈石窟研究院院长张焯是一位学识渊博的学者型领导，和杜斗城先生一见面，他就拿出自己最新的书稿与杜先生热烈探讨起来。当时，他正在带领项目团队，与青岛出版集团合作推进他策划的大手笔——编辑出版大型图集《云冈石窟全集》，全书20卷，100万字，用图12710张，是迄今最完整的云冈石窟图文谱系资料，将填补我国云冈石窟学术研究领域的空白。

云冈石窟研究院院长张焯（中）与杜斗城教授（左）、作者交谈

参观石窟之前，张院长先带我们来“认老乡”——凉州高僧昙曜的铜像。

为纪念这位云冈石窟的创始人，研究院在景区通往石窟的朝圣之路上开辟了昙曜广场，广场中央主题雕塑是昙曜铜像，高3.8米，乌金铸成，由中国美术馆馆长、中国雕塑院院长吴为山先生设计制作。昙曜袈裟飘举，风尘仆仆，仿佛正穿越风沙弥漫的河西走廊，向新的中华佛教中心平城走来。

当年，玄高、师贤、慧崇、昙曜等凉州高僧都被拓跋焘掠到平城，推动了北魏佛教的迅速发展，史称“沙门佛事皆俱东，像教弥

云冈石窟　昙曜雕像

增矣”。

杜斗城：北凉灭亡以后，北凉的佛教直接影响了北魏和整个中国的石窟造像。也就是说，它向东影响了北魏，向南影响了南朝，向西影响了高昌。由此可见北凉的佛教在当时影响非常大。

西北禅学宗师玄高到了平城以后，很快成为北魏的佛教领袖。太子拓跋晃拜玄高为师。不幸太武帝灭佛时，他和凉州沙门慧崇同时遇害，玄高时年43岁。

太武帝灭佛时，师贤被迫还俗行医，但守道不改。后来，太武帝的继任者文成帝拓跋濬一登基马上恢复佛法。文成帝亲手为师贤落发，委任他为“道人统”，主持北魏佛教。

在那场血雨腥风的灭佛运动中，昙曜准备以死殉教，经太子拓跋晃再三劝说才打消念头，不得已停止念经，但法服法器仍不离身，

大同云冈石窟

岩石 / 古生代寒武纪石英砂岩

建造年代 / 始于北魏，终于北齐（吴健　摄）

终于等到了文成帝复法那一天。

嘉峪关丝路长城研究院副院长、研究员胡杨：文成帝复法的第二年（453年），昙曜受命从逃难的中山（河北定县）回到京城（大同），路上遇见文成帝出行，皇帝车驾的马匹上前衔住了昙曜的衣服，当时人们认为，这是马匹认识善人的缘故。皇帝因此把昙曜奉为师傅。昙曜借机向皇帝建议：在京城西面的武州山开凿石窟来弘扬佛法。

师贤去世后，“昙曜代之，更名沙门统”。公元460年，文成帝颁下谕旨，命昙曜主持开凿云冈石窟。

昙曜带领曾经参与过敦煌莫高窟、武威天梯山、永靖炳灵寺、天水麦积山等石窟开凿的凉州僧团，在“京城西武州塞，凿山石壁，开窟五所，镌建佛像各一。高者七十尺，次六十尺，雕饰奇伟，冠于一世”。

这就是闻名于世的云冈石窟“昙曜五窟”，五个窟主像高度都在13米以上，分别象征着北魏的五个皇帝。

西安美术学院教授王志刚：当时北凉修造天梯山石窟的时候，昙曜还是一个小和尚，等到他到平城之后，他就成了一个资深和尚，一个宗教领袖。不管后来开凿了多少窟，在云冈石窟里，“昙曜五窟”都是最经典的，奠定了云冈石窟的学术地位。

我们在云冈第20窟前的广场边看到，一块巨石上刻着宿白先生题写的“昙曜五窟”四个大字。广场的视觉中心是云冈石窟的标志——第20窟露天大佛。大佛与山崖齐高，身躯魁伟，气宇轩昂，微微上翘的嘴角，露出了极富感染力的“北魏的微笑”，成为云冈千年不变的表情。

云冈石窟　昙曜五窟

云冈石窟第12窟　北魏（吴健　摄）

作为中原地区最早的大型皇家石窟，云冈石窟一改新疆及河西、陇右地区石窟寺的石胎泥塑、木胎泥塑和以壁画为主的艺术模式，直接引进印度的大型石窟建筑，在中国首次营造出全石雕的佛教石窟群。

昙曜之后，云冈石窟继续营建，在不足一百年时间里雕刻出5万多个石刻造像。石窟气势宏伟，雕刻精致细腻，堪称公元5世纪中国石刻艺术之冠，被誉为中国古代雕刻艺术的宝库。

公元494年，北魏孝文帝拓跋宏推行汉化改革，禁止穿胡服，说胡话，提倡胡汉通婚，把鲜卑人的姓氏全部改为汉姓。从此化蛹为蝶，与汉民族完全融合。

这种以“自杀式”的极端行为融入华夏文明的做法堪称史无前例，他让十六国时期几乎被毁灭的中华文化传统得到全面复苏，实为中华民族之大幸，世界文明之大幸！

云冈石窟第20窟　大佛

在这场声势浩大的改革中，汉式建筑、服饰、雕刻技艺和审美情趣在石窟中大行其道，甚至连佛陀的衣服也换成了汉服。

云冈石窟的工匠们把洞窟的中心塔柱变为中国楼阁式塔，形成了中国宫殿式的洞窟布局。佛祖也脱下了印度的圆领通肩袈裟和半披肩袈裟，换上了南朝士大夫式的双领下垂、胸前有带系结的汉装。此为“褒衣博带”；部分佛像不再高鼻大眼，面相变得清秀，此为“秀骨清像”。太和十三年（489年）后，褒衣博带、秀骨清像的造像出现在云冈第11窟，并逐渐成为流行时尚。

当然，佛教艺术中国化最重要的变化还是佛陀的微笑。

张焯：凉州僧匠最初带到平城的只能是凉州模式或西域样式，而凉州模式实际上就是西域南北两道佛教的混合艺术。昙曜五佛是云冈石窟的典型代表，也是西域造像艺术东传的顶级作品。特别是第20窟的露天大佛，法相庄严，气宇轩昂，充满活力，将拓跋鲜卑的剽悍与强大、粗犷与豪放、宽宏与睿智的民族精神表现得淋漓尽致、出神入化，给人以心灵的震撼。

杜斗城：我认为佛教艺术的中国化就是从“褒衣博带”和“秀骨清像”开始的。这原来是指东晋南朝的一种画风，如东晋顾恺之的《女史箴图》和《洛神赋图》基本上是上述风格。顾恺之于金陵瓦棺寺绘维摩诘像，有“清羸示病之容，隐几忘言之状”，一直影响了后代的维摩诘画像。南朝时的陆探微也以画“秀骨清像”而著称。总之，这类造像的出现，反映了北魏中期以后汉文化审美风格大行其道。

犍陀罗的佛像都是庄严肃穆，不苟言笑。西域所剩无几的佛像也难得有笑容。但云冈石窟的佛、菩萨造像都带着微笑。“北魏的微笑”宣告了中国石窟造像艺术的大突变——中国式佛像的诞生。

在那个时代，社会动荡，生灵涂炭，人生变化无常，但佛陀的拈花一笑却能涤荡世间的种种苦痛，解脱人生的种种烦恼。它无时无刻不在安慰世人：一切皆不确定，但一切皆有可能。

那些淹没在荒烟蔓草中的微笑背后，折射着一个个惊心动魄、野蛮生长、生机勃勃的大时代，隐藏着一部中华民族的心灵史。

从印度到中原，从河西到南朝，东西南北多种造像风格在云冈石窟交流碰撞，完成了前所未有的融合，佛教造像艺术在中国实现世俗化、民族化的转变，形成了著名的“云冈模式”，成为佛教石窟艺术中国化的转折点。

北魏的微笑

在此后的近200年里，云冈模式辐射和影响了全国的石窟造像艺术。向东影响了辽宁义县万佛堂石窟，向南影响了洛阳龙门石窟、巩义巩县石窟、太原天龙山石窟、邯郸响堂山石窟等，而且反过来向西影响了甘肃庆阳北石窟寺、泾川南石窟、天水麦积山石窟、永靖炳灵寺、敦煌莫高窟的北魏造像。

北魏太和十七年（493年），为了更彻底地推行汉化改革，摆脱鲜卑贵族保守势力在平城的羁绊和干扰，孝文帝决定迁都洛阳。至太和十九年，平城周围的官民百姓全部迁至洛阳及周围地区。

洛阳，因地处洛河之阳而得名，自古就有“天下之中”之誉。东汉、曹魏、西晋都曾建都于此。孝文帝迁都后，继续在龙门开凿皇家石窟。

洛阳龙门石窟

岩石 / 古生代寒武纪石灰岩

建造年代 / 始于北魏，终于北宋（吴健　摄）

唐代大诗人白居易曾说：“洛都四郊，山水之胜，龙门首焉。”龙门石窟开凿在洛阳市南郊13公里处的伊河两岸崖壁上。伊河从东（香山）、西（龙门山）对峙的两山中间流过。公元493年，几乎在刚刚迁都的同时，龙门石窟开凿工程就立即启动了。

历经北魏、西魏、北齐、隋、唐、五代、宋等朝代400余年的营造，龙门石窟形成了南北长1公里、2300余座窟龛、10万余尊石刻造像、2800余块碑刻题记的大型皇家石窟。远远看去，整个山头被雕成了“马蜂窝”。

在龙门石窟中，北魏石窟以古阳洞、宾阳中洞和莲花洞这几个洞窟最有代表性。在这里，北魏造像失去了云冈时期的粗犷、威严、雄健的特征，世俗化、生活化气息逐渐变浓，塑像脸部瘦长，双肩瘦削，胸部平直，佛、菩萨面容清秀、温和、活泼。衣纹的雕刻使用平直刀法，更加坚劲质朴。

经过百年营造，龙门石窟到唐代达到了顶峰。唐代洞窟约占全

龙门石窟　宾阳洞（吴健　摄）

龙门石窟　卢舍那大佛（吴健　摄）

部石窟的60%。开凿于武则天时期的奉先寺卢舍那大佛群雕，是龙门石窟最大的佛教艺术工程。大佛高17.14米，头高3米，耳长1.9米，面容丰满，神态安详，嘴角微翘，露出一丝不易觉察的微笑。

据说大佛的形象是按照武则天的面孔塑造的。造像题记记载，武则天为这座大佛的建造捐献了二万贯脂粉钱：

> 大唐高宗天皇大帝之所建也，佛身通光座高八十五尺，二菩萨七十尺，迦叶、阿难、金刚、神王各高五十尺。

龙门石窟　奉先寺（吴健　摄）

粤以咸亨三年壬申之岁四月一日，皇后武氏助脂粉钱二万贯，奉敕检校僧西京实际寺善道禅师……相好希有，鸿颜无匹。大慈大悲。如月如日。瞻容垢尽，祈诚愿毕。正教东流，七百余载，（佛）龛功德，唯此为最。

卢舍那大佛完全摆脱了印度造像的影响，更加接近世俗的人，更符合中国人的审美观。龙门造像模式的出现，标志着佛教造像艺术中国化的最终完成。

著名美术家熊秉明将卢舍那大佛与米开朗琪罗的雕塑《摩西》做了生动的比较：

摩西的姿势非常复杂，肌肉十分紧张，衣褶引人注目（用来加强动作和张力）；而龙门石窟的大佛则是绝对的平静，正面前方，双腿盘起，手贴着身体。几道衣纹垂在宽阔的胸前，节奏和缓，增强了整体的宁静和谐。宽大的面部、传统的长耳朵和发髻流露出平和与仁慈。龙门石窟大佛是唐代艺术的成熟作品，展现了中国雕塑艺术发展的最高水平，传统的宗教观念在这类雕塑中得以完整而有力地表达出来。这是一座不朽的、非常匀称和立体感强的雕像，人们可以通过佛像生动而略含微笑的面部表情感受到，也可以通过佛像平缓克制的线条节奏以及表现自制与自信的平衡姿势中联想到，但却不能用言语描述，它已然超越了理性的界定。

站在伊河之滨遥望星罗棋布、密如蜂房的窟龛，一个佛教石窟造像中国化的大循环渐次成型——

中国石窟寺的开凿大体上经历了从塔里木盆地到河西走廊，由西北到中原，由北方到南方的过程。3世纪时，西域地区开始开凿石窟，形成了“龟兹模式”；4世纪至5世纪，石窟遍布河西，形成了“凉州模式”；5世纪至9世纪，“凉州模式”直接传到中原形成了

“平城模式”；最终在洛阳龙门完成了中国化，形成了“龙门模式”，进而影响了全国的石窟建造，使佛教成为中华文明的一部分。

中央美术学院教授田世信：我想，建立我们的文化自信，只有让大家了解我们老祖宗曾经辉煌到什么程度。这些石窟艺术，展现的不光是雕刻的艺术水平，而是中国的哲学、人文，包括科技水平。而且它是用一种很平和的状态来显示自己的国力。我觉得这些东西，是中国人树立一种自信和发自内心感到骄傲的一个资本。

作为丝绸之路连接长安和西域重要通道的甘肃，是全国石窟分布最密集的省份。

甘肃省境内现存石窟205处，数量居全国第一。中国四大石窟，甘肃占了一半。中国十大佛像，甘肃也占半壁江山。各种文化的交流碰撞，诞生了独一无二的敦煌石窟艺术和凉州造像模式。佛教艺术率先在甘肃萌芽、发展，并传入中原，在中国北方形成了一条无比壮观的佛教石窟带。

中央美术学院教授孙伟：甘肃从西到东这一条线，沉淀了相当相当丰富的文化遗存。这些大的遗存到今天，最重要的就是这些石窟，它是丝绸之路文化最好的见证。这么多重要的石窟、壁画、彩塑，包括建筑形制，我们今天通过这些遗存，都可以感受到那个时代和我们的文明。这是一个永世保存的活着的文明。

中国最早的石窟群都集中在这个狭长地带。十六国时期见于记载的佛教早期石窟寺有四处，都在甘肃。

中国社会科学院世界宗教研究所研究员黄夏年：从中国佛教艺术的历史来看，甘肃石窟是佛教中国化正在形成期间留下来的一个印记。要是真正已经中国化的东西，我觉得它就不稀奇了。可甘肃石窟恰恰就是在没有形成一个模式之前的这种动态的东西，这恰恰就是它最有生命力的表现。

甘肃石窟开凿经历了十余个朝代，前后跨度达1600年，从前秦、北魏、西魏、北周，到隋、唐、五代、北宋、西夏，直到元、明、清，每个朝代都在不间断地开凿营造。可以说，在时间序列上，甘肃是中国石窟延续和保存最为完整的。中原地区的其他石窟，建造持续时间有的不到一百年，有的持续了几百年，无法与甘肃石窟动不动上千年的开凿史相比。

从祁连雪山到黄河峡谷，从黄土沟壑到秦岭山脉，一座座屹立千年的石窟，5万多平方米壁画和2万多身塑像，像佛陀散落的一串串珍珠，点缀在狭长的丝绸之路黄金带上，构成了世界上规模最大、开凿时间最早、延续时间最长、朝代序列最完整的石窟艺术走廊。

甘肃石窟分布示意图

审图号：GS（2019）3333号

亥母寺石窟
石佛崖石窟
五沟湾石窟
亥母洞石窟
尕木寺摩崖石窟
贺家峡石窟
石窟河湾石窟
三教洞石窟
金瓦寺石窟
石桥石窟
店缺石窟
殿湾石窟
罗汉洞石窟群
乔阳寺石窟
千佛崖摩崖石窟
李家梁造像龛
佛崖湾石窟
葛家洞石窟
大寺石窟
西寺石窟
红崖寺石窟
主林寺石窟
佛沟崖石窟
寺儿湾石窟群
劈佛寺石窟
法泉寺石窟
接引寺石窟
西香岔石窟
刘家寺石窟
朝阳洞石窟
三清洞石窟
金昌
石
羊
河
武威
天梯山石窟
沿寺石窟
红山寺石窟
石佛峡石窟
安定寺石窟
保全寺沟石窟
保全寺石窟
金家砭石窟
张家沟门石窟
红渠沟口造像龛
马勺场石窟
瓦窖背石窟
莲花寺石窟
千佛砭石窟
罗汉洞石窟
黑石沟石窟
阳坡石窟
滴水崖石窟
观音崖石窟
岳王洞石窟
东关石窟
安沟门石窟
西山石窟
东山石窟
洛阳寺石窟
玉山寺石窟
石崆寺石窟
石山寺石窟
灵宫殿石窟
云庄寺石窟
观音山石窟
炳灵寺石窟
大
通
河
红门寺石窟
黄
白银
桃花山石窟寺
湟
水
河
兰州
玉井峰石窟
佛沟寺石窟
刘家峡水库
临夏
佛洞沟石窟
定西
老洞庙石窟
曹家川石窟
小河湾石窟
庆阳
北石窟寺
崆峒山 2123.3
平凉
泾
河
王母宫石窟
南石窟寺
罗汉洞石窟
丈八寺石窟
太山寺石窟
千佛寺山石窟
佛爷崖石窟
石拱寺石窟
红山石窟
佛爷崖石窟
朝阳洞石窟
合作
洮
花果山石窟
佛爷崖石窟
渭
大像山石窟
天水
河
麦积山
1669.5
佛崆寺石窟
麦积山石窟群
仙人崖石窟
佛洞沟石窟
千佛洞石窟
碧莲洞石窟
罗汉崖摩崖造像
法镇寺石窟
白
龙
江
陇南
朝阳洞石窟
三三洞崖寺石窟
佛爷崖摩崖造像
江洛石窟
罗汉洞造像
真空寺石窟
西姑庵石窟
千佛洞石窟
土峰沟石窟
河

自然资源部　监制

沿着这条石窟的走廊，佛陀走进了中国。

中国文联荣誉委员、作家冯骥才：甘肃石窟的壁画，最伟大的意义在于它们留下了鲜活的中古史、西北少数民族史、丝绸之路史、佛教东渐史、中国石窟历史，这在任何一个艺术遗存里都找不到如此丰富而完整的历史画册。从艺术本身来讲，它是中国艺术登峰造极的历史实证。它的艺术的价值无可估量，是最大的宝库。特别是它里边包含的内涵和信息，还有大量我们未知的东西，需要我们去破解它，去研究它，去认知它。

一年多来，我们《中国石窟走廊》纪录片摄制组，一次次从敦煌出发，跨越河西走廊，深入黄河三峡，探秘秦州古道，追寻黄土大塬，向东远涉云冈、龙门，向西上溯龟兹古国。横跨甘肃、山西、河南、新疆，上下几千年，纵横几万里。我们试图把中国石窟艺术置于更加宏大的历史、人文背景上重新解读，发现一个石窟里的精彩中国。

我们欣喜地看到，在沉寂了几个世纪之后，历尽劫波的内地石窟鼻祖正在被重新唤醒。它将与三千里石窟走廊上的十万佛陀一起，舞动袈裟，抖落尘埃，涅槃重生！

贰

敦煌丹青

大漠深处千年不息的开窟造像，成就了世界上最大的佛教艺术宝窟。20世纪初，敦煌莫高窟被重新发现，从十六国到元代连续1000多年的壁画、彩塑震惊了全世界。20世纪三四十年代，大批中国画家走进敦煌，在莫高窟重返民族艺术之路。

一条大河向西流

2018年夏天，我们驱车前往甘肃玉门市境内的祁连山口，去造访一条古老而奇特的大河，寻找隐藏在大河峡谷中的敦煌石窟群落。

出了玉门城区，向南行驶30多公里，就进入了祁连山昌马峡谷。刚拐了几个弯，就见一条大河从群山之间奔涌而出，它就是疏勒河。

疏勒河在汉代叫“籍端水”，唐代叫“独利河”，元、明时期叫“布隆吉尔河”，清代以后叫“疏勒河”。它发源于祁连山脉西段的疏勒南山之间，流经青海、甘肃、新疆三省区，全长540多公里，流域面积3.95万平方公里。

疏勒河是中国大陆上少有的一条自东向西流淌的内陆河。

经过100多公里的汇集，疏勒河在昌马峡谷中奔涌而出，在山前形成了形似银杏叶般巨大的冲积扇，留下一个冲积扇催生的城市——玉门市。然后，大河掉头向西，穿越瓜州县到达敦煌，在敦煌西北与党河末尾汇合，再流过玉门关继续向西。古代洪水暴涨的

一条大河向西流（王金　摄）

季节疏勒河可以一直流到新疆罗布泊。大河流域总体地势东高西低，昌马峡谷海拔2000多米，而敦煌西北部和罗布泊的最低海拔只有800多米，这就是一条大河向西流的原因。

敦煌研究院文献所原所长、研究员李正宇：崇山峻岭之间，一条大河奔腾而下。疏勒河千百年来孕育了乌孙人、匈奴人、大月氏人和后来的汉族人、羌族人、沙陀人、吐蕃人，并且孕育了现在世界著名的敦煌和敦煌文化。博大精深的敦煌文化现在被世人所熟知，都是这条母亲河孕育出来的子孙。这条河是历史上十分著名也十分重要的一条文明的河、生命的河、文化的河。

在2000多年的漫长岁月中，疏勒河流域几度繁荣，几度凋敝，大河几番改道，几次断流。它的每一次改道和断流都让繁华的都市变成废墟，让大片的绿洲变成荒漠，让文明的链条骤然断裂，留下了一个个扑朔迷离的历史之谜。

随着丝路古道的衰落，有着显赫历史的疏勒河也渐渐不为人所知。它的面目已经变得模糊不清。即便是生活在疏勒河边的人，要把这条河的来龙去脉表述清楚也是一件很困难的事情。

可怕的不仅是大河的断流，还有文明的断裂。

那么，这条西流的大河由哪些支流组成？它和丝绸之路、和敦煌石窟群究竟有着怎样的联系呢？

疏勒河上游玉门市昌马乡境内的河段叫昌马河。在昌马河谷中，佛陀也找到了落脚的悬崖峭壁。

我们赶到昌马石窟脚下的时候，石窟管理员正在窟前的洪水沟上搭木板。前几天山里下暴雨，山洪把木桥冲走了。管理员住在乡政府，事先也不知道我们要来。听附近农民说洪水冲垮了桥，他从家里找了两块大木板，开着拖拉机过来补桥。

大家一起动手搭好木桥后，我们抬着设备上山了。

这是一道异常陡峭的山崖，崖体与地面几乎垂直，崖面平整，如刀削斧劈一般，昌马石窟群中的下窑石窟就开凿在距地面40米~50米的断崖上。

昌马石窟群包括了水峡村的上窑石窟、下窨石窟和昌马水库大坝边的大坝石窟。目前大坝石窟只剩窟龛，壁画、彩塑均已不存。上、下窑石窟在1932年昌马盆地7.7级大地震中遭受了毁灭性破坏，上窑石窟全部震毁，下窑石窟仅存4个洞窟。

悬崖峭壁上的昌马石窟

我们攀着陡峭的台阶进入下窑石窟第4窟，发现这也是一个早

玉门昌马石窟群

岩石 / 第四纪沙砾石层

建造年代 / 始于北凉，终于西夏

期中心柱窟。中心柱四面开双层佛龛，四壁的壁画多为五代、西夏重绘，内容有坐佛、菩萨、供养人、飞天、莲花图案等，与敦煌莫高窟五代时期壁画非常接近。窟内造像大部已毁，但我们注意到，中心塔柱西侧上层龛内的无头坐佛造型古朴，袈裟通肩贴体，衣纹为阴刻线，与莫高窟第259窟禅定佛风格相近，透露出它作为北朝

石窟的隐秘身世。

在疏勒河上游出现与莫高窟早期洞窟风格相似的壁画、造像不足为怪，因为昌马石窟和莫高窟同属疏勒河流域，而且很有可能是沮渠蒙逊时代同步开凿的。

董玉祥、杜斗城两位河西佛教史专家在《北凉佛教与河西诸石窟的关系》一文中指出：

昌马石窟第4窟　五代壁画

今河西走廊大大小小的十数处石窟群，多造于绵延千里的祁连山境内及周围的群山僻壤中。规模最大的敦煌莫高窟，大约开创于十六国时期的前秦建元二年（366年）。其余像安西榆林窟，玉门昌马、酒泉文殊山、肃南的金塔寺等石窟，根据早期窟龛的形制、造像、壁画内容和风格等，再结合有关文献的记述，可判断这些石窟有可能开创于十六国时期五凉时代的北凉。玉门昌马石窟的第4窟、酒泉文殊山石窟的前山千佛洞及肃南金塔寺石窟中的东、西二窟等，都有时代较早的塑像或壁画。这些壁画与造像都具有一种古朴挺健的早期风格，与敦煌、武威、永靖等地石窟内的十六国时期的造像与壁画的风格极为接近或一致。

北京大学宿白教授也赞同这一观点，认为昌马石窟也属北凉开凿的洞窟。

钻出黑洞洞的洞窟，阳光骤然刺眼。凭栏远眺，祁连雪山映衬下的昌马小盆地尽收眼底。蜿蜒西去的大河，四面环山的绿洲，近乎无限透明的蓝天，让这个偏远寂静的山谷宛如世外桃源。

石窟前的空地上，原来有一座规模很大的唐代庙宇——昌马大庙。下窨石窟所在地古称“转经湾”，可见一千多年间，这里是整个昌马绿洲的佛教中心。20世纪60年代，先是大庙内的塑像被砸，后来生产大队修房子缺材料，又把大庙全拆光了。

就这样，这座敦煌石窟群最东缘的石窟，中国内地最早的北凉石窟之一，连同一座国内少有的唐代寺庙建筑群，在自然和人为的双重摧残下香消玉殒，不堪回首了。

从昌马石窟眺望昌马小绿洲

疏勒河冲出昌马峡谷后分为两支，主河道向北流经玉门镇，再调头向西流入瓜州、敦煌；另一支直接向西漫流，古人用水渠把它引流到瓜州锁阳城一带，形成了古代都河流域。

都河又叫“冥水”。四分之三的河水潜入地下，在瓜州县桥子乡、踏实乡一带形成近100多万亩湿地。地下暗流最后汇集在芦草沟，从南岔山口流出，成为疏勒河的支流。

冥水流域的祁连山河谷，散布着众多石窟群。

从瓜州县城出发，向东南山区行驶，穿越偌大的踏实、桥子湿地后，就是满目荒凉的戈壁滩。一座破败的烽火台，顽强兀立于洪荒的天际。在烽火台附近向南转弯，沿着缓缓上升的坡度，进入祁连山北麓低矮的长山子峡谷，几番颠簸后，东千佛洞出现在眼前。

东千佛洞开凿在一条古河道两侧寸草不生的崖壁上，离最近的集镇也有几十公里。因处在祁连山国家公园控制区内，石窟已停止对游客开放。

窟前的河道已完全干涸，大风一起，飞沙走石。山头上分布着23个洞窟，有壁画和塑像的仅剩9个。其中西夏的5个、元代的1个、清代的3个，壁画总面积486平方米，彩塑56身。虽然洞窟规模小，但也是一座不可多得的石窟艺术宝库。

这里平时只有管理员李刚和妻子两个人，他们住的是过去僧人坐禅的禅修窟，每月下山买一次菜，也没有手机信号，陪伴他们的活物只有一对猫，基本上与世隔绝。

李刚打开了2号窟，让我们进入了一个色彩缤纷的西夏艺术世界。

西夏2号窟是个长方形的中心柱窟，中心柱后绘有涅槃图，这种消失数百年的龟兹石窟形制，却出现在了东千佛洞西夏第2、4、5、7窟中。这些西夏窟的壁画、造像题材，杂糅了藏密坛城图、密宗曼荼罗、十一面观音变、汉密或杂密的八臂观音变、文殊变、普贤变、净土变、水月观音、绿度母、金刚、接引佛、舞伎……都是汉藏结合，显密双修。可以看到11世纪以后，西夏通过西藏进行的中西佛教文化交流。

东千佛洞第2窟北壁　唐僧取经图

敦煌研究院院长赵声良：东千佛洞的洞窟虽然少，但是留下了非常精美的壁画。这些壁画让我们感受到了这个时代的一些新因素，特别是受到印度波罗王朝的影响，密教的绘画传过来，在这些菩萨的身上、佛像的身上体现出新的艺术特征，这是非常珍贵的。这些艺术的风格，正好补充了莫高窟的不足。

令人惊叹的是，甬道两侧的《水月观音变》壁画中，都有唐僧取经的画面。只见观音菩萨端坐莲花座，明月高照，彩云环绕，绿水扬波，玄奘双手合十向观音膜拜，后面是猴脸行者手搭凉棚、牵白马紧随，上面还有大梵天王凌空护卫。这幅壁画产生于吴承恩的《西游记》成书之前300年，被段文杰先生称为敦煌石窟中的珍宝。

在瓜州境内的榆林窟和东千佛洞，《唐僧取经图》出现了六次之多。古代瓜州画师把玄奘取经画面放在《水月观音变》的重要位置，使之成为经变的重要组成部分，充分表达了他们对玄奘大师的无比崇敬。

当地画工之所以对玄奘题材情有独钟，还有另一个重要原因。

瓜州县文物局原局长、文史学者李宏伟：根据《大慈恩寺三藏法师传》记载，唐太宗贞观三年（629年）6月，玄奘西行路过瓜州，在这里收了徒弟石槃陀，买了一匹识途老马，并在石槃陀的帮助下成功偷渡玉门关，踏上了西天取经之路。这段发生在瓜州的唐僧取经路上的真实经历，一直让瓜州人民引以为豪。

两幅《唐僧取经图》的对面，都绘有曼妙的菩萨，他们的服饰非常大胆劲爆：露脐紧身短袖 T 恤，短得不能再短的超短裙，类似20世纪以后才出现的长筒连裤丝袜，半透明的网纹清晰可见。这哪里是佛国的菩萨，分明是巴黎 T 台上的时装模特！

难以想象，早在千年以前，当今很多国际服装潮流已经被西夏的女子演绎过了，而且是那样的火辣前卫。

东千佛洞第2窟南壁　唐僧取经图

瓜州东千佛洞

岩石 / 第四纪半胶结砂砾石层

建造年代 / 始于西夏，终于清代（吴健　摄）

东千佛洞第2窟　金刚萨埵菩萨（吴健　摄）

东千佛洞第2窟　菩提树下观音（吴健　摄）

上海东华大学教授包铭新：当时，可以说全世界最最国际化的地方就在敦煌，中西各种文化在那儿碰撞，各种时尚潮流在那儿汇集，各路艺术家在那儿创新、创造，所以敦煌石窟壁画里的服饰图案，现代服装设计师都比较钟爱，就是因为它的来源比较丰富。

从河西和全国的西夏壁画来看，东千佛洞代表了西夏佛教艺术的最高成就。那么，为什么在如此偏远荒芜的山谷，会留下西夏王朝的心灵史呢？

嘉峪关丝路长城研究院副院长、研究员胡杨：西夏是公元11世纪到13世纪，党项族在北方建立的少数民族政权，共历10帝，享国190年。疆域最盛时“东尽黄河，西界玉门，南接萧关，北控大漠”。相当于今宁夏全境、甘肃和青海大部、陕西北部、内蒙古西部及蒙古国西南部等部分地区。公元12世纪下半叶，西夏国发生内乱，当时的皇帝李仁孝一度被迫迁居到了敦煌和瓜州一带，于是，西夏独立开凿的新洞窟就在这个时期出现了。东千佛洞的兴建，与西夏时期设立瓜州西平监军司有密切的关系，瓜州曾一度成为统辖河西的政治、军事和文化中心。

暮色降临，山谷里的大风还没有停下来的意思。一千年来，这无休无止的大风，已将一个辉煌王朝的背影吹得无影无踪。

继续向西，在祁连山山前褶皱地带，在仅有简易的山路能够显示人类存在过的地方，还有旱峡石窟、碱泉子石窟等小型石窟群。它们也有开凿于魏晋时期的显赫身世，直到清代、民国时期依然有香火。

在干涸的土地上，可以没有绿树繁花，但不能没有信仰。这些偏僻寂寞的石窟，从它们诞生起，不知道有多少善男信女在这里穿梭往来过。也许那时候这里都是水草丰茂的土地，养育着生命，也养育了生命中不可或缺的信仰。

2018年深冬。一场大雪让榆林窟变成了银色的梵宫。

这一天，我们在榆林窟第25窟拍摄时，看到洞壁空白处有77年前张大千先生的题记：

> 辛巳十月二十四日午后，忽降大雪，时正临写净土变也。

原来，那天也是大雪。

比起车流不息、游人如织的莫高窟，雪中的榆林窟更显得空灵静谧。但它和莫高窟一样，都是浩瀚沙海中让人为之惊叹的佛教艺术宝库。

这条河叫榆林河，也是疏勒河的一条支流。源自祁连雪山的涓涓细流汇聚成滔天巨浪，在平坦如垠的大戈壁上切下数丈深的峡谷。唐代以前，敦煌先民们就在峡谷峭壁上开窟造像，营建他们心中的佛国。历经唐、五代、宋、西夏、元、明、清各代，榆林窟留下了有完整壁画的洞窟42个、彩塑272身、壁画5650平方米，是敦煌石窟群中的第二大石窟。它与莫高窟一脉相承，壁画艺术水平不分伯仲，被称为莫高窟的姊妹窟。

张大千题壁的第25窟南壁的唐代大型壁画《观无量寿经变》是整个敦煌石窟壁画中的极品，画家描绘的天国世界气势雄伟，富丽堂皇，令人倾倒。

画面中央，阿弥陀佛端坐讲法，四周是华丽的宫殿楼阁，听法的众多菩萨衣着华丽，若有所思。两组乐伎吹拉弹拨演奏乐曲，中间的舞伎挎着腰鼓，十指张开，在极速旋转的舞蹈动作中击鼓演奏。画中近百个大小人物，神态各异，气韵生动，呼之欲出。

美术家们认为，《观无量寿经变》以完美的空间构图形式，把建筑、山水风景与众多的人物结合在一起，创造出了空旷辽阔的境界。人物为中国面貌，唐人衣冠。以线描造型，继承了唐代吴道子一派的兰叶描法，简练准确，圆润流畅。画家通过人物动态、面部表情，特别是眼神来体现不同人物的性格和内心情思。色彩上以青

绿色为主调，表现出典雅、清淡之美，体现出唐代画师高超的艺术技巧。

这幅大型壁画的临摹品，曾作为敦煌壁画的代表作陈列于人民大会堂甘肃厅。

北壁的《弥勒经变》穿插描绘出弥勒世界的种种美妙景象："一种七收"描绘了农民耕地、收割、打碾、扬场的情景，反映了唐代西北农业生产的过程。图里的曲辕犁，就是河西农村普遍使用的生产工具；女人500岁才出嫁的《嫁娶图》中，迎拜宾客的"青庐"

榆林窟第25窟　观无量寿经变

瓜州榆林窟

岩石／第四纪半胶结沙砾石层

建造年代／始自北魏，终于清代（吴健 摄）

榆林窟第25窟　弥勒经变中的《嫁娶图》

赵声良：《嫁娶图》中，一对青年男女正在举行婚礼，男的着吐蕃装，女的着汉装，宾客中也有吐蕃人，反映了那时汉、藏人民和睦相处的情状。有意思的是，婚礼上，男的下拜而女的不下拜，这是沿袭了武则天时代遗留下来的所谓“男拜女不拜”的习俗。

帐篷，就是当时西北人家婚礼习俗中的临时居所的复制。

张大千当年特别痴迷的榆林窟西夏第3窟，窟门南北两侧壁上有两幅大型水墨山水画，画面气势宏大，线条如行云流水，将中国山水画的“三远”境界表现得淋漓尽致。

《文殊变》中，文殊菩萨与侍从缓缓行走于云雾之间，背后是茫茫大海，上部画的是文殊道场五台山，山势雄伟而奇崛。在《普贤变》左侧，有一个和尚正双手合十向菩萨礼拜，他身后有位猴脸的人牵马，这就是《唐僧取经图》。

赵声良：《文殊变》《普贤变》的意义更在于它反映了宋代山水画的最新成果。在这以前，洞窟里出现的山水画都是青绿山水，作为经变或故事画的背景，没有太多的独立性。在这里，山水采用了全新的画法，在布局上继承了北宋范宽、郭熙的画法，正面画主峰，占据整个画面，显得气势磅礴，再以雄健有力的“长斧劈皴”表现主峰的体积和质感，并用淡墨晕染远景寒林中的云气，体现出葱茏蓊郁的情趣。

第3窟的《千手观音》壁画，是敦煌石窟壁画中反映中国古代科技史的杰作。观音的41只持物手中画了140件器物，除了佛经记载的内容外，还出人意料地增加了牛耕手、冶铁手、酿酒手、百戏手等，为我们留下了西夏时期的手工业、农业生产工具及其他物品

榆林窟第3窟　普贤变　西夏

的图像，如铲、锯、曲尺、墨斗、双尾船、铁剪等古代生产工具，筝、拍板、排箫、琵琶、扁鼓、凤首箜篌等乐器。壁画中还有耕作、打铁、酿酒、商旅、杂技表演等场面。

榆林窟第3窟　千手观音手中都是日常生产生活用具

《中国科学技术史》的作者、英国李约瑟博士对《酿酒图》和《冶铁图》最感兴趣。他认为画面上的酿酒装置是最早的酿造高度白酒的蒸馏器。《冶铁图》中冶炼炉上用的竖式梯形木风箱，说明中国采用木风扇鼓风冶炼比欧洲早五六百年。

当年，让大千先生怦然心动的，还有榆林窟西夏第2窟的两个神秘而高贵的《水月观音》。

据画史记载，水月观音最早为唐代画家周昉所创。第2窟的两个《水月观音》，线描精致，色彩浓丽，细密的衣纹如水银泻地一般倾泻而下，在青绿山水的映衬下，显得高贵而神秘。阅尽天下古

榆林窟第2窟　水月观音

榆林窟第3窟　蒙古供养人像

画的张大千觉得，榆林窟水月观音的艺术境界，在全国也是罕见的。

但1943年考察榆林窟的著名学者向达先生认为，榆林窟第1、2、3、24号窟壁画的笔调与莫高窟3号窟相同，应出于元代人之手。因为这些窟大都绘有密教曼荼罗图像，而且线条都是兰叶描，清新飘逸，远胜于莫高窟、榆林窟中宋人、西夏人画的沉滞板拙的壁画。还有一个重要依据是，第3窟内门左右西壁画下的供养人像，与其上所绘水月观音属同一时代，并无补修痕迹。女供养人像皆戴姑姑帽，乃是蒙古服饰，当属元代无疑。

在三危山和鸣沙山交界处，疏勒河的另一条支流——宕泉河在戈壁上切出数丈深的悬崖，悬崖上密密麻麻地布满了大大小小的石窟，这就是驰名中外的世界文化遗产——敦煌莫高窟。

西北师大敦煌研究所所长、教授李并成：闻名于世的莫高窟就建在宕泉河的旁边。这条河虽然比较小，但是有这么一条河，就有这么一方绿洲。这个地方的面积虽然比较小，但它也是非常幽静的，可以说是一方净土。在这个地方修建莫高窟，无论是僧人，还是商旅，都要在这个地方烧香礼佛，然后踏上穿越塔克拉玛干沙漠的艰险旅程，所以在这里开凿石窟是一个非常好的选择。

疏勒河支流宕泉河畔的敦煌莫高窟

发源于祁连山南山的党河是疏勒河最大的一条支流，是整个敦煌绿洲的命脉。党河全长390公里，年径流量3.28亿立方米。党河在玉门关附近与疏勒河干流汇合，两条大河汇流造就了天下闻名的敦煌绿洲。

一出敦煌城，就进入了无边无际的大漠。古往今来，无论是骑骆驼还是坐汽车，西出阳关的旅程都是一样的寂寞荒寒。

丝绸之路上，几乎每一个驿站附近都有一座石窟。敦煌地区古代驿站之间的距离，基本上以驼马每天的最高行程计量，也就是20~40公里范围内，且在具备水源、绿洲的地方设置。敦煌城西35公里处的党河主干道边，就有一个古代驿站——鄂博店。附近平坦的戈壁上有一个豁口，沿着陡峭的石级走下去，就走进了另一个世界。

蜿蜒东流的大河在这里拐了一个弯，形成一方小绿洲。绿洲内树木葱茏，鸟语花香，田舍俨然。五六个人才能合抱的参天古树遮天蔽日，与崖壁外的大戈壁形成强烈反差。河谷北壁的悬崖上，排列着十几个洞窟，仿佛莫高窟的浓缩版。

这就是西千佛洞。

西千佛洞　外景

西千佛洞　壁画

西千佛洞因位于敦煌莫高窟（俗称千佛洞）之西而得名。据法藏敦煌遗书《沙州都督府图经》记载，西千佛洞“在县东（寿昌县）六十里，香旧图云，汉（阙）佛龛百姓更营造”。由此看来，西千佛洞的开凿时间可能要早于莫高窟，最晚也与莫高窟同一时期。

1943年，张大千曾在西千佛洞考察、临摹、编号，连同鄂博店下边的3个窟，张大千一共编了19个号。目前西千佛洞的编号为22个，其中石窟16个，佛龛6个。

敦煌研究院研究人员判断，西千佛洞原有洞窟的数目可能在30个左右，由于河水冲刷，岸崖崩塌，许多洞窟已荡然无存。

西千佛洞的建造年代包括了从北魏、西魏、北周、隋、唐，一直到五代、西夏、回鹘、清等朝代，现存壁画910平方米，彩塑53身。

第7窟是现存最早的洞窟，为方形中心塔柱窟，与莫高窟北魏中心塔柱窟如出一辙。龛内塑像多为清代重修，形象惨不忍睹。只有中心柱正面龛内的佛坐像，佛头虽残，却是唯一的北魏原作，从残像的破损处可以看出塑像的内部结构和制作工艺。

这尊佛像身姿雄健、袈裟贴体，阴刻衣纹线条流畅，是典型的

敦煌西千佛洞

岩石 / 第四纪半胶结沙砾石层

建造年代 / 始于北魏，终于宋代

北魏造像。龛楣壁画上残存一对北魏飞天，他们巾带飘动，翩翩起舞，双手起处，花瓣飘落。飞天的画法也是典型的西域式晕染法。

西千佛洞　飞天线描

西魏第9窟，后经北周、隋、唐、回鹘乃至清代多次重修，留下了七八个朝代的艺术风格。西壁留下了西魏画工没来得及涂色的飞天线描稿，为画家们破解敦煌壁画绘制流程提供了原始依据。中心塔柱东面龛楣上的《唐代说法图》有明确的武则天如意元年（692年）的题记。而北壁的巨幅《涅槃图》却是少见的回鹘（公元11世纪70年代至公元12世纪初）壁画的代表作。

北周第12窟的《劳度叉斗圣变》，是敦煌诸石窟中现存最早的同类题材壁画。画面表现的是释迦牟尼的弟子舍利弗和婆罗门六师外道首领劳度叉斗法的故事，而同类经变画在莫高窟出现的时间是晚唐。

值得关注的还有隋代第4窟内大量的回鹘壁画，场面宏大却人物稀少、描绘粗略。人物体形健壮、两颊饱满、高鼻梁、小嘴，让我们看到了千年前生活在敦煌一带的回鹘人的面部特征和精神气质。

西千佛洞前的党河水，向东流到鸣沙山附近就转头北上，穿过敦煌城和整个敦煌绿洲，然后奔向荒漠中的玉门关，一头扑进疏勒河的怀抱；两河汇流后，又继续向西汇入罗布泊，携手完成了西流大河的最后使命。

落日时分，我们从西千佛洞出来，看到平坦的大戈壁尽头有一座天然睡佛山。这座山很奇特，白天看山是山，只有在落日余晖的映照下，才能看到一尊巨型睡佛横卧西天。

当初西出阳关的人们，是不是受到了天然睡佛的某种启示，才在这里开窟造像的？

鼎鼎大名的古阳关脚下，有一个同样古老的巨大湖泊——南湖，

敦煌　睡佛山

汉代叫渥洼池，唐代叫寿昌海，南湖水系向北渗入沙漠中，变为地下潜流补充到疏勒河末端。

从西千佛洞向南，沿党河水溯源而上，就到了天苍苍野茫茫的祁连雪山脚下。在党河上游的绝壁上，还有一座鲜为人知的石窟——肃北蒙古族自治县五个庙石窟。这里共有19个洞窟，但只有5个洞窟能够登临，因此被称为“五个庙”。

五个庙1号窟是个早期中心柱窟，开凿于北魏，在西夏、元代重修。西壁正中的《弥勒经变图》中，出现了与榆林窟第25窟相同的“一种七收”“树上生衣”等场面，但驾牛扶犁耕种的农夫头上戴着少数民族的尖顶帽。这在敦煌其他石窟中十分鲜见。炽盛光佛上方两侧绘了黄道12宫及28宿，12宫分别画在12个圆圈中，与莫高窟五代第61窟甬道的黄道12宫画法相同。

3号窟中心原来有大佛塑像，后来被人破坏。壁画内容有药师变、弥勒变、维摩诘变、劳度叉斗圣变、十六臂观音等，边上有西

肃北五个庙石窟第1窟　塔形龛楣及魔众（吴健　摄）

肃北五个庙石窟

岩石 / 第四纪半胶结沙砾石层

建造年代 / 始于北魏，终于元代（吴健　摄）

夏文、回鹘文题记。

与敦煌众多的石窟群相比，五个庙石窟偏居最南一隅，它不事喧嚣，铅华落尽，默默护佑着祁连山区最美的雪山和草原。

如果说丝绸之路是一部雄浑瑰丽的交响乐，那么，疏勒河畔的敦煌石窟群就是这部交响乐中最动人的乐章。

敦煌石窟群的十几处石窟、800多个洞窟，都在疏勒河及其支流的峡谷峭壁上安家落户，构成了全国开凿历史最早、延续时间最长、保存壁画最多、内容最丰富的一条石窟艺术带。

原武汉大学教授、敦煌学家陈国灿：要说起敦煌的石窟来，我们可以画一条线：从疏勒河、昌马河那里就有昌马石窟，昌马石窟往西走又有东千佛洞。东千佛洞继续往西走，那里又有榆林窟。顺着疏勒河这条线再往西走，又有莫高窟。莫高窟再往西走，又有西千佛洞。从西千佛洞再往西到了党河，还有五个庙石窟。可以说，这些石窟基本上在一条线上。

文明缘水而生。历史上的大江大河都是人类文明的发端之地，埃及的尼罗河孕育了埃及文明，幼发拉底河、底格里斯河孕育了巴比伦文明，黄河、长江孕育了华夏文明。而一路向西的敦煌母亲河——疏勒河流域却是世界四大文明唯一交汇之地。

疏勒河是一条朝圣的河，是中国石窟艺术的运河。

李井成：疏勒河流域的石窟群像一串串明珠，散布、点缀在丝绸之路这条彩带上。敦煌莫高窟是世界文化遗产，榆林窟也是全国重点文物保护单位，还有东千佛洞、西千佛洞，它们都是敦煌艺术的重要组成部分，也是中华民族祖先的伟大创造，艺术价值和科学研究价值都非常高。

探究河西走廊石窟群的选址，就会发现一个规律：无论是莫高窟、榆林窟，还是天梯山、文殊山、马蹄寺石窟群，它们都开凿在祁连山北麓的山间河谷的既有悬崖又有河流的地方，而且都在丝绸之路交通线附近选址，以方便城乡信众和往来商旅礼佛。“丝绸之路＋河流＋断崖”三位一体的组合，是河西石窟群，也是中国石窟

疏勒河是一条朝圣的河（剧照）

走廊开凿选址的“标配”。

赵声良：河西的石窟群都开凿在一条河的旁边，这样就有很多人来拜佛。还有修行的人，他们也要生活，就要在一个有水的地方，在河畔开凿洞窟。不光敦煌石窟是这样，包括云冈和龙门石窟都有这样的特点。

我们再回过头来看疏勒河，它的面貌逐渐完整、清晰起来。

疏勒河就像一根巨大的葡萄藤，它把沿途的许多零散绿洲串联起来，把一条条自由流淌的河流收编起来，也把丰富多彩的文化整合起来，形成了高度发达的敦煌文化。

在千里疏勒河故道边，形成了星罗棋布的古代绿洲，从东向西依次有：昌马、渊泉、锁阳城、石包城、瓜州、广至、敦煌、阳关、多坝沟及古玉门关等，其中敦煌是最大的一块绿洲。

先秦时期，疏勒河流域为乌孙、大月氏、匈奴所占据，到处是“天苍苍、野茫茫，风吹草低见牛羊”的景象。游牧文化是这一地域的主流文化。

疏勒河流过瓜州桥湾古城（王金　摄）

西汉建元三年（前138年），汉使张骞从汉武帝手中接过旌节，带着100多人离开长安策马西行。13年后，历尽艰险的张骞只带着堂邑父回到长安。他带给汉武帝的西域路线图中，有一个地名像其间跳动的火苗，它集水、路、关隘三个黄金元素，傲立在西通罗马、

疏勒河下游望杆子湿地

东连长安的通衢大路上。

它就是敦煌。

赵声良：张骞出使西域是一个标志性的事件。它意味着汉王朝作为国家政权正式与西方国家建立了联系，丝绸之路由此开始繁荣起来。随之带来的是中国和西方各国的文化交流，其中佛教的发展和交流就是一个重要的内容。当佛教从印度沿着丝绸之路传入中国时，就在丝绸之路沿线产生了很多佛教寺庙和石窟，莫高窟就是其中最重要的一个石窟。

张骞带来的情报让汉武帝坚定了打通河西走廊、向西开放的决心。公元前121年，汉武帝派大将霍去病打败匈奴，收复河西，“列四郡据两关”。汉帝国正式打开丝绸之路，人类历史翻开了新的一页。

在占世界陆地面积三分之一的亚欧大陆上，一条美丽的丝带，把人类最古老的文明发祥地——中国、印度、古希腊、罗马和阿拉伯帝国联结起来，把亚欧各国的科技发明、农耕技术、商品贸易和

丝绸之路连接了四大文明（剧照）

文化艺术联结起来，形成了世界上最长、最繁华的一条商贸通道和文化大道。而敦煌就是这文明之路的桥头堡。

故宫博物院院长王旭东：为什么敦煌会在丝绸之路上有着那么重要的地位？我觉得首先是它特殊的地理位置和地理环境。张骞出使西域，到了敦煌后，他就发现这是一个和西方建立联系的非常重要的一块绿洲。当他第二次出使西域归来，就建议汉武帝在敦煌设郡，并在这里设立了阳关和玉门关，从此敦煌走上了历史的舞台。随着大量中原移民来到敦煌，也带来了中原文明。这为来自印度的文化向中原传播奠定了文化基础。因为一个外来的文化，不会在一个文化沙漠里停留，就像人需要找到绿洲一样，文化也需要一块绿洲，敦煌就是这样一个连接起中原文明、印度文明、希腊罗马文明以及埃及文明的桥梁。

丝绸之路从长安出发，出河西走廊到达敦煌后，沿沙漠分为南北两道。南道经楼兰（今若羌）、于阗（今和田），越葱岭（今帕米尔高原），到大月氏（今阿富汗）、安息（今伊朗）；北道经车师（今吐鲁番）、龟兹（今库车），越葱岭，到大宛、康居，直抵安息和大秦（古罗马）。其次还有河西道、羌中道。这四条通往西方的大道都在敦煌交汇。敦煌是丝绸之路东段的终点，又是中段的起点。玉门关、阳关是“出塞”“入关”的必经之地。裴矩在我国古代中西交通的重要义献《西域图记》中经典地将其总结为“总凑敦煌，咽喉之地”。

大河两岸，大路朝天，丝绸之路的重要通道全部沿疏勒河两岸穿行。

北京大学教授、敦煌学家荣新江：古代没有这么先进的交通工具，人们向西走的话一定要傍着河水走。现在我们虽然裁弯取直了这些路，但是古代的丝绸之路一定是沿着河流走的。所以这些东西走向的河流，对于东西交通是非常重要的。如果没有河，那就是死路一条。

在丝绸之路开通后的1000多年间，疏勒河流域始终处在中国对外开放的最前沿。敦煌作为中西交通的枢纽和中国唯一的口岸城市，这里汇聚了中国、印度、中亚、西亚等不同系统的文化和琳琅满目的商品。满目流转的是中国的丝绸、大宛的宝马、埃及的箜篌、罗马的玻璃瓶、波斯的银币、撒马尔罕的金桃、龟兹的胡旋舞以及明艳的胡姬和葡萄美酒……《旧唐书·地理志》中有“元宵灯会，长安第一，敦煌第二，扬州第三”的记载。

穿越无边的沙漠走向世界（剧照）

中国敦煌吐鲁番学会理事、酒泉师范学校原校长窦侠父：整个河西地区，由牧业社会、游牧社会跨越式地发展成为一个农业社会，这在人类社会的发展中也是一个跨越，这确实是了不起的。我查了一下，除了5个古城外，其余的100多座城市遗址现在都在。包括敦煌南湖乡，也就是过去的龙勒县都在。而城市是人类社会文明的标志，这也是很了不起的。也就是说发展到现在2000多年了，河西的城市还是汉朝奠定的格局。

大河两岸，大路朝天。疏勒河流域是中原王朝开发西域的前哨，是中国最早对西方开放的桥头堡。滔滔大河孕育了伟大的丝绸之路，连接了世界上最古老的四大文明古国——中国、古印度、古埃及和古巴比伦；通过大河传播了儒教、道教、佛教、基督教和伊斯兰教；将中国文化、印度文化、希腊文化和伊斯兰文化交汇融合在一起，使昔日的蛮荒之地孕育了人类历史上无与伦比的奇迹——敦煌石窟艺术。

向西，再向西！疏勒河的使命就是一路向西。它承载着古老中国对西天的梦想，穿越连绵的高山和无边的沙漠，踏上坦荡的阳关大道，让中国走向世界，让世界走进中国。

我们是否可以这样说，如果没有疏勒河作为媒介，没有丝绸之路的畅通，人类四大文明的交汇和撞击可能就要推迟若干个世纪。如果古老中国没有从敦煌打开对外开放的大门，中国历史也许就是另外一种格局，而莫高窟这样规模巨大的文化艺术工程也许就不会在敦煌出现。

幸好，这只是一种假设。

三危佛光

2018年农历四月初八，莫高窟庙会

今天是农历四月初八，佛祖释迦牟尼的诞辰日。敦煌市莫高镇新店台村的村民们都锁了院门，全家老小一起朝南戈壁进发。不用说，那是要去莫高窟、三危山赶庙会。

这一天，莫高窟专门对敦煌百姓开放，九层楼前成了一个盛大的集市。

在敦煌，四月初八是民间的重大节日。每到这一天，几乎全敦煌的老百姓都要上山给大佛进香，祈求一年风调雨顺、家人祛病消灾。

莫高镇是距离莫高窟最近的一个乡镇，唐代这里叫“莫高乡”。不知道莫高窟和莫高乡孰先孰后，历史上，这里曾是敦煌石窟开凿

1907年农历四月初八，莫高窟庙会（斯坦因　摄）

1950年农历四月初八，莫高窟庙会速写（常书鸿　绘）

1959年农历四月初八，莫高窟庙会

最便利的后勤供应基地。每逢庙会，近水楼台的新店台村民必然倾巢出动，甚至提前一天就在山上住下了。

敦煌市莫高镇新店台村村民曹德元：中华人民共和国成立前，有钱的就骑个毛驴，或者套个大轱辘车，来到千佛洞前边的“鬼拍手”（新疆杨）树下，铺上毡，棕糕油饼子吃上，羊肉煮上。这是有钱的。没钱的呢，就从这戈壁上跑着上山，都是自己拿吃的。有的大轱辘车还拉上锅，铺的盖的都拿上，逛个几天呢。

莫高窟对面的三危山也是一处宗教圣地，老百姓四月初八上山，都要喝一口观音井的水。据说，这是观音菩萨的圣水，喝了可以消灾避难，益寿延年。现在这口井已经快干枯了，每天只能打上来十几桶水，守庙的尼姑提前把水攒起来，好让上山赶庙会的人都能喝上一口。

李正宇：佛教传到中国以后，开始只是一些高层人士信奉。后来佛教逐渐向民间普及，老百姓也开始信了。老百姓追求的是什么东西呢？他们追求的是很现实的东西。绝大多数是穷人啊。所以很多信徒就希望通过信佛达到富有，或者有疾病的人得到痊愈。甚至有些人抱着升官发财的目的，通过信佛，希望能够保佑自己升官发财。大家你也来信，我也来信，这样子信徒就越来越多，势力就越来越强大，佛教就越来越发展，越来越普及。佛教就是在这种情况下深入民间，受到了广大人民的欢迎，所以佛教才得到了发展。

伦敦大学敦煌学家韦陀先生曾说：“只有那些在地图上黑暗一片的广袤区域，比如太平洋上、河西走廊，人们才可以仰望有千万颗繁星的银河；恰恰是在戈壁边缘，没有街灯的敦煌石窟，阿富汗雪山下的丝路驿站，人们才更接近老子的生活状态，或者说更能听到佛陀的声音！”

中古时期，在无数商旅和僧人进出塔克拉玛干沙漠、穿行丝绸之路的漫漫征途上，敦煌是他们心中的灯塔，莫高窟是他们信仰的星空。

三危山麓的敦煌，是佛教从西域进入中国内地的首站、中西文明的十字路口，也是甘肃三千里石窟走廊的起点。

十六国时期，中原大地烽烟弥漫，社会动荡不安，相对安宁的敦煌，引得士子学人和佛教信徒纷纷西来，很快造就了以敦煌、武威为中心的我国最早的佛经翻译传播基地。

这条路上，行走着一个个坚毅而笃定的身影，那就是东来弘法的西域高僧和西行求法的中原僧侣。朱士行、竺法护、法显、鸠摩罗什、玄奘……这些前赴后继的高僧大德，带着信仰走过戈壁大漠、滚滚红尘。

悠悠疏勒河流淌着古老中国对西天的向往，历代高僧朝圣的足音至今还回响在大河两岸。

在莫高窟还没有开凿之前，这里早已是一片佛国圣土了。

敦煌，丝绸之路上的灯塔

前秦建元二年（366年），也就是东晋王羲之写下《兰亭集序》后不久，在西部边陲的敦煌，一位重要人物登场了。

他就是乐僔。

当这位行脚僧人走到鸣沙山尽头时，眼前出现了一条巨大的河谷，河谷内流水潺潺，古木参天。对面的三危山在夕阳的映照下放射出奇异的金光，有如千佛降临。乐僔认定，这灵山秀水必将是佛国圣地，于是他在敦煌四处化缘，广传奇闻，引得善男信女纷纷捐钱。宕泉河畔的陡壁上终于搭起了第一个木制脚手架，乐僔凿开了莫高第一窟。

从此，宕泉河畔响起了千年不息的斧凿叮当声。从十六国、北魏、西魏、北周、隋、唐、五代、北宋、西夏直到元代，上至王侯，下至百姓，或者独资，或者合资，倾其所有开窟造像，把他们的信仰全部凿进了这道长达1600米的陡壁。735个洞窟鳞次栉比分布于

台湾南华大学教授、敦煌学家郑阿财：佛教早期传到中国的时候，必须要通过几个方面传播：一个是僧侣的传播，通过对经典的翻译传播。在早期，一些经典的翻译者都是一些外来的高僧，有从中亚来的，或者是从印度来的。这些高僧要到中国、特别是到当时的长安来翻译经典，他不是一下子进来的，他必须在敦煌这个地方停留，一方面学习汉语，一方面进行翻译。有些高僧就直接在敦煌当地弘扬佛法。比如说晋朝很有名的一个高僧叫作竺法护，人称他“敦煌菩萨”，就是一个很重要的例子。那么不只是竺法护，可以说，东汉以来，历代的高僧都是从敦煌这个孔道绵绵不断地进入中国，进行佛教的传播以及佛典的翻译的。

莫高窟　北区石窟

宕泉河的断崖上，2400多身塑像，45000平方米壁画，1000多年的层层累积，让我们看到了中国历史上十余个朝代原汁原味的鲜活面孔。

敦煌研究院名誉院长樊锦诗：要说起中华民族古代的艺术，像敦煌这样，保持如此之多的唐代和唐代以前的佛教艺术的石窟，全国、全世界都没有第二个。

2018年初冬的第一场雪飘落莫高窟。纷纷扬扬的雪花，热烈地落下，又快速地融化，如同一场场生命的轮回。

在敦煌研究院院长赵声良博士的引导下，我们在大雪中穿梭于莫高窟的十几个代表洞窟，犹如穿行在从北凉到元代的时光隧道里，每一个洞窟都像阿里巴巴的宝洞，带给我们意想不到的视觉和心灵的双重震撼。

在领略了莫高窟最早的“北凉三窟”之后，赵声良带我们重点参观了北魏时期的经典洞窟。在这里我们看到，来自中原的微笑让莫高窟拥有了真正的中国表情。

第259窟是一个典型的中心塔柱窟，大约开凿于北魏太和年间（477—499年）。这里的中心塔柱既不同于印度式的圆形佛塔，也不是龟兹地区蘑菇状中心柱的翻版，而是“凉州模式”的方形塔柱。

莫高窟第259窟形制（吴健　摄）

当地工匠在借鉴龟兹石窟模式的基础上，把汉地的楼阁式方塔移植到了石窟中，中心塔柱变成了四面开龛的方塔，正面龛内是释迦牟尼、多宝佛并坐说法造像。前室窟顶出现了中国建筑的人字披，这是完全不同于印度、龟兹的石窟新模式。

最引人瞩目的是北壁的禅定佛。佛身穿通肩袈裟，两眉细长，双目微微下垂，嘴角浮现出淡淡的神秘微笑，似乎在体味悟道后的满足和愉悦。人们称它为“东方的蒙娜丽莎”。其实，早在达·芬奇的《蒙娜丽莎》诞生前，这身禅定佛已在莫高窟微笑了一千多年了。

幽暗的洞窟里，他参悟到了什么？这神秘的微笑究竟代表着什么？

赵声良：印度的中心塔庙窟是圆形的，覆钵形的，而敦煌是方形的、楼阁式的建筑。印度的塔庙窟到了敦煌被改造成中国式的中心塔柱窟。我们可以看到窟顶是人字披，人字披是中国古代传统建筑的一个基本形式。也就是说，中国人在用中国的审美方式、中国的思维方式来改造外来的艺术，就这样逐渐形成了中国式的佛教艺术。

莫高窟第259窟　禅定佛　北魏

赵声良：这是古代艺术家对佛教艺术的一种感悟。佛教讲禅修，拈花一笑，是表达一种禅悟的精神，这种精神会体现在这样的艺术作品当中，传播到世界各地的佛教艺术当中，你看那些杰出的佛教艺术作品都是带有微笑的。

美学家李泽厚认为，北魏的雕塑，秀骨清相、长脸细颈、衣饰繁复而飘动，那种神采奕奕、飘逸自得，似乎去尽人间烟火气的风度，形成了中国雕塑艺术理想美的高峰。

第254窟是莫高窟最有代表性的北魏洞窟之一。正中佛龛里是一尊交脚弥勒像，轻薄的袈裟贴身透体，衣纹如同刚从水中沐浴出来。在中国画史上，这种技法被称为"曹衣出水"，为中原北齐人曹仲达首创。但赵声良认为，这种塑法最早流行于印度犍陀罗地区，特别是在马图拉得到发展。而曹仲达本人就是西域曹国（今乌兹别克斯坦）人，入中原后有"梵像最工"的称誉。

一个历史谜团就此解开：盛行中原的"曹衣出水"原来是曹仲达从西域带到中原的。

莫高窟第254窟　萨埵那太子舍身饲虎图

第254窟南壁的《萨埵那太子舍身饲虎图》，讲述大车国王的三个儿子去山里狩猎，见一母虎领着幼虎掉进山下无法觅食，奄奄一息的母老虎将食其子。三太子萨埵那决心舍身相救，他用竹子刺破脖颈，纵身跳下悬崖以身饲虎。国王及夫人赶到，抱尸痛哭，收拾遗骸，起塔供养。敦煌画工采用了"异时同图"的布局形式，在一个方形画框内表现多个故事情节，各情节间用山林图案作为分隔。这些连续的片段，类似电影蒙太奇。

紧挨着《萨埵那太子舍身饲虎图》的另一幅壁画是莫高窟最早的《降魔变》。画面中，即将成道的释迦牟尼正在面对一场恶战。天魔波旬率领三个女儿及魔军来势汹汹，先诱以女色，再以武力相逼，企图破坏释迦牟尼成佛的决心，但释迦牟尼最终以法力战胜魔王，代表渴望、憎恨和爱欲的三个魔女变成了丑陋的老妇。画面中央菩提树下的释迦牟尼，目光冷峻，神色安详。

中国人民大学艺术学院院长丁方：第254窟是我特别推崇的一个洞窟，里边表现出一种使用色彩的痛苦。你看那种深重的颜色，然后是白色和湖蓝色，用石绿在里面一提，有一种震撼人心的表现主义的效果。这是色彩学啊，不像后来那些花花绿绿的，有点喜庆。它显得很痛苦，尤其要表现佛在前生的一种自我牺牲，对生命普遍的一种怜悯，然后转换出一种拯救，一种承担，一种舍己。你就能看到弥漫在画面上的那种痛苦的东西，那种痛苦是大痛苦，是一种弥漫在宇宙之间、天地和生灵之间的痛苦，我感受到了，我要为你付出，是这样的一种情怀。这个情怀感动了我们，让我们真心地去接受这样一种高级的信仰。

这幅《萨埵那太子舍身饲虎图》的画法完全不是中国绘画的线描平涂法，敦煌画工采用了西域式的晕染法，不太重视线条，但是色彩比中国绘画更加浓烈厚重，有一种西方现代表现主义的造型风格，难怪会受到巴黎来的画家常书鸿等人的钟爱。

深受西方现代派绘画影响的常书鸿到莫高窟后第一个临摹的就是这幅《萨埵那太子舍身饲虎图》。他把敦煌早期壁画风格与20世纪法国野兽派绘画风格等量齐观。他甚至怀疑第275窟北凉壁画《伎乐图》，在1500多年后被法国野兽派画家卢奥抄袭成了《对耶稣的嘲弄》。可见，20世纪初，敦煌壁画已成为欧洲现代艺术借鉴的资源之一。常书鸿从中看到了中国美术摆脱西方艺术主导的希望。

20世纪50年代，常书鸿在莫高窟临摹

西魏时期，来自佛国的飞天与来自中原的羽人携手飞入莫高窟，中国本土的道教融合到佛教的天地中来，呈现出神佛共舞的洞天。佛陀们变得身材修长、面容清瘦、峨冠博带，仿佛竹林七贤，中原的时装流行趋势，南朝士大夫的名士风尚，竟然在莫高窟大行其道。

著名美学家李泽厚先生解析说："北方的实力和军威虽胜过南朝，却一直认南朝文化为中国正统。所以，塞北的塑匠与江南的画家，艺术风格和作品面貌如此吻合，便不奇怪了。"

郑阿财：如果我们梳理中国的石窟，从新疆到敦煌，再一直往东，一直到了我们的龙门、云冈，顺着这个方向看，胡人的形象慢慢地淡了，中国的形象、汉人的形象越来越浓了。假如说我们倒过来看，从龙门、云冈这边往西看过去，你会发觉汉人的形象越来越胡化了。所以我们说敦煌正好是中西文化交流的交汇点，敦煌佛教艺术是汉文化和西方文化的结合，这是它一个很大的特色。

赵声良：当年常书鸿先生在法国留学时学的是油画。回国之后，他在敦煌最喜欢的就是这幅画，因为他感受到这个绘画的技法跟中国以线描造型为主的传统不一样，有一点西方的特点。还有一些画油画的画家，包括董希文，他们都临摹过这幅壁画。为什么这么多画家关注这幅画呢？就是因为它带有强烈的印度风格。我们中国绘画传统的画法是线描，不注重立体感，而印度的绘画注重色彩，注重立体感。所以用很厚重的颜色表现人体的立体感，这样一种方法带到中国后，就跟中国传统画法开始融合了。

莫高窟西魏第249窟几乎就是按照酒泉丁家闸魏晋壁画墓仿造的，同样的覆斗顶，同样漫天飞舞的雷公电母。不同的是，莫高窟是佛道同台演出。

莫高窟第249窟《狩猎图》中的奔牛

受印度宗教的影响，敦煌早期的北凉、北魏壁画描绘的对象大半是佛、菩萨，或天上的诸神，很少有对现实生活的描写。随着佛教东传和与汉族本土信仰的融合，中国画家善于描绘现实生活的传统又逐渐抬头了。

第249窟的《狩猎图》上出现了一头狂奔的野牛。这头牛完全不同于北魏壁画的凹凸画法，相反，却是用很熟练的毛笔线条，准确勾勒出牛的动态。这就是传统中国画的白描画法。

莫高窟第428窟　壁画　西魏

赵声良：第249这个洞窟，不仅在窟顶出现了中国传统的东王公和西王母的形象，而且它的绘画风格中出现了大量的中国传统的绘画因素。一个是人物比较清瘦，这个叫作“秀骨清像”；还有穿着很多衣服，叫作“褒衣博带”。我们会发现有很多线条造型非常精彩。比如说奔跑的牛啊，奔跑的一群野猪啊，完全是白描的画法。这些画法，就是中国自汉朝以来最传统的东西。

在中国佛教造像史上，北周是一个值得关注的时代。北周初年，明帝崇信佛教，他延请名僧，广度僧尼，大造佛像。但是到了北周武帝时，又下令罢佛道二教，令沙门道士还俗，这是中国历史上的第二次灭佛运动。武帝灭佛后，中原基本没留下北周时代的佛教造像。然而，在远离长安的敦煌，却留下了大量的北周石窟。其中428窟最具代表性。

第428窟是敦煌早期最大的中心塔柱式窟，也是保存比较完好的早期洞窟之一。和北魏秀骨清像风格不同的是，藻井图案中出现了来自印度的裸体飞天，他们全身裸露，挥巾飞舞，天花乱坠，怡然自得。北壁的《降魔变》、南壁的《说法图》等壁画，无论构图还是技法都带有浓重的西域特征，画面勾线粗犷，敷彩浓重。尤其是人物面部的晕染方法极为奇特。画工采用多层次晕染的凹凸法表现明暗，面部轮廓及眼眶为朱红色，在鼻、眼以及眉骨、下颌处涂白色提亮。后经千年岁月侵蚀，朱红色变为黑色，而白色部分没有

莫高窟第249窟　覆斗顶壁画（吴健　摄）

莫高窟第428窟　供养人　北周

被氧化，形成了俗称的“小字脸”或“五白”脸。

看来，北魏时刚刚抬头的中原艺术特征在北周时又被龟兹艺术替代了。

北周时期，鲜卑统治者与西域突厥人联姻，龟兹艺术再次回潮，所以敦煌再次出现裸体飞天和西域式晕染法也就不足为怪了。

第428窟中心柱和四壁的下沿，画满了一排排的供养人像，总数多达1100余身，是敦煌莫高窟供养人最多的石窟。这个洞窟是当时主政敦煌的北周王室贵族建平公带领1160多人集资建造的。

赵声良：莫高窟的开凿，跟供养人是有密切关系的。由于信仰的力量，一些普通信众，他们出钱建造一个一个洞窟，有的称作“家窟”，即一个家族世世代代出钱来建造和维修这个洞窟。那么像第428窟这样巨大的洞窟，当然一两个人建不了，那么它可能集中了很多人，大家集资来共同建造这样的洞窟。这是一种信仰的力量。通过这个力量，莫高窟一代一代的，一千多年就这么延续下来了。

众神栖息的圣殿

季羡林先生曾说："世界上历史悠久、地域广阔、自成体系、影响深远的文化体系只有四个：中国、印度、希腊、伊斯兰，再没有第五个；而这四个文化体系汇流的地方只有一个，就是中国的敦煌和新疆地区，再没有第二个。"

中国文联荣誉委员、作家冯骥才：佛教从印度传到中国，经过新疆、西域，然后到了敦煌之后，由敦煌进中原，在这个过程中实际上已经被中国化了。如果光是西域那样一个模式就很难进入中原。它必须要经过敦煌对它再一次的改造，再一次的同化，它才能够获得汉化，进入中原。

深广的中西文化交流背景，使莫高窟成为众神栖息的圣殿。早期洞窟都带着鲜明的外来印记，混杂着舶来的气息和遥远的印度乡音。但中国文化的强大和自信，使佛教从来到中土初始，就开始了中国化的改造。

须弥山，是印度教信仰的中心。这一来自婆罗门教的宇宙观，同样被佛教引用。莫高窟隋代303窟的中心塔柱被做成一个须弥山的造型。下方的柱体是常规的方塔形，但上方的柱体，分六层阶梯向下不断递减，形成一个倒立的山。每一层的边缘，可以看到原来都曾贴满影塑千佛的印记。这样的须弥山式中心塔柱在全国极为罕见。

莫高窟第428窟　卢舍那法界人中像

1908年，伯希和看到这莲花般精美的中心塔柱时，兴奋地按下了快门，留下了这一张100多年前的影像。

敦煌画工还将须弥山绘在佛的袈裟上。

第428窟南壁有一幅《卢舍那法界人中像》。卢舍那佛身着土红色袈裟，袈裟上绘有象征宇宙中心的须弥山，围绕须弥山描绘了佛教的三界六道轮回，即欲界、色界、无色界，以及天道、阿修罗道、人道、畜生道、饿鬼道、地狱道。

轮回是古印度婆罗门教的教义，带有种姓制度的等级思想。佛教吸收后加以改造，注入新的思想，主张众生平等，人人皆可通过修行进入天道。

赵声良：古代印度人认为，须弥山是一个世界的中心，可是须弥山不是唯一的中心，世界上有很多很多中心，一千个小千世界称作中千世界，再有一千个中千世界组成大千世界。那么佛家讲三千大千世界。印度的哲学很了不起，它们的宇宙观就认为，我们人类生活的这样一个中心并不是世界唯一的中心，实际上还有很多很多个这样的小千世界、大千世界。这种思想不仅影响到了佛教，也影响到了印度教。

据统计，莫高窟含有婆罗门教神祇壁画的洞窟有59个，占全部敦煌石窟的将近八分之一。

敦煌石窟中最早有确切纪年的洞窟第285窟，开凿于西魏大统年间。这是一个诸神共舞的洞窟，既有佛教诸天：日天、月天、毗那夜迦天、鸠摩罗天、天龙八部等等，还有来自中国古代神话的伏羲、女娲、朱雀、玄武、青龙、白虎、雷公、雨师、羽人、东王公、西王母，还有《楚辞·天问》中提到的许多怪物，我们甚至看到了印度教的湿婆神和毗湿奴神的形象。诸神共舞，毫无违和。

敦煌研究院研究员张元林：在第285窟西壁可以集中看到来自印度教的一些神灵的形象。作为印度教三大神之一的湿婆神，在佛教里称作摩醯首罗天，它绘在西壁主龛与北侧小龛之间的壁面上。在另一侧，主龛与南侧小龛的壁面上，我们同样也可以看到一个三头八臂的形象，这是印度教三大神之一的毗湿奴神，在佛教里称毗湿钮天，也叫那罗延天。湿婆神下方绘着骑着孔雀的鸠摩罗天，它的旁边是象鼻人身的毗那夜迦神，这些都是源自印度教的神祇。在右侧那罗延天下方绘有一个三眼，即额头正中有个竖眼的形象，这是印度教里很重要的一个神因陀罗，佛教里称为帝释天，旁边还有印度三大神之一的梵天的形象。

张元林考察比照过印度石窟、阿富汗巴米扬石窟、新疆石窟和

莫高窟第285窟　湿婆神

莫高窟第285窟　毗湿奴神

敦煌石窟中的印度诸神形象，他认为，第285窟的印度诸神不是直接从印度照搬和拷贝过来的，而是经过了中亚的改造，并糅进了袄教的元素而形成的。

赵声良：其实在印度，佛教和印度教都来自它本来的一个悠久传统。印度古代史诗《罗摩衍那》和《摩诃婆罗多》里面，有很多传说，包括一些神的形象，比如梵天、湿婆、毗湿奴，被印度教吸收，成为三大主神。同样，在佛教里也有反映，只不过佛教把他们当作佛陀的侍从。那么我们就在佛教里面看到了印度教，在印度教一些雕刻艺术当中也可以看到佛教的身影。

专家还发现，藏经洞文书《摩醯首罗天》（S.5614）中所列举的大圣天、毗沙门天王天、阿修罗天、梵摩天、摩醯首罗天等神祇，都可以和婆罗门教的神祇一一对证。有意思的是，除了新疆石窟和敦煌石窟有湿婆图像，中国内地其他石窟都找不到湿婆的踪影，由此可见不同地域对印度造像模式接纳程度的不同。

莫高窟以开放和包容的姿态，热烈拥抱着千里迢迢来到中土的印度诸神。

莫高窟323窟里留存着珍贵的佛教史迹画。记录了吴淞江石佛浮江、隋文帝迎昙延法师入朝、阿育王拜塔、康僧会感应等佛教东传的故事。北壁上方，著名的《张骞出使西域图》中，汉武帝骑着高头大马，后面大臣相随，张骞持笏跪拜告别。榜题上书："前汉中宗既获金人莫知名号，乃使博望侯张骞往西域大夏国问名号时。"

有趣的是，就在《张骞出使西域图》的对面有一幅石佛浮江图，讲述了晋愍帝建兴元年（313年）吴淞江口"石佛浮江"的故事。

有一天，出海的渔人看见水面上有两个巨人浮游而来，他们误以为是海神降临，赶忙请来巫师，杀猪宰羊，顶礼膜拜。谁知海上突然狂风大作，骇浪滔天。居士朱应听说后，备了素食，和一众高僧信士到吴淞口虔诚叩拜。只见海上两个巨人渐渐漂浮到江口，人们这才看清，那是两尊石佛。在人们商议如何将石像请上岸来时，石像竟自己浮到了岸上。

莫高窟第323窟　石佛浮江图

莫高窟第285窟　西壁（吴健　摄）

最后，两尊石像被安放在了通玄寺内。

通玄寺，就是现在上海静安寺的前身重玄寺。唐代道宣的《集神州三宝感通录》，还有南北朝时梁简文帝萧纲的《浮海石像碑铭》中都有记载。清光绪九年（1883年）《重建静安寺记碑》中，还有“故西晋时，浮江来石佛者犹在”的记录，说明那时石佛还在静安寺，但现在已不知所终了。

朱应何人？他就是最早访问柬埔寨的东吴使臣，三国时中国和南海诸国的友好大使。

公元226年，柬埔寨的前身扶南国先后三次派使臣访问东吴，献上琉璃等扶南特产，东吴孙权投桃报李，也派大使康泰和朱应去巡游南海各国。回国后，朱应写了《扶南异物志》，记述了他出使扶南的见闻。遗憾的是，这本中柬交流史上的重要古籍已佚，只在莫高窟留下了作者的图像。

藏经洞出土文献《摄大乘论章》（S.2435）是一部重要的佛教理论著作，作者是中国著名的四大译经家之一的真谛。他依佛教的“三无性”建立了“三重唯识观”，在佛教史上影响很大。真谛本人就来自柬埔寨。

南北朝梁武帝时，请求扶南国派高僧来中国传法和译经。扶南国派出的高僧就是真谛。当时已经50岁的真谛从扶南漂洋过海，到中土一待就是21年，直到圆寂，先后翻译了48部佛教经典。这部《摄大乘论章》的抄本就辗转流传到了万里之遥的敦煌。

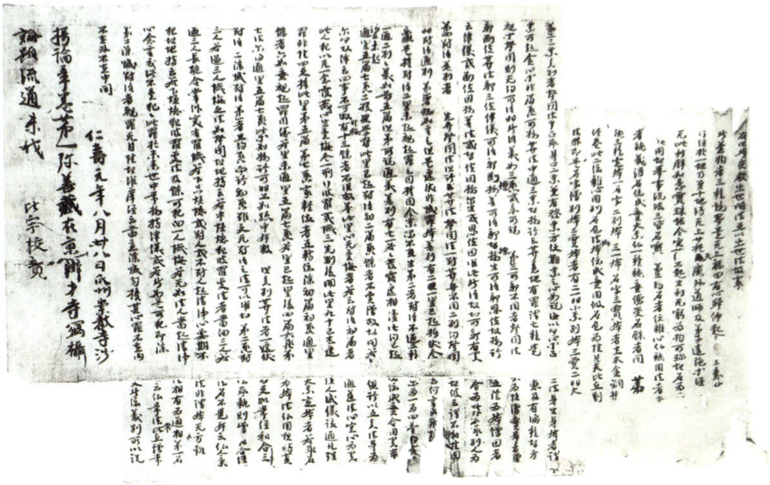

藏经洞出土的真谛《摄大乘论章》（S.2435）

这样深远的佛教交流背景，让陆上丝绸之路的关口敦煌和海上丝绸之路的著名关口扶南也产生了神奇的联系，留下了“一带一路”文化交流史上的一段佳话。

五百年前，米开朗琪罗把基督教《圣经·创世纪》图绘在西斯廷教堂屋顶天篷上；而在一千五百年前，敦煌画工就把连环画描绘在了莫高窟的洞壁上。作为宗教和神话文学的美术绘本，它们的情节铺设和细节刻画如同一幅幅精彩的连环画。

第257窟的《九色鹿王》本生故事，讲的是山林中有一头美丽的九色鹿，看见一个捕蛇人落水，就把他救上岸来，但求他千万不要告诉别人。捕蛇人对天起誓绝不外露。后来，王后想取九色鹿的

莫高窟第257窟　鹿王本生

皮做裘皮大氅，国王在全城张贴布告，重金悬赏捕到九色鹿者。捕蛇人见利忘义，向国王告密，并设计将九色鹿引入国王军队的包围圈。当他假装再次落水呼救，九色鹿闻声赶来时，守候的武士们万箭齐发。谁知九色鹿发出神光，利箭全都化为灰烬。九色鹿向国王揭露了捕蛇人忘恩负义的丑行，捕蛇人即刻浑身生疮而死。

敦煌画工把这个故事集中在一个长卷画面里，从两边往中心推进故事情节，最后在长卷中心部位出现大结局——捕蛇人遭恶报而死。

莫高窟第285窟的《五百强盗成佛图》，说一群强盗经常抢劫，后被官兵镇压，全部处以肉刑，有的剜眼，有的割鼻，他们在树林中痛苦哀号。这时，佛从天而降，给他们说法，他们悔悟后争相皈依。佛从天上洒下神药，他们伤口愈合、眼睛复明。从此入山修行，终成正果。

敦煌壁画中早期壁画独具的混血之美，让中外艺术家们钦佩不已。

韩国东德女子大学教授徐勇：我到敦煌以后看莫高窟为什么心里激动呢？满满的壁画呀、塑像呀，特别美！看局部也特别有意思，因为这个壁画已经不是1600年以前刚开始画的样子，而是一个新的东西了。过了1600多年，壁画自己脱落、脱色，时间改变了它的模样，所以现在看起来特别自然，这其实就不是人工的东西了，千年以前百分之百人工的东西，过了一千多年，已经是自然的东西了。敦煌壁画的自然之美，是它最大的魅力。

当外来宗教和绘画技法与中国传统文化在莫高窟初次联袂出演时，就在大漠深处留下了与一千多年后西方现代主义暗合的画风。

遒劲有力的笔触，气魄雄伟的构图，与西方的拜占庭东正教绘画相比完全不相上下；敦煌人物画的线条、色块竟然比西方野兽派还要粗犷奔放。

中国人民大学艺术学院院长丁方：敦煌壁画是在中华文明处在一个高峰期的时候，忽然接受了一个外来文明的挑战，而且这个外来文明在某些方面比你还高，你有老庄，你有玄学之类的，他有舍身饲虎、割肉贸鸽这样的情怀，有一种为他人下地狱这种大乘菩萨道的拯救情怀。这个是中华文化不具备的。重要的是在那个时代，在中国文明达到一个思想境界非常高的一个时代，恰恰佛教的进入引起了文明的碰撞。有这样一种说法，说魏晋南北朝时期是中国的小文艺复兴。为什么把这个乱世称为中国的黄金时代，反而后来一些大一统的时代，并不是如此呢？明朝、清朝都很大，但反而封闭得很。敦煌壁画恰恰为魏晋那个文艺黄金时代，做了一个绝妙的注脚。

莫高窟第254窟　降魔变　北魏

梁思成在《佛像的历史》一书中说："杨隋帝业虽只二代，匆匆数十年，然实为我国宗教雕刻之黄金时代：可以随心所欲以达其意。"

隋代短短37年间，就在莫高窟开建洞窟94个，接近自乐僔开凿莫高窟200多年来洞窟总数的一倍。

进入隋代，洞窟好像一下子变得宽阔豁朗了。你真的感到，进入了另一个新时代。

隋代洞窟中的佛像，也不再像先前那样孤单站立或独坐说法，佛的两旁还站着大弟子迦叶、小弟子阿难以及胁侍菩萨们，一窟塑像多至五到七身。隋代最大的洞窟第427窟中，有莫高窟最大、也是最早的三世佛立像，即分别象征过去、现在、未来的三佛。前室还有天王力士与地鬼，一窟内塑像多达二十八身，可谓声势浩大，法力无边。

赵声良：我们看到的这一组三世佛非常高大。这个洞窟突然间出现这样高大的佛像，这个是早期没有的情况。而且这前室，还有高大的天王和弟子的形象，这是隋朝的一个特点。这一个洞窟有24身塑像，这也是远远超出早期洞窟的。隋朝一个基本的特点，就是有一种雄浑的精神，一种宏大的气势。这个气势来自于一个大一统的时代，一个新的时代，一个在政治上、经济上雄强的时代。

第一个单独存在的观世音菩萨，诞生在莫高窟隋代的洞窟中。标志着中国佛教一个新的转折点。

接下来，一个空前绝后的大时代闪亮登场了。

莫高窟第427窟　塑像　隋代

洞窟里的大唐盛世

唐朝是中国历史上最伟大的大一统王朝，共历21帝，统治289年。疆域最大时东起朝鲜半岛，南抵越南顺化一带，西达中亚咸海以及呼罗珊地区，北至贝加尔湖一带。国土面积达1237万平方公里，为当时世界第一强国。无论政治、经济，还是文化、外交，唐朝都达到了前所未有的高峰。

舞榭歌台，风流总被雨打风吹去。安史之乱后，大唐帝国逐步走向衰落，最终在黄巾起义的战火和朱温政变中覆灭。由于连年战乱纷争，地面上的大唐遗迹几乎消失殆尽，即使在长安和洛阳也没有留下多少遗存。20世纪30年代，梁思成在国内找不到一座完整的唐代建筑物。

那么，我们又去哪里领略大唐的万邦来朝、霓裳羽衣、吴带当风呢？

只有去敦煌。

由于大唐把权力范围扩展到了遥远的中亚，丝绸之路畅通无阻，客观上将敦煌移向了大唐文化中心的影响圈，莫高窟迎来了它的黄金时代。唐朝在莫高窟开凿了200多个洞窟，几乎占洞窟总数的一半。金碧辉煌的经变画，与崖壁等高的巨像，漫壁风动的飞天伎乐，为我们留下了一个洞窟里的精彩大唐。

建造于武则天时代的北大佛和开元年间的南大佛，分别高达35.5米和26米，堪称东方最大的泥塑佛像！第158窟的《涅槃像》，长达16米。这些巨像历经1000多年风雨剥蚀，仍雄伟庄严、元气

莫高窟第96窟　九层楼

充沛，充分体现了盛唐精神。

建造这些大像究竟用了多少工匠？多少泥土？现在已经无法计算。据说当年仅造佛工匠一天吃盐就要两担，可见工程之浩大！除非大唐，又有哪个朝代具备如此气魄？

唐代的洞窟一望即知。传统的中心柱式基本不见了，侧壁上那些专供沙门苦修的禅洞也消失了。覆斗顶、无支柱的佛殿窟提供了更为开阔的室内空间，宽大而完整的墙壁，正好画巨幅图画，也符合唐人博大的胸怀。一种场面宏大、结构繁复、描画细密的大型经变画出现了。

经变是指佛经的变相。经变画就是用故事画的形式来表现佛经的内容。印度没有经变画，这完全是中国人的首创，中国式的佛教艺术表达形式。

赵声良：我们从第96窟大佛脚的比例就知道它有多么高大了！这样的大佛在唐朝初期非常盛行，这跟一个皇帝有关系。武则天信奉佛教，她喜欢弥勒，当时有些和尚就告诉她，说她就是弥勒降世，所以她很高兴，就下令全国建造弥勒大佛。当时全国出现了很多大佛像。这样高大的佛像怎么能做出来呢？在敦煌叫作石胎泥塑，就是在开凿洞窟时就把岩石大体凿出人的样子，然后在表面敷泥彩绘。当然了，这不是一年两年就能做出来的，塑造这样高大的佛像要花几十年时间。

莫高窟第130窟　弥勒大佛（吴健　摄）

讲故事，是人类最直接明了的一种文化传播方式。有时，需要一本书来论述的玄妙精神，一个生动的故事就能表达。而这样的图像化解读，广受信众喜爱，让他们觉得天堂并不遥远。

莫高窟有经变画33种，总数达到1055幅，其中《西方净土变》《东方药师变》《弥勒经变》《法华经变》《维摩诘经变》《观世音变》数量最多，持续时间最长。

窦侠父：我用了一个词，就是“交融”。这就是一种中西文化的交融，交流、融合、创新，交融创新，这个是很重要的，所以我再三说，反复说。这个开放交流不是拿来就对了，不是拿来吃了，拿来用了就对了，这要和我们民族的文化融合起来，而且要有我们自己的创新。

1944年，国立敦煌艺术研究所人员发现，第220窟的西夏壁画层正在脱落，隐约露出了底层色彩艳丽的早期壁画。当研究人员小心翼翼地剥离上层壁画后，三幅瑰丽无比、完好如新的初唐经变画出现了。洞壁上的墨书题记显示，此窟开凿于唐贞观十六年（642年），由敦煌名门望族翟氏家族开凿。从唐代贞观年间到五代时期，翟家供养时间持续近300年。

郑阿财：经变画把佛教那么一个高深的道理、高深的哲理转化成为通俗的故事，用通俗的语言来向一般的大众宣说，这很容易被一般大众接受。换句话讲，经变画把原本高深抽象的佛教的哲理变成了这种通俗的图画表达；另外一方面，就是通过视觉艺术把它换成了一个变像。经变图这样一个佛教艺术，属于佛教文化的一个层面。

就在贞观年间，一种来自长安、洛阳的“贞观样式”传入敦煌，这一时期的石窟造像气势恢宏，壁画场面宏大，金碧辉煌。如今，长安、洛阳已找不到半块唐朝石窟壁画，但第220窟却留下了与初唐丞相画家阎立本的传世名作《职贡图》《历代帝王图》时代相同、风格相近、艺术水平不相上下的《维摩诘经变》。

维摩诘是一位居士，他身为佛门弟子，却可以住豪宅，穿华服，喝酒吃肉，结婚生子，修行方式很自由。他精通大乘佛法，辩论功夫一流，却时常找不到对手。于是他想了一个办法，就在家里装病，等待着佛门弟子前来看望他，趁机和他们辩法。这件事被佛祖知道了，就派智慧之神文殊菩萨前来问疾，引发了一场著名的大辩论。

敦煌学家史苇湘先生曾这样解读《维摩诘经变》：

《维摩诘经变》士大夫最喜，王维因此改名。人生如水泡，如天上浮云，如芭蕉之不实，如梦，如镜中影子，很快即逝，有何苦不能忍受。维摩诘给别人讲《大乘经》，他和别人说一切空虚，自己却有一切，都是实的。既清高，又实惠。大家族的洞窟都有维摩诘，即他们精神状态的代表。

东晋顾恺之曾在建康瓦棺寺北殿墙壁上画过维摩诘像，据说画完后维摩诘头顶华光四射，月余不散。展示那天当众点睛，俄而得捐款百万。但顾恺之的画早已消失。第220窟里这幅经变画中的维摩诘像，笔法精到，描绘细腻，堪称杰作。

壁画上，维摩诘手握麈尾，抚膝而坐，身体前倾，目光炯炯，咄咄逼人，显出雄辩的气势。尤其是根根入肌的胡须和面颊上的肌肉的动态，更是将这位“辩才无碍”的传奇人物刻画得神思飞扬，睿智传神。而左侧率众前来问疾的文殊菩萨，却端坐对侧，从容优雅，波澜不惊，与慷慨激昂的维摩诘形成鲜明对比。

莫高窟第220窟　维摩诘及各国王子

南侧维摩诘一方，画了一组听法王子，鬈发、深目、高鼻，头戴插着羽毛的高帽，身着圆领窄袖长袍，足穿长筒乌靴，是初唐时期往来于丝绸之路上的外国使臣的真实写照。与阎立本名画《职贡图》相比，毫不逊色。北侧文殊菩萨一方，画的是大唐太宗皇帝及其群臣在听法，皇帝头戴冕旒，身穿衮服，昂首阔步。皇帝前有障扇，后面画侍臣，场面不亚于阎立本的另一幅名画《历代帝王图》。

专家认为，第220窟的《维摩诘经变》不像是敦煌土生土长的作品，很有可能是翟家请来的中原高手所作，或是敦煌画师根据长安传来的粉本加工

莫高窟第220窟　药师经变（吴健　摄）

莫高窟第158窟　各国王子举哀图

而成的。因为初唐敦煌佛教活动是在中央王朝的直接指导下进行的，无论造像还是壁画，都显示出与长安造像同步调、同样式的特征。

敦煌画工塑造人物群体形象的技艺，在中唐第158窟《各国王子举哀图》中更是精彩纷呈。

当佛涅槃时，各路人神都赶来致哀，但因个人修行高低不同，故表情不一。天国的菩萨们虽目含不舍，却沉静安详。多闻第一的阿难似乎仍在聆听佛的教诲，远道赶来的迦叶则伤心欲绝，浑身筋肉一块块暴起，显示出极度的哀恸。卧佛脚下的各国王子更是捶胸顿足，号啕大哭，甚至做出惊人的削耳、割鼻、刺心、剖腹等迷狂之举，这是西域胡族的一种殡葬习俗。画面中每一个人物的装扮和服饰都按照不同身份精心描绘，有的散披红发，头戴宝石；有的袒胸露腹，梳着发辫；有的胡靴高帽，阔鼻深目。每一张面孔的晕染都入木三分，一个个神气活现的人物脱壁而出。

有人把《各国王子举哀图》与意大利文艺复兴时期著名画家乔托的《哀悼基督》等量齐观，可见其艺术水准之高。

丁方：敦煌壁画充满了一种精气神。敦煌画工是提着笔站着垂直作画的，这方面国画界有很多人就做不到。大多数人都是在案子上画，偶尔上墙画，但是没有敦煌壁画的画工那种强大的造型能力和那种胸中早有千山万壑、自有雄兵百万的气魄。现在的画都比较支离破碎，或者是作画者心中没有想法，或者是假作一种气冲牛斗的样子，实际上内心比较虚。种种问题恰恰反映出，我们对敦煌壁画的精髓研究得还不够。我是强烈地感觉到了这一点的。

第220窟南壁的《西方净土变》是莫高窟中规模最大、最具代表性的经变画杰作。画面中间，阿弥陀佛端坐中央莲台，观音、大势至菩萨胁侍左右，背后是经幢凌云，梵宫耸峙，众天神漫天散花，各种乐器高悬空中，不弹自鸣，歌台上的乐伎们载歌载舞，乐队吹奏妙曲。这里没有四季交替，温度永远适宜，人们所穿华服，所食美味，一概应念而生，“无病无灾、无有烦恼、无有刀兵、无有饥馑、更无别役”。人们所能想到的一切美好事物，这里应有尽有。整个场面恍如一场长安大型歌舞晚会。这哪里是天国美景，分明是世俗百姓孜孜追求的现实梦境。

赵声良：到了唐朝后，敦煌壁画早期那种表现苦难生活的，甚至舍身饲虎这种比较血腥的场面就少了。唐朝壁画最喜欢表现的就是佛国世界的美好场面。在这个世界里面人们无忧无虑，歌舞升平，过着很美好的日子。其实，它表现的是一个佛教发展的变化。到了隋唐以后，人们对国家的期望是让我们的生活更加幸福美满。于是，人们就把自己美好的愿望寄托在这个佛国世界。

梁思成说：“唐代造像之笔意及取材，殆不似前期之高洁，日常生活情形，殆已渐渐侵入宗教观念之中。于是美术，其先完全受宗教之驱使者，亦与俗世发生较密之接触。”

在敦煌莫高窟壁画上，现实生活的记录比比皆是，这个庄严的佛国也是庶民的天堂。

经变画要表现佛生活的华丽场景，但敦煌画工能想象到的就是现实生活中的宫殿、楼阁、建筑，壁画上随处可见耕种、蚕桑、纺织、建造、狩猎、捕鱼、畜牧、婚嫁、丧葬、教学、商旅、制陶、冶铁、驭车、推磨、炊事、战争、行乞、屠宰、练武、歌舞、百戏、早朝、宴会、帝王将相出巡、游猎、剃度、审讯等等场景。其间宫殿城池、亭台楼阁、桥梁水榭、舟车寺塔、学校店铺、驿亭酒肆、衣冠服饰、宗教仪式样样具备。这些世俗人物和社会生活场景，让莫高窟成为跨越千年的连续剧片场和人物画廊。

打麦场

唐代婴儿车

诚如史苇湘先生所说，“这样一个乌托邦，实际上正是人间的刀兵、奴婢、欺屈、饥饿、王官、租税、徭役、十悲、八苦，一切不可意事处处充满的理想反映。”

经变画让成千上万的现实人物形象被定格在洞窟里，从帝王将相到僧俗百姓，三教九流，应有尽有。1600多年来，中国和丝绸之路沿线国家都出现过哪些装饰图案？不同时代的中国人、外国人都穿什么衣服，戴什么配饰，化什么妆？他们是如何生活的？这些历史细节都被敦煌画工完整忠实地记录下来了。更弥足珍贵的是，每历一个朝代，城市、乡村、人物也随之“改朝换代”，成为鲜活的千年历史相册。

意大利文化遗产部研究员法布里奇奥·邦迪尼：必须指出的是，许多莫高窟的洞窟壁画和雕塑，几乎都具有很强的现实主义特点。在欧洲，直到文艺复兴时期之后才开始出现类似的风格。

帝王图

安史之乱后，大唐王朝饱受内忧外患的困扰。内有藩镇割据，外有异族侵略，盛唐气象一去不返。北庭都护府被吐蕃、回鹘联手灭亡，敦煌以及新疆境内的安西都护府则孤悬西域，与中央音信隔绝。贞元二年（786年），吐蕃人乘机北上，攻克敦煌连同整个河西走廊，占据了从西域到陇右的大片土地，断绝了中原和西部的一切联系。

虽然吐蕃人也信奉佛教，也继续在莫高窟开窟造像，但他们却带来了汉族人难以忍受的奴隶制风俗。

公元848年，敦煌人张议潮经过多年秘密招募、训练义军，精心策划，在沙州率部起义，推翻了吐蕃贵族的统治，孤悬中原之外近百年的河西六郡十一州终于重回大唐版图。张议潮被朝廷册封为河西归义军节度使。

莫高窟第156窟中的《张议潮出行图》就取材于这段真实历史，留下了民族英雄张议潮凯旋之师的赫赫威仪。

壁画中，鼓角队、骑兵队、舞蹈队、乐队、旗手等两百余人簇拥着红袍白马的张议潮，出行队伍旌旗飘飘，鼓角阵阵，表现了张议潮凯旋之师的赫赫威仪。

对面的《宋国夫人出行图》展示的则是张议潮夫人和家眷的游乐场景。走在最前面的是歌舞杂技表演。画面中，一人头顶竹竿，

莫高窟第156窟　张议潮出行图

上面有四个小孩，做着各种惊险动作。紧随其后的乐队中，还能辨认出笙、笛子、腰鼓、拍板这些乐器，舞伎在乐队的伴奏下翩翩起舞，一派歌舞升平的大唐景象。

谈到莫高窟中的唐代塑像，美学家高尔泰说：

> 唐窟中最使我倾心的还是塑像，特别是205、194等几个洞子的塑像。同为佛教诸神，却又各有个性。阿难单纯质朴，迦叶饱经风霜，观音呢？圣洁而又仁慈。他们全都赤着脚，像是刚刚从风炙土灼的沙漠中走来。历尽千辛万苦，面对着来日大难，既没有畏惧，也没有抱怨，视未来如过去，不知不觉征服了苦难。

观察盛唐群像，宗教的威严和傲慢不见了，人间与天堂、俗人与圣人之间的距离感缩短了。人间的佛像让幽深的洞窟变得温暖而明亮。

被称为国宝窟的唐代第45窟是莫高窟人间佛教的旷世杰作。

这一铺七身塑像包括一佛、二弟子、二菩萨和二天王，都和真人同样大小，最能体现唐代佛教的人间气象。正中的释迦牟尼端坐八宝座上，袈裟随身垂落，使佛像在庄重肃穆中略带松弛自然。塑工用微耸的眉头，深沉的目光，豁达的神情，嶙峋的胸骨来体现大弟子迦叶的老成持稳。与之形成鲜明对照的是小弟子阿难，对这位处世甚浅的僧人，塑工在其低眉颔首之间，表现出他天性的平和与顺良；特别是双手相握、身体侧倚的动作，惟妙惟肖地表现出一位近侍佛陀的小僧人的亲昵可爱。

赵声良：过去我们感受到的是这些佛、菩萨、天王都是高高在上的神，可是到了唐朝，我们发现他们和普通人一样。塑工把生活当中真实可感的形象赋予了佛、菩萨、天王。这是中国佛教艺术的一个创新，表现的都是中国人的形象，都是中国的理想之美，印度传来的佛教艺术在这儿就成了中国式的佛教艺术。

一左一右两个胁侍菩萨被誉为“东方维纳斯”，她们肤如凝脂，衣饰华美，曼妙的“S”形身姿，将女性的妩媚表现到了极致，慈柔可亲的微笑让幽暗的洞窟有了温度，让人们完全忘了这是泥土做的神。

莫高窟第45窟西壁龛内北侧　胁侍菩萨　盛唐（吴健　摄）

莫高窟第45窟　塑像

赵声良：台湾有位舞蹈家谌琼华，第一次到第45窟就感动得眼泪哗哗地流。从那以后，她每年都要带学生来，看一下这尊胁侍菩萨。还有很多日本朋友，也是看到后感动得热泪盈眶。还有一个日本姑娘看完第45窟就站在门口流泪，我问她，你为什么这么伤心？她说，这尊菩萨太美了，我不知道以后还有没有机会再来看一眼。

很多人好奇，在印度、巴基斯坦看到的观音菩萨都是男性面孔，而在莫高窟唐代洞窟却变成了女性形象。其实，这是敦煌画工对印度来的菩萨进行的中国化改造。女性化菩萨的出现，标志着中国式佛教的起步。

从隋代起，敦煌画工就开始去掉了菩萨的胡须，让他的腰肢更柔软，体态更丰腴。到了唐代，飞天、菩萨都由不食人间烟火的天人变身为楚楚动人的宫娥舞女，敦煌石窟变成了婀娜多姿的女儿国。

张大千说："有不少女体菩萨，虽然明知是壁画，但仍让你怦然心动。"

他在敦煌临摹最多的是女性的菩萨。她们端庄优雅的人体美，与明清以来樱桃小口、弱不禁风的女性审美大相径庭。这让张大千后来的仕女画发生了巨大变化。

紧身衫、露脐裙、喇叭裤、单肩吊带、几乎透明的蕾丝纱衣，这些劲爆前卫的时装，令人不可思议地出现在一千年前的敦煌唐代菩萨身上！

唐代第57窟有一个动听的名字，叫"美人窟"。因为这个洞窟里画了很多美妙绝伦的女性菩萨。其中最动人的就是南壁《弥勒说法图》上的观世音菩萨像。她长眉细目，肤白唇红，目光下视，若有所思。菩萨上身半裸，肩披长巾，身佩璎珞，"S"形站姿显示出东方女性的娇柔和妩媚。那金光闪闪的宝冠和璎珞配饰，隐约凸出了画壁表面，让观音菩萨更加高贵华丽，光彩照人。这种画法古代叫作"沥粉堆金"。

菩萨的华丽服饰，也透射出唐代丝绸纺织业的高度发达。

赵声良：唐朝的丝织业、纺织业非常发达，我们从菩萨身上的服装就可以看出各种各样的丝织品，它的飘带还是透明的，它的上衣和长裙都是那么漂亮啊。我们知道菩萨有两重身份，一重身份是修行者，他应该穿得简朴。另一重身份是王子，是贵族，那么，普通的人往往把这个身份赋予菩萨，让菩萨穿上最华丽的服装。服装并不容易画，要表现不同的纺织品的质感，有的是薄得透明的，有的比较厚。这是唐代最典型的、最美的菩萨形象，充分反映了画家的创造力。

"菩萨如宫娃"。这美丽的观音菩萨，不再是印度佛经中的神，而是唐朝宫廷的美女。

微笑的菩萨像是世界上最美的艺术品，也是佛教中国化的完美体现。

莫高窟第57窟　菩萨

微笑的菩萨

微笑的佛陀

微笑的天王

菩萨在微笑。

佛陀在微笑。

弟子在微笑。

连本来凶神恶煞的天王也在微笑。

即使是面对死亡，也报之以永恒的微笑。

第158窟卧佛，是世界上最美的佛涅槃像，长达15.8米。在一片悲恸中，佛祖却一派安详。半闭的眼睛，仿佛进入了禅定的梦境；微微上翘的嘴角，隐含着神秘的微笑。这微笑传递出巨大的宁静，超越了时空，超越了死亡。

冯骥才：菩萨为什么要女性化呢？因为在中国人的心目中，女性是给予的，是一个母亲的形象，所以塑工就按照自己的想象去改造菩萨，把菩萨女性化。第二是把母亲变得很慈祥，很温和。所有菩萨里最美的就是观世音了，这是中国佛教再造的一个最典型的形象。在佛教世界里，人们选出了观世音，对观世音进行了一个极致的再造，这个再造是对中国人精神需求的再造，也是对中国人审美的再造。

敦煌伎乐天

仰望天空，众香国里最优美、最自由的就属飞天了。

飞天，也叫香音神。他们是佛国音乐舞蹈班子天龙八部里的一对夫妻——乾闼婆和紧那罗的化身。乾闼婆是男性神灵，不食酒肉只寻香气作为滋养，专为众神在宫殿里演奏美妙的音乐。紧那罗有男女之分。男性能歌，长一马头，似人非人；女性善舞，相貌端庄，与乾闼婆为夫妻。他们被佛教吸收为“天龙八部”之一，使命就是散花施香，吹拉弹唱，为庄严肃穆的佛国营造祥瑞欢乐的气氛。

中国音乐家协会原主席赵季平：敦煌留给我印象最深的，是壁画中的飞天。飞天的印象是第一位的，让我感觉到一种好像是梦想中的、梦幻世界中的那种东西。

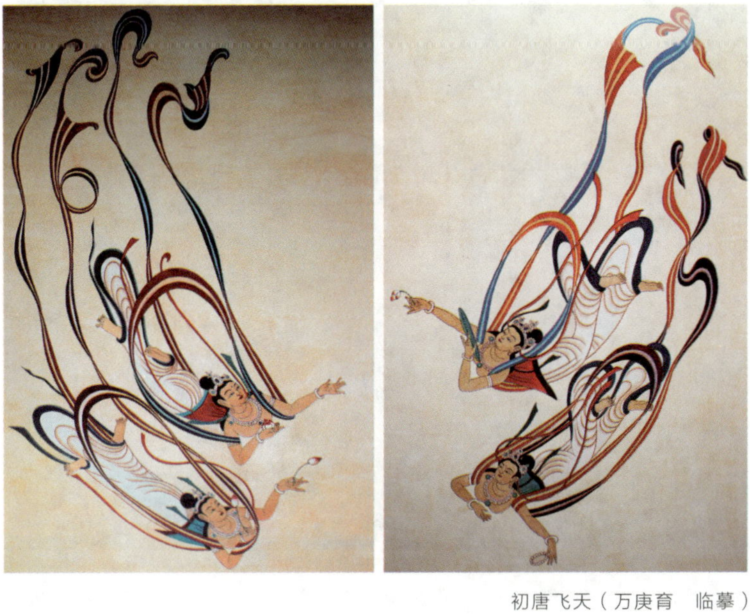

初唐飞天（万庚育　临摹）

飞天一词，最早见于《洛阳伽蓝记》："有金像辇，去地三尺，施宝盖，四面垂金铃七宝珠，飞天伎乐，望之云表。"

曾几何时，美丽的香音神飞出古印度，离开众香国，驾祥云游历大千世界，一路闻香散花飞到了敦煌，在大漠深处的石窟洞壁上翱翔千年，把最美的舞姿留在了中国。

莫高窟的492个洞窟中，有270个洞窟绘制了飞天，如果加上周围的姊妹窟——榆林窟和东、西千佛洞，敦煌壁画中的飞天总数接近6000身，为世界飞天之最。

飞天是敦煌石窟的灵魂，敦煌是飞天最后的归宿。

敦煌研究院研究员郑汝中：这种飞天现在在印度也看不见了，阿富汗也看不见了，巴基斯坦也没有了，就中国有这种飞天。它完全是按照中国的社会风情，甚至人物的造型来设计的。

基督教的天使、道教的羽人、佛教的飞天……几乎每一种宗教里都有天上的使者形象，他们在神的国度里自由飞翔，寄托着人类飞离现实的想象。敦煌飞天没有翅膀，画工用一条舒展飘逸的绸带就实现了飞天的梦想，颠覆了西方天使的传统形象。

原中央工艺美术学院院长常沙娜：在欧洲也有天使，但都是用那个翅膀来表现，这个太简陋了，翅膀太简易了。我们中国文化，用飘带这么一飘，空间一用，舞姿这么一表现，"飞天"就飞起来了。这个表现力太丰富了。

莫高窟第272窟　飞天莲花藻井　北凉

敦煌飞天不仅数量庞大，而且年代延续完整，姿态变化万千。它们从印度经过西域飞到敦煌，在一千多年的时间里慢慢融合演变，最后形成了中国化的造型。

每个时期的飞天都带有鲜明的时代特征，从中可以看出外来的香音神变身中国式飞天的完整轨迹。

初来乍到的飞天，并不是婀娜多姿的女性，而是粗短结实、略显笨重的男性。在莫高窟早期北凉石窟中的飞天，无论造型还是晕染画法都还处于对西域模式的照搬阶段。深目高鼻，披巾系裙，半裸赤足。尤其是经过时光侵蚀变色后，更显粗犷、稚拙，带有明显的印度和西域人物的特点。

莫高窟第428窟　飞天　北周

莫高窟第285窟　裸体飞天　西魏

赵声良：中国的艺术家把飞天塑造成了一种中国式的神仙，这一点我们在印度很少看到。印度的飞天都画得身体很强壮，给人一种好像飞不起来，会跌下来的感觉。另外，在印度教中，因为这个民族的特点，所以在很多印度雕刻当中，我们会发现有些裸体的飞天。

儒家文化不提倡裸体，到了敦煌，画工们结合中国的飞仙形象，给他们穿上了衣服。西魏时期，莫高窟出现了一批新面孔，体现出“褒衣博带”和“秀骨清像”的特征。这时飞天的身姿也变得清瘦飘逸了，中西融合的意味变浓了。

莫高窟北周和隋代洞窟一扫早期的冷峻凝重，飞天形象完全摆脱了西域风格的影响，而以中原女性的形象取而代之。

到了大唐盛世，敦煌飞天迎来了它的黄金时期。飞天们由不食人间烟火的天人变身为楚楚动人的宫娥舞女，画风热烈而绚丽。画工们完全打开了美的想象，甚至出现了六臂飞天的奇思妙想，飞天形象的创意和表现达到了炉火纯青的地步。

初唐329窟东壁门上的飞天姿势奇特，两臂笔直合拢，埋首俯

莫高窟第320窟　四身飞天

冲向前，一腿直伸，一腿回缩，仿佛不是投身向佛，而是欢愉地畅游大海，周围的彩云如浪花飞溅。

盛唐320窟南壁的四身飞天是唐代飞天的代表作。她们相对盘旋在阿弥陀佛宝盖的上方，相互追逐，顾盼生姿，双手扬起，花雨缤纷，像凡间的四个花季少女在空中嬉戏。

莫高窟就像一场连续上演了一千多年，至今都没有谢幕的歌舞盛宴。

敦煌壁画上还有舞蹈者和演奏者3400多身，乐队达500个，各色乐器6000多件。这个数量可以组成世界上最大的歌舞剧团和交响乐团。中国古代把歌舞百戏中的艺人统称为伎，唱歌的是歌伎，跳舞的是舞伎，奏乐的是乐伎。在佛国世界里，飞天和其他从事音乐舞蹈表演的形象都称为伎乐天。

赵声良：伎乐天是一个特别的概念。“天”是佛教当中一个特殊的阶层，比菩萨的地位要低一点。佛教讲诸天、天人，这些天人实际上是佛或者菩萨的侍从，他们可以在天上自由地飞翔，来来回回地飞。所以伎乐天是指佛教世界的这一类天人。

虽然是佛国乐伎，却手持人间的乐器，脚踏世俗的舞步。壁画上千姿百态的舞蹈里，竟然可以找到千年来中原和西域流行过的所有舞蹈样式。无论是鼓舞、巾舞、琵琶舞、胡旋舞，还是祭祀舞、拟兽舞、剑器舞，应有尽有。至于吹拉弹打各色乐器，更是数不胜数。

1978年，甘肃省歌舞团舞蹈演员贺燕云和同事们在莫高窟观摩壁画。当贺燕云的目光与第112窟壁画“反弹琵琶伎乐天”相遇的一刹那，她蓦然意识到，这就是他们一直在寻找的舞蹈形象。

北京舞蹈学院教授贺燕云：我最关注的，或者说最吸引我的，那肯定就是一些有关舞蹈动态的东西，可恰恰在敦煌壁画中，舞蹈动态的东西非常非常多。我那个时候才二十来岁吧，看到这些壁画，就认为这是一个非常美丽的艺术世界，是我们在现实生活当中看不到的。

这幅壁画绘于中唐时期，画面上的舞伎把琵琶放在脑后反手弹拨，同时做着高难度的舞蹈动作。这个匪夷所思的造型让舞蹈演员们惊叹不已。

最让人惊叹的是画家对舞姿的造型之准。舞蹈家们一眼就认定，这个画工对现实生活中的舞者观察得极为细致，从头、颈、肩，腰，臀，腿……细腻到感觉舞者的末梢部位都有动作。舞者全身的曲线与舞蹈的动势紧紧相随，反弹琵琶的双臂，大幅度前倾的身体，紧紧吸附在腹部的单腿，顺力往后推送的胯部，画工对这些动态的想象力和处理堪称完美。

中国艺术研究院研究员王克芬：反弹琵琶的那个舞伎很费劲，你看她的大脚指头翘得好高，好像全身的力气都使在那个趾头上了。

高金荣：她的细腻就是表现在她的末梢都有动作。手里拿着琵琶，是在后边反弹的姿势，身体大幅度地前倾，腿吸在最前面，胯往后推。为什么要往后推胯？这是一个舞蹈平衡动作，说明这个画家很懂舞蹈。

后来，这个反弹琵琶雕塑成了敦煌市的城标。

第112窟壁画上绘有39个舞伎和乐伎，个个形象丰满，刻画生动，是莫高窟描绘音乐舞蹈场面最丰富的一个洞窟，被推崇为莫高窟中的音乐窟。尤其是其中的反弹琵琶造型，史料没有记载，后世也没有传承，可谓“前无古人，后无来者”。难道这是唐代画工凭空想象出来的吗？

凉州七里十万家，胡人半解弹琵琶。（唐　岑参《凉州馆中与诸判官夜集》）

葡萄美酒夜光杯，欲饮琵琶马上催。（唐　王翰《凉州词二首》）

唐人的边塞诗反复提到琵琶，可见这种来自西域的乐器传入中原已经很久。唐朝时期，西域乐舞盛极一时，琵琶成了音乐的象征。

琵琶也是敦煌壁画中出现最多的乐器。郑汝中先生统计，莫高窟壁画中不同款式的琵琶有700多把，堪称中世纪琵琶博物馆。

郑汝中绘制过一幅《敦煌壁画琵琶形态图》，收录了敦煌壁画

莫高窟第112窟　反弹琵琶伎乐天

中全部琵琶样式，基本囊括了一千多年里中国琵琶所有流传的形态。

历史上最擅长歌舞、精通音律的皇帝唐玄宗李隆基，是著名乐舞《霓裳羽衣曲》的原创者，他尤其喜欢西域少数民族的胡舞。

“安史之乱”祸首安禄山就是因为擅长跳胡旋舞而备受恩宠。

“胡旋”是唐代流行的一种民族舞蹈，因西域康国献胡旋女而传入中原。唐《通典》记载：“舞急转如风，俗谓之胡旋。”

赵声良：唐朝音乐非常发达，根据历史记载，当时唐朝的宫廷音乐分作十部伎，包括《清商伎》《西凉伎》《高丽伎》《天竺伎》《安国伎》《龟兹伎》《康国伎》《疏勒伎》《燕乐》《高昌伎》。它吸收了很多西域的音乐舞蹈文化，什么西凉乐啊，龟兹乐啊，这都是从西域传过来的。

不光安禄山，三千宠爱在一身的杨玉环也擅长跳胡旋舞。上有所好，下必甚焉，胡旋舞在盛唐时期迅速风靡。

可是，“渔阳鼙鼓动地来，惊破霓裳羽衣曲”。从此，李唐王朝因这场风花雪月的事由盛而衰，胡旋舞也因背上了“胡夷之声乱华”的罪名淡出了历史舞台。

但在远离长安的西北腹地，敦煌的画师们却将唐代宫廷舞蹈场

面永远留在了莫高窟洞壁上。曾经盛极一时的胡旋舞在这里延续着昔日的风光。

第220窟北壁这幅《药师经变图》，以中间的灯楼为界，各有一对舞者。东侧舞者素裹白裙，西侧舞者身着戎装，她们在小圆毯上急速旋转，这就是从西域传来的胡旋舞。

白居易笔下“人间物类无可比”的胡旋舞，就这样永远留在了莫高窟的洞壁上。

五代61窟，是敦煌河西归义军节度使曹元忠及夫人开凿的功德窟。此窟又称“文殊堂”，主要供奉文殊菩萨。文殊菩萨的道场在山西五台山。西壁整面墙上出现了一幅巨大的《五台山图》，壁画长13.4米，高3.4米，全景式呈现了从河北正定到山西太原府方圆五百里内的城垣、建筑、交通、山水、佛寺，有大小建筑物100多处，榜题195条。僧侣、贵族、商人、樵夫、衙吏、走卒等不同身份的人行走其间，很多地标都和今天的地理位置吻合，就像一张现代航

莫高窟第220窟　舞乐图

莫高窟第61窟　五台山图局部

拍图。

1937年，梁思成、林徽因夫妇根据这幅《五台山图》按图索骥，在五台山找到了国内仅存的唐代木构建筑——大佛光寺。

在党项人统治的西夏时期，莫高窟和榆林窟的香火仍在继续。

已故敦煌研究院研究员彭金章先生曾在莫高窟北区发掘出了西夏文献《地藏菩萨本愿经》的活字印刷版，为世界孤本。还有活字印刷的《竺密咒要语》十多页、西夏文和中文的双语字典《番汉合时掌中珠》，也是世界孤本。

成吉思汗的铁骑横扫亚欧大陆后，蒙古人带着他们的密宗文化进入了莫高窟。这时候，莫高窟开凿已进入尾声。但元代依然给敦煌留下了最后的辉煌。

莫高窟第3窟的这幅千手千眼观音不足两平方米，却惊艳了全世界。

满壁遒劲有力又畅如流水的线条，勾勒出一双双姿态各异、表情丰富的手，或轻抚，或拈物，或舞动，中国传统人物画的铁线描、折芦描、兰叶描、行云流水描等技法被画工们运用得出神入化、酣畅淋漓。

1996年，冯骥才先生久久流连在莫高窟第3窟，对敦煌无名大师的创造感佩不已。

莫高窟第3窟　千手千眼观音

悠扬的驼铃声渐渐地冷落下去了。明嘉靖三年（1524年），嘉峪关城楼正式关闭，敦煌连同整个疏勒河流域都被遗弃在关外，喧嚣了一千多年的丝绸之路终于曲终人散，人走茶凉。莫高窟被流沙掩埋，任其凋敝。

已故中国社会科学院文学研究所研究员杨镰生前接受我们采访时曾说：

明代可能是国家力量或者是重心偏向东南了，所以就不太顾及西北了，认为只要你别给我添麻烦就行了，我有东南的富庶之区就行了。明朝那些政治家和军事家，没有汉朝的张骞他们那样的进取精神。汉唐时代的政治家们总是不满足于现有的，总是去寻找新的地平线，所以张骞他们才沿着丝绸之路一步一步向西走，而且不停地引进西方的文明。一个民族的进取心是非常重要的。

明朝放弃嘉峪关外之地后，数百年中，只有游牧部落在敦煌一带活动。敦煌由一个先进的农业社会一下子退回了游牧社会，当地甚至连认识汉字的人都找不到，曾经高度发达的汉唐文化在这里彻底衰落了。

敦煌的兴衰告诉我们，当一个民族敞开胸怀，主动与世界上其他民族展开平等交流、吸收借鉴人类一切优秀文明成果时，自身也会得到丰富和发展；如果高筑墙，拒绝与外界交流，它就会失去活力，走向衰败。

冯骥才：我太喜欢这个洞窟了，洞窟里的绘画水准太高了！第一次让我感到了古代铁线描的功力的，就是画的这个肌肉有弹性的观音。敦煌能留下名字的画师非常少，那时候不能题名。你比如说唐代的周昉、吴道子，他们也画壁画，但是按传统也是不能题款的。石小玉是因为自己偷偷写了下来，才把名字留下来了。敦煌画工里画得最好的人，应该跟吴道子、周昉他们是一个级别的画家，他们的水平很高。

震惊世界的大发现

富有讽刺意味的是，几百年过后，中原王朝在大西北关闭的国门，又被西方人从东南沿海打开了！这回，他们没有带玛瑙香料，他们带的是坚船利炮。

20世纪初，敦煌莫高窟也终于有外国人光顾了。但这回，他们不是来采购丝绸的，而是来掠夺文物的。

1900年7月12日，清光绪二十六年六月十六日，莫高窟住持道士王圆箓像往常一样，在16窟甬道里清理积沙。这一天，阳光甚好，照在清理完沙子的甬道墙壁上。可能是突然失去了压力，墙上出现了几道若隐若现的缝隙。王道士轻轻一敲，发现里面是空的。他用锄头挖开，眼前赫然出现了一间密室！

在写给慈禧太后的信中，王道士这样描述了那一刻：

莫高窟第17窟　藏经洞

忽有天炮响震，忽然山裂一缝，贫道同工人用锄挖之，欣闪出佛洞一所，内藏古经万卷。

20世纪初的西域考古热，让沉寂多年的丝绸古道热闹了起来。随着敦煌藏经洞卷子的向外流散，嗅觉灵敏的外国探险家闻风而动了。

1907年，在新疆探宝的英国探险家马尔克·奥莱尔·斯坦因偶尔得知：敦煌千佛洞有一个密洞，藏着一洞子经卷和绢画。于是他赶紧放下在新疆的考察，马不停蹄地往敦煌跑。

但密洞的钥匙挂在王道士身上，就是不肯轻易打开。斯坦因发现这是一个不好对付的人。

王道士告诉斯坦因，发现藏经洞后，他逐级上报了敦煌知县、酒泉道台、甘肃学政，要求拨款保护，甚至直接给慈禧太后写信，但都无人回应。

斯坦因从这些絮叨中，摸准了王道士的脉。他投其所好，说自己是追慕玄奘大师的足迹来到这里的，他要出一笔钱把玄奘取来的真经带回天竺。这招果然很灵，王道士为他打开了藏经洞的小门。

眼前真的是满满一洞子佛经、文书、绢画，都是公元4世纪到11世纪的罕见写本，可谓包罗万象，卷帙浩繁。这些文献上起东汉，历经三国、两晋、北魏、西魏、隋、唐、五代、北宋等朝代，横跨时空700年，包罗学科数十种，内容涉及政治、经济、军事、交通、水利、地理、历法、医学、数学、纺织、酿造、契约、账簿、户籍等，除汉文以外，还用突厥文、吐蕃文、回鹘文、西夏文、粟特文、梵文、吐火罗文、希伯来文等多种古代民族文字抄写、印刷。姜亮夫先生说，全部中国文化都在敦煌的卷子中表现出来了。

斯坦因看得眼花缭乱，目眩神迷。他说：

我的上帝！这是一个能使阿里巴巴和四十大盗共同疯狂的神奇宝窟。就分量和保存之完好而言，我以前所有的发现，无一能同此相比。

王圆箓（斯坦因摄于1907年）

英国探险家斯坦因和他的中国探险护照

藏经洞外斯坦因挑选出来的卷子

最终，斯坦因以4锭马蹄银，也就是200两银子的白菜价，买走了13000多件经卷和绢画，整整装了29个大箱子。

1908年3月3日，法国中亚考察队队长保罗·伯希和穿越罗布泊沙漠来到敦煌，凭着一口流利的汉语，他赢得了王道士的好感。

伯希和看到的王道士是一个身材矮小、穿着道袍的老汉，头上戴着一顶道冠，下巴上留着小胡子，笑容可掬，模样谦恭。他告诉伯希和，是神灵托梦给他，让他找到了藏经洞。并说前面的斯坦因是通过付钱，买走了一些写本。

伯希和读懂了王道士的言下之意——“我听明白了他的意思，暗自思忖用什么手段对付他。”伯希和在日记中用了“手段”这个词。当然，这个手段就是能使鬼推磨的钱。

1908年3月3日，伯希和用钱换到了藏经洞的钥匙，也换到可在洞内阅读卷子的优惠待遇——“3月3日，忏悔礼拜二这天，我进入了神圣之所，我惊呆了！”

伯希和是法国著名汉学家沙畹的门生，精通古汉语的他以每天翻看一千个卷子的速度，检索了藏经洞剩下的全部遗存，他挑选到了斯坦因遗漏的大量社会文书，都是敦煌藏经洞的精品！

他在日记中写道：

法国探险家保罗·伯希和在藏经洞内挑选卷子

> 我简直被惊呆了。自从人们从这一藏经洞中淘金的8年来，我曾认为该洞中的藏经已大大减少。当我置身于一个在各个方向都只有2.5米、两侧均布满了一人多高、两层和有时是三层厚的卷子的龛中时，您可以想象我的惊讶。前10天，我每天要拆开近1000捆卷子，这应该是创下一种记录了：每小时打开100卷，跪在一个小龛中，用赛车一样的速度工作。然而，我仍不认为忽略掉了任何最重要的东西，不仅仅对于一份卷子如此，而且对于一页破烂纸也如此，上帝才知道这堆破纸片中是否会有什么东西。只要它们未经过我的手，我就不能排除有我需要的东西的可能性。

伯希和的助手路易·瓦登曾回忆说：“他的外套里塞满了他喜欢的手稿，容光焕发，喜气洋洋。”

一旁的摄影师查尔斯·努艾特按下了快门，留下了这张唯一的藏经洞原貌照片。

伯希和还给莫高窟所有的洞窟编了号、拍了照片，让他着迷的还有阅读莫高窟洞窟墙壁和石碑上的文字。伯希和的笔记中抄录了各个洞窟的僧侣和施主的名字。

他在写给埃米尔·塞纳尔的信中说：

我认为，如果题记中提到的人物足够有名，我们就可以由此精确地推断出壁画的年代。其中一个洞窟的主要出资人是一个叫作议金（姓氏已丢失）的人，此人当过统辖敦煌、哈密、吐鲁番、金满和楼兰的地方首领。通过对比该洞窟的文字，可以确定这个人就是曹议金，一个在中国历史上建立过地方政权的人物。

最后，伯希和用500两银子换走了7000卷文书和200多幅绢画。

第二年，在确认敦煌文物都已安全运回巴黎后，伯希和在北京六国饭店发布了他的敦煌探险成果，并大大方方地向王国维、罗振玉等中国学者出示了几十件敦煌卷子。当京城的学者们第一次被敦煌文献惊得目瞪口呆时，5万多件藏经洞文物只剩下不足1万件了。

在罗振玉等学者的呼吁下，清政府电令陕甘总督将藏经洞所余8000卷写本收购运到北京。然而，运送经卷的车队一路东行，写本一路流散。最终京师图书馆接收时，仅剩六七千卷了。

敦煌劫余文献全部被清政府收缴，按说王道士不可能再有卷子拿出来了吧？其实不然。

清末最后一支，也是民国初年第一支来敦煌的外国考察队，是日本大谷光瑞组织的中亚考察队。1910年8月，大谷光瑞先派弟子橘瑞超前往中国新疆，进行第三次中亚考察。由于长时间听不到橘瑞超的消息，第二年又派另一名弟子吉川小一郎去中国西北接应橘瑞超。

1911年10月10日，武昌起义爆发，清王朝行将覆灭。就在这一天，吉川小一郎第一次前往莫高窟，成为最早看到莫高窟的日本人。

日本探险家吉川小一郎

日本探险家橘瑞超

后来橘瑞超也赶来敦煌会合，日本人最后从王圆箓那里得到的卷子共计369个，本应付款300两，最后却要赖只给了王圆箓150两银子。

1914年3月24日，王道士的老朋友斯坦因又一次来到敦煌。刚被日本人坑了的王道士满心欢喜地欢迎斯坦因的再次光临。

王道士告诉斯坦因，真后悔当年没让斯大人把所有卷子拿走。后来北京派人来把剩下的卷子全部运走了。学部给甘肃拨了6000两白银，但是他们只给我们给了200两，钱都进了官员的腰包。

1914年4月3日，王圆箓让斯坦因进入他已当作贮藏室的莫高窟第342窟，看了藏匿在里面的两箱子经卷，总数多达50个捆子。斯坦因看出，这些写本都是伯希和挑剩下的佛经，但尽管如此，这些卷子还是值得购买的，因为藏经洞文物已接近枯竭了。

斯坦因又和王圆箓讨价还价。经验丰富的王道士毫不让步，咬定卷子售价是1907年的4倍，最终的结果是斯坦因用500两银子买下570个卷子。

斯坦因离开敦煌时心里还在嘀咕：即使到了现在，被王道士隐藏起来的卷子究竟是不是空了还是一个疑问。

斯坦因的怀疑是有道理的。仅仅过了几个月，王圆箓又从他的

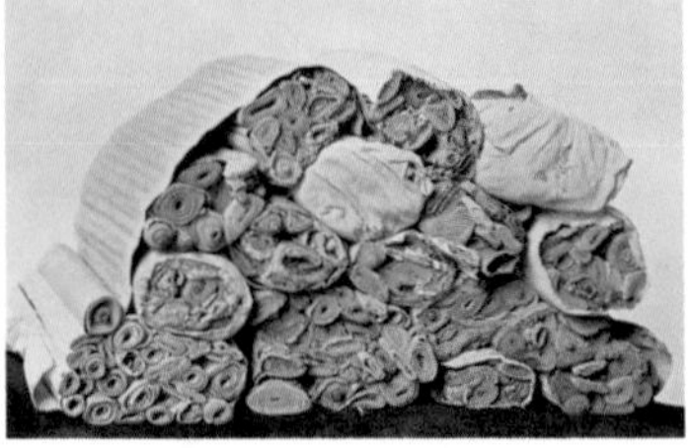

斯坦因准备带走的卷子

窖藏里拿出不少经卷，卖给了俄国人。

鄂登堡是国际中亚考察协会俄国委员会的负责人。他策划、组织了俄国的一系列中亚考察，并亲自领导了两次俄国考察队。第一次在中国新疆的焉耆、吐鲁番、库车等地考察；第二次的主要目标是敦煌莫高窟。

从1914年8月起，在将近5个多月的时间里，鄂登堡考察队驻扎在莫高窟，对遗址进行了综合性考察和研究。

鄂登堡来得实在是太晚了。藏经洞已空空如也，王道士也没多少“余粮”了。但他们却也没空着手回去。

鄂登堡考察队对莫高窟进行了地毯式挖掘，从积沙中发现了大量写经残卷、绢画、布画、纸画、织物等，加上从王圆箓那里购得的一批藏经洞写本，鄂登堡考察队搜集的敦煌文献竟达10000多

1915年，俄鄂登堡考察队在敦煌莫高窟

件，其中比较完整的写经有将近200件，其余的都是残片。还包括59件绢画、78件麻布画和画幡、24件纸画等。俄藏敦煌文物达到19000多编号。

目前，敦煌藏经洞文物散布在全世界13个国家和地区的80多家博物馆、图书馆。除中国大陆及台湾外，主要分布在以下国家的收藏机构：

印度：

新德里国立图书馆

英国：

大英博物馆

英国国家图书馆

伦敦印度事务部图书馆

伦敦维多利亚博物馆

法国：

法国国家图书馆

吉美亚洲艺术博物馆

丹麦：

哥本哈根皇家图书馆

德国：

德国国家图书馆

柏林印度艺术博物馆

慕尼黑巴伐利亚州立图书馆

慕尼黑人种学博物馆

不来梅海外博物馆

瑞典：

斯德哥尔摩国立人种学博物馆

芬兰：

赫尔辛基大学图书馆

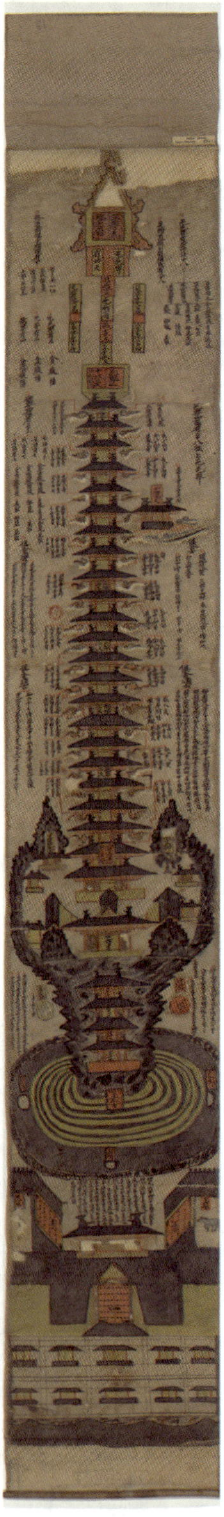

法藏敦煌藏经洞绢画 P.2824 三地九界塔

大英博物馆藏敦煌藏经洞绢画　树下说法图

土耳其：

伊斯坦布尔大学图书馆

俄罗斯：

俄罗斯科学院东方学研究所圣彼得堡分所

圣彼得堡艾尔米塔什博物馆

美国：

哈佛大学赛克勒博物馆

华盛顿美国国会图书馆

华盛顿弗利尔美术馆

普林斯顿大学葛斯德图书馆

芝加哥大学图书馆

波士顿图书馆

日本：

东京国立博物馆东洋馆

东京中村书道博物馆

东京三井纪念美术馆

流散海外的敦煌绢画

大英博物馆藏敦煌藏经洞刺绣　释迦牟尼灵鹫山说法图（一说为凉州瑞像图）

东京国会图书馆

东京静嘉堂文库

东京东洋文库

京都国立博物馆

京都龙谷大学图书馆

京都藤井有邻馆

奈良宁乐美术馆

奈良唐招提寺

神户白鹤美术馆

福冈九州大学文学部

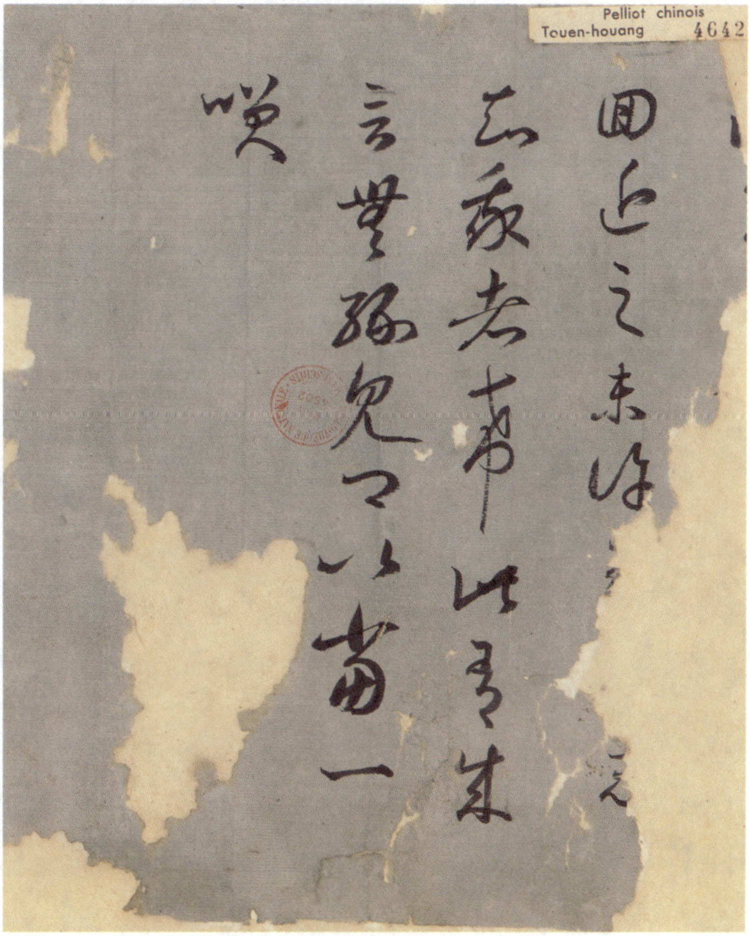

法藏敦煌藏经洞文献 P.4642　王羲之十七帖敦煌临本

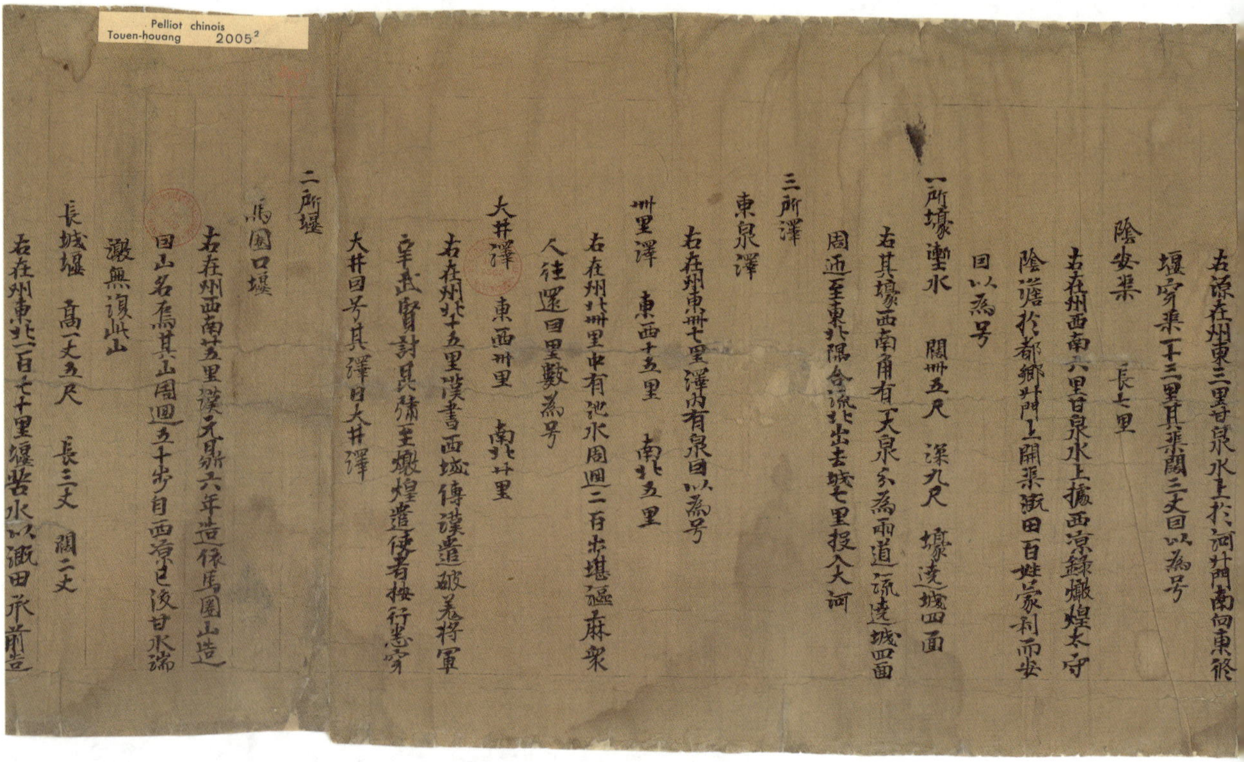

右源在州東三里甘泉水上於河北門南向東終
堰穿渠一十三里其渠闊三丈因以為号
陰安渠　長七里
右在州西南六里甘泉水上據西涼録燉煌太守
陰澹於都鄉北門上開渠溉田百姓蒙利而安
因以為号
一所壕塹水　闊卅五尺　深九尺　壕遶城四面
右其壕西南角有一天泉分為兩道一流遶城四面
周迊至東北隅合流北出去城七里投入大河
三所澤
東泉澤
右在州東卅七里澤內有泉因以為号
卌里澤　東西十五里　南北五里
右在州北卌里中有池水周迴二百步堪漚麻衆
人往還因里數為号
大井澤　東西卅里　南北廿里
右在州北十五里漢書西域傳漢遣破羌將軍
辛武賢討昆彌至燉煌遣使者按行悉穿
大井因号其澤曰大井澤
二所堰
馬圈口堰
右在州西南廿五里漢元鼎六年造依馬圈山造
因山名焉其山周迴五十步自西涼已後甘水端
激無復此山
長城堰　高一丈五尺　長三丈　闊二丈
右在州東北一百七十里堰苦水以溉田承前造

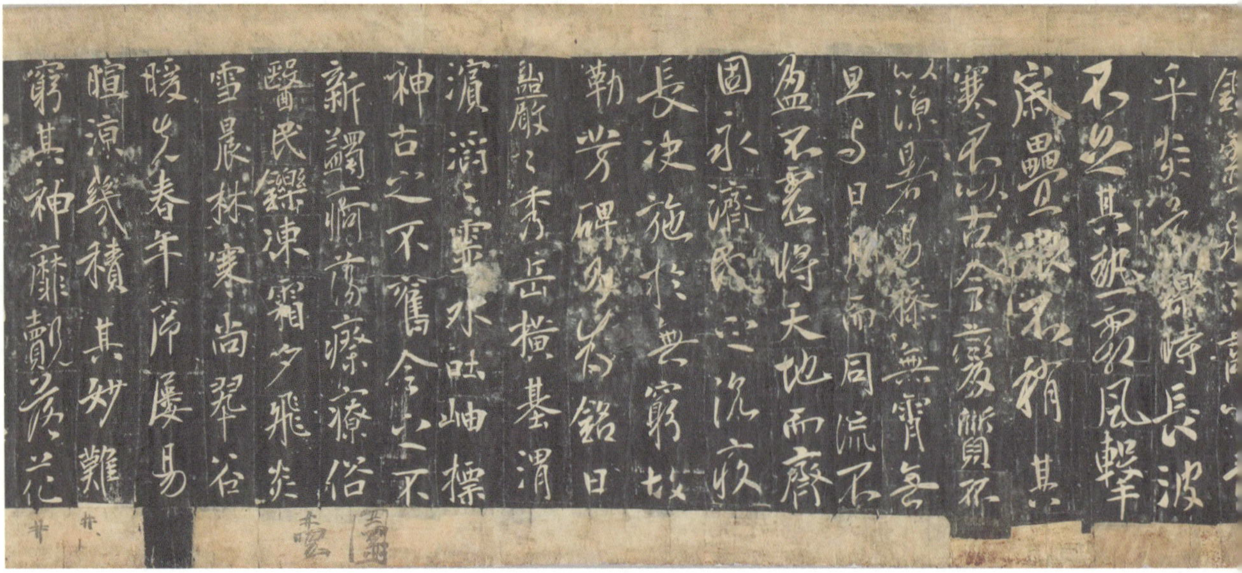

平[illegible]峙長波
不[illegible]其[illegible]乘風輕
歳豐[illegible]不[illegible]其
寒不以古今變質不
以涼暑易操無宵無
晝與日用而同流不
盈不虛將天地而齊
固永濟民之沉疾
長決施於無窮故
勒芳碑以為銘曰
巖巖秀岳橫基渭
濱湛湛靈水吐岫標
神古之不舊今之不
新蠲疴蕩瘵療俗
醫民鑠凍霜夕飛炎
雪晨林寒尚翠谷
暖先春年節屢易
暄涼幾積其妙難
窮其神靡覿茂花

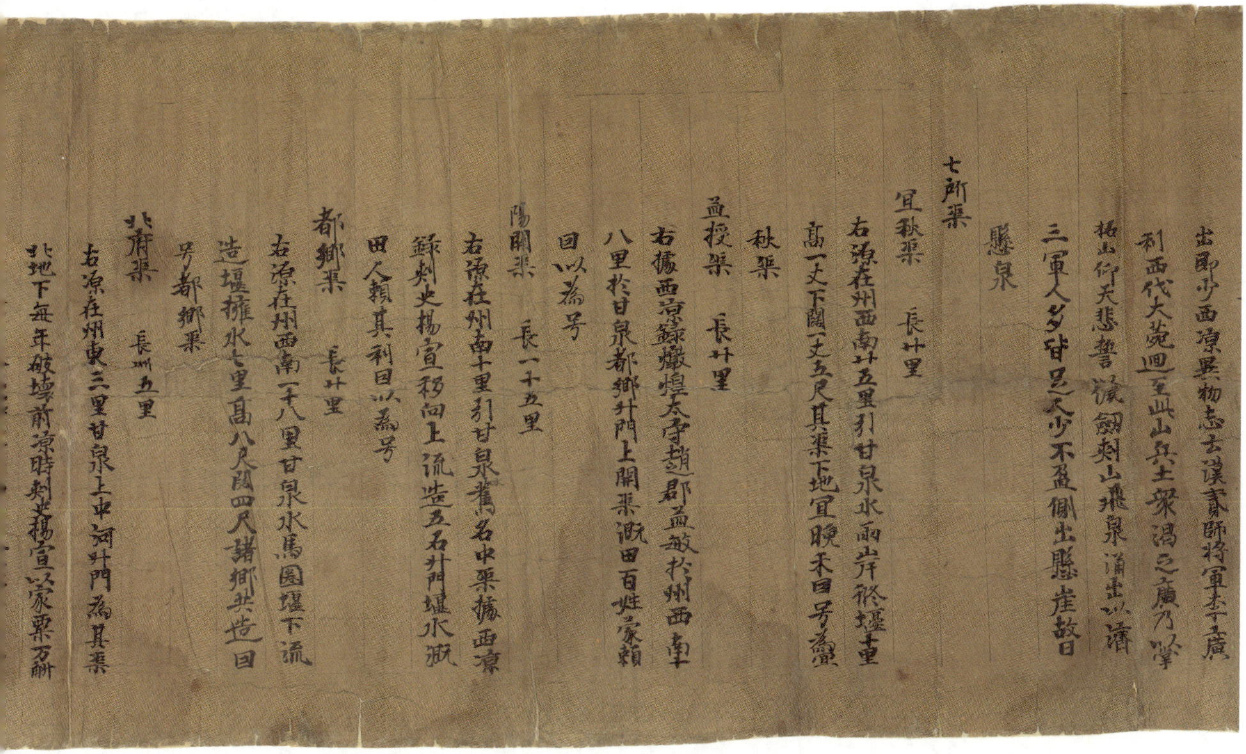

法藏敦煌藏经洞文书 P.2005 《沙州都督府图经》局部

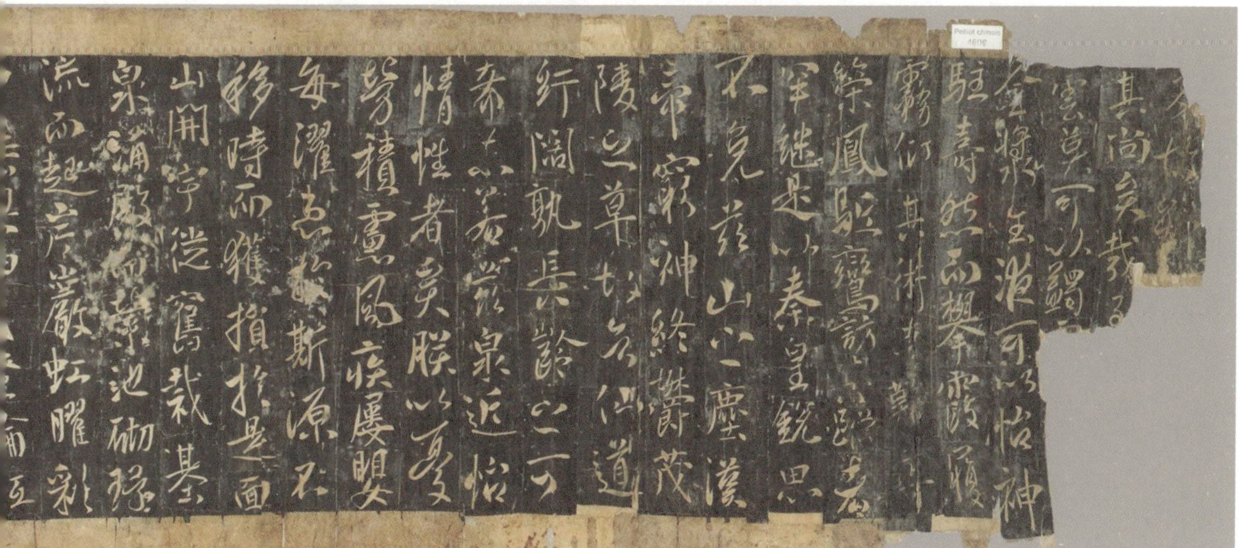

法藏敦煌藏经洞文献 P.4508　唐太宗李世民书《醴泉铭》敦煌拓本

韩国：

韩国国立中央图书馆

这场中国文化史上的空前浩劫，令陈寅恪扼腕叹息："敦煌者，吾国学术之伤心史也！"

敦煌藏经洞是人类文化的又一座宝库。它开启了几个世纪的社会生活和千头万绪的文明线索。这些遗产展示了除中国古代文明以外的中亚文明、印度文明、希腊文明，是世界多种文化、多种文明交汇的宝库。研究敦煌文献，就跟整个世界文明联系起来并丰富了它的内容。由此，一门世界性的新学科诞生了，这就是敦煌学。它一经创立就风靡世界，成为世界上唯一以石窟命名的国际显学。

荣新江：从敦煌藏经洞出土的材料我们也可以看出，我们现在研究的大部分是汉文，其实藏文文献比汉文文献也少不了多少，只不过是我们研究的人少，给人感觉好像敦煌学都是汉文的东西。这些文献还有粟特文的，即中亚的粟特民族；有和田文的，就是今天新疆的和田；有回鹘文的，甘州回鹘、西州回鹘，也就是现在裕固族和维吾尔族。所以说，各民族都在这里留下了他们的遗迹和他们的贡献。

应该说，敦煌文化是从4世纪到14世纪古代敦煌地区的居民创造的，在那1000多年的漫长岁月中，在敦煌地区生活的各个阶层、各种职业、各个民族、各个国家的各色人等，都参与了敦煌文化的创造。

荣新江：为什么中国其他地方没留下莫高窟？没留下藏经洞？而且我们也可以看到龙门、云冈或者巩县石窟，它们显得很单一。而在敦煌，我们就可以看到非常丰富多彩的各种民族文化汇聚的一个宝藏。所以我们说，各个民族，包括中亚、西亚的民族，他们对于敦煌的贡献都是非常大的。

在中古时期人类历史发展的若干个黄金时代，敦煌幸运地处在几大文明大交流、大碰撞的咽喉要道。各种文化交流碰撞的结果诞生了世界上独一无二的敦煌文化。它是中华民族的优秀文化遗产，也是全人类共有的精神财富。

敦煌的守护神

1925年，伯希和把他在敦煌莫高窟拍摄的洞窟壁画结集成册，出版了六卷本的《敦煌石窟图录》。10年后，在巴黎塞纳河畔的小书摊上，一位远渡重洋学习美术的中国青年画家看到了这本画册。300多张从未见过的敦煌石窟壁画和雕塑图片让他大吃一惊。

他就是常书鸿，巴黎高等美术学校的高才生，新古典主义大师劳朗斯的高徒，刚刚在巴黎画坛崭露头角的新秀。

接着，常书鸿又来到巴黎吉美博物馆，看到了正在展出的伯希和从敦煌带来的唐、五代时期的大幅绢画真迹。精通中外美术史的他又一次被深深地震撼了。他在回忆录《九十春秋》里记录了那个瞬间：

莫高窟第196窟　劳度叉斗圣变

我来到吉美博物馆，那里展览着伯希和从敦煌盗来的大量的唐代大幅绢画。有一幅是7世纪敦煌佛教信徒捐献给敦煌寺院的《父母恩重经》，时代早于文艺复兴时期意大利佛罗伦萨画派先驱乔托700年。这一事实使我看到，拿远古的西洋文艺与我们敦煌石窟里的艺术相比较，无论在时代上或艺术表现技法上，敦煌艺术更显出隽永先进的艺术水平，这让当时的我感到真是不可思议的奇迹。

冯骥才：我到法国去的时候住的地方就是塞纳河边，塞纳河边就是卢森堡公园，常书鸿当年就是在卢森堡公园门口的一个旧书摊上看见伯希和的《敦煌石窟图录》的。那个长长的二三百米长的河边上全是旧书摊，已经过了一百年还是二百年我不知道，反正直到现在还是这样。我在那儿站了很长时间。我想当年常书鸿，一个年轻的画家，他对于国家的艺术遇到危难时的那种情感，当时使我有一个很强烈的感受。我想到的不仅是藏经洞的事件，我想到的是中国知识分子对自己文化的保护。那是中国历史上知识分子第一次集体保卫自己的文化。从向达、王国维，到后来的张大千、常书鸿，他们做的事情很伟大，有大情怀。

艺术直觉告诉常书鸿，这是中国绘画的杰作，世界美术的珍品。自己何苦要舍近求远呢？于是他决定放弃巴黎的优越生活，回到风雨飘摇的祖国，去寻找诞生这些杰作的莫高窟。

面对等待他的巴黎艺术名流的生活，需要多大的勇气和痴迷，才能做出这样的决定啊！

许多年后，冯骥才先生来到巴黎塞纳河畔，找到当年常书鸿路经的小书摊，内心感慨万千。

历史的剧情充满了巧合：伯希和把敦煌藏经洞文献带到了巴黎，而这些远离故土的惊世文献又给敦煌送来了一位守护神。

1941年10月，时任国民政府监察院长的于右任先生到敦煌视察，他和正在莫高窟临摹壁画的张大千彻夜深谈。根据张大千的建议，于右任向国民政府提交设立敦煌艺术学院的建议案，很快获得批准，名称改为“国立敦煌艺术研究所”，隶属教育部管辖。

梁思成第一时间得知了这个消息，向于右任力荐常书鸿担任所长。

1943年，常书鸿终于从战火纷飞的重庆来到了沙漠中的敦煌。到达莫高窟的第一顿饭给女儿常沙娜留下了难忘的印象。

常沙娜：第一顿饭吃的是什么呢？是一碗面。那个面不是长面，是切的短面，桌子中间是一碗醋，一碗大块盐，然后什么都没有了。我说菜呢？但是我爸爸说这里没有菜。后来到了春天，大家吃得最好的就是榆钱，把那个榆钱弄下来，拌点面然后蒸一下，那是最好吃的东西了。

张大千离开敦煌时，曾意味深长地对常书鸿说：我的工作结束了，你却要一辈子守下去，这可是个“无期徒刑”啊！

常书鸿说：我来敦煌就没打算回去。

20世纪40年代，常书鸿和国立敦煌艺术研究所员工在宕泉河砸冰取水

樊锦诗：应该说常书鸿先生来的时候，这个莫高窟已经停止开窟500年。在这么长时间没人管以后，莫高窟变得很破烂，门也没有了，窗也没有了，栈道也没有了，台阶、楼梯都没有了。面对这么个废墟，他不走。

1944年1月，国立敦煌艺术研究所正式成立，常书鸿任所长。他从内地美术院校招募了一批年轻画家来到莫高窟临摹研究。他们中有邵芳、董希文、张琳英、周绍淼、乌密风、龚祥礼、李浴、潘絜兹、苏莹辉等后来的美术名家，还有一直跟在父亲身边学画的16岁美少女常沙娜。

可惜好景不长。1946年，国民党政府下令撤销国立敦煌艺术研究所。常书鸿心急如焚，反复给国民党政府写信申诉，要求政府收回成命。但这些信都如石沉大海，杳无音讯。员工们开始一个个离开，最后研究所里只剩下常书鸿所长和范华、窦占标两个工人。

常书鸿把家里值钱的东西都卖光，筹集去南京的经费。很多人都以为，这个巴黎来的大画家再也不会回敦煌了。

原国立敦煌艺术研究所后勤管理人员范华：当时常书鸿才三四十岁，非常年轻，穿着西装。当时敦煌还没有穿西装的，所以到城里以后，人们就围着看他和陈芝秀，都说他是中央来的。

十多年前，我们采访当时还健在的范华。他回忆说，常书鸿走后第二年，1947年的春天，他和窦占彪从路口上远远看见一个人坐着马车来到莫高窟。没错，就是常书鸿！他俩的眼泪唰地就流下来了。

常书鸿没有走！差点被撤销的国立敦煌艺术研究所也保住了！

窦占标原是一个国民党警察，在他不满20岁的时候被敦煌县长派来保护常书鸿先生。

常书鸿说：我不需要保护，你走吧。

窦占标说：我看你像个佛爷，我不想离开你。

就这样，一字不识的窦占标脱去了警服，无师自通地当起了泥瓦匠。此后，窦占标在莫高窟修修补补整整48年。

窦占彪的妻子窦妈是常书鸿的同乡，从浙江来敦煌时才18岁。在以后的半个多世纪里，她都住在莫高窟皇庆寺里服侍常家老小。在窦妈的印象中，常书鸿一天到晚都在工作，每天只睡三四个小时，从没有闲暇的时候，除了钻洞窟就是画画。

窦妈：我给他做的饭也就是面条啊、稀饭啊，我做的那个薄薄的面条，擀下的这么长长的面条他最喜欢吃，一进门就要吃。晚上都要办公呢，刚来的那会儿人少得很嘛，晚上都画画。

常书鸿回来后，接着段文杰来了；再接着，李承仙来了，还有郭世清、刘缦云夫妇，凌春德，范文藻，霍熙亮、沈福文夫妇，李其琼、孙儒僩夫妇，黄文馥，史苇湘、欧阳琳夫妇，薛德嘉，毕可，万庚育、李贞伯夫妇，关友惠，李振甫也来了……一批又一批内地美术院校毕业的科班生投奔到莫高窟。

在远离都市的沙漠深处，这些才华横溢的画家几十年如一日，不卖画，不挣钱，青灯孤影，甘守清贫，终其一生面壁临摹，虽九死其犹未悔。

窦占彪在莫高窟修复佛像

史苇湘、欧阳琳的女婿金长明：20世纪40年代到50年代的这一批人，就是这种精神这种力量一直支撑他们，支撑到现在，一直走完人生的路。这一批老人简直是不要命的，是忘我的，他们心中没有自己，只有敦煌艺术。

在敦煌研究院第二任院长段文杰的回忆录中，有一段关于他的临摹主张的话，字里行间透着爱与责任：

> 人的手和笔隔着一层薄薄的纸在壁画原作上按来按去，划来划去，必然对壁画造成伤害。这种“印稿法”绝对不能再使用，只能用写生的办法进行临摹。临摹作品一定要注意忠于原作，不能用现代人的造型观点和审美观念去随意改动古代壁画的原貌。我们的临本是要给后人看的，要让人家看到真实的敦煌壁画是什么样子。

他疼爱这些壁画，疼她的脆弱，爱她的伟大。认为哪怕是改动一个细节，也会改写一个人物的神韵。

第130窟《都督夫人礼佛图》是段文杰敦煌壁画临摹的代表作。为了复原已经模糊不清的壁画，段文杰查阅了百余种有关古代服饰

莫高窟第130窟　都督夫人礼佛图原图

段文杰临摹敦煌壁画

敦煌研究院美术研究所原所长关有惠：他的临摹是神韵第一，他的画活，活就在神。我们现在还看不到敦煌壁画临摹工作中有一个后起的新秀，将来可能有超过段文杰的，现在还没有看到这样的苗子。

的文献资料，通读了二十四史中的《舆服志》，摘录了2000多张卡片，才将都督夫人及其他女眷的服饰打扮一一考证清楚，最终成就了这幅临摹经典。

从1946年来敦煌，直到1998年退休，段文杰在莫高窟工作了半个多世纪，他临摹的敦煌壁画多达340幅，面积140多平方米，

段文杰在复原临摹现场

段文杰复原的第130窟都督夫人礼佛图

这一纪录至今无人打破。

1947年，刚刚从国立美专毕业的欧阳琳、史苇湘双双西渡流沙，投奔常书鸿，一对美术高才生把一生都交给了敦煌。

2013年，我们在采访欧阳琳的时候，她对当时跟着常书鸿学习壁画临摹的情景还记忆犹新。

欧阳琳：常书鸿亲自教我们，首先一个要像，画得要像，像了过后要画真。而且画菩萨的时候要注意菩萨的神态、眼神、动作，包括头上戴的冠，都要画清楚。

史苇湘、欧阳琳夫妇临摹壁画

一头黑发到敦煌，一头白发还在敦煌。20世纪40年代从西南艺专毕业的李其琼和丈夫孙儒僩也一辈子没离开敦煌。李其琼用50年的时间临摹了120平方米壁画，搭上了她全部的艺术人生。

孙儒僩：我们上大学那时候，谈恋爱都是暗恋，没有说明。1950年，我在敦煌给四川的她发了一封信，她啥都不说就来了。敦煌五十年，我老伴比我受的苦更大，真的太困难了！

我们在采访95岁高龄的孙儒僩先生时，他现场朗诵了自己填的词《诉衷情》：

李其琼、孙儒僩夫妇白头相守莫高窟

当年万里苦追求，
相伴赴沙州。
宕泉坎坷寻梦，
危崖千窟游。
事未就，
鬓已秋，
伴西游。
此生将了，
祝愿莫高，
万载千秋！

万庚育，这位张大千的关门弟子、徐悲鸿的高徒，20世纪50年代毅然举家西行，在敦煌石窟临摹了大半辈子壁画。

2017年秋天，已退休两年的老画家赵俊荣还在临摹第254窟的《降魔变》，在莫高窟临摹了一辈子壁画的他，想留下最后一幅临摹作品。

这幅《降魔变》，常书鸿、段文杰、李其琼等画家都先后临摹过。现在，赵俊荣每天一个人守在这里，却一点儿都不觉得清冷孤单。

临摹壁画，是从70多年前开始，直至现在依然使用的一种敦煌壁画保护传承方式。

敦煌研究院艺术研究部部长、研究员娄婕：临摹壁画作品很直接地体现了作品的质感，材料，还有人的温度，更体现了一个艺术作品的本质。

敦煌定若远，一信动经年。

万庚育在敦煌临摹壁画一辈子

已退休的赵俊荣不肯下山，仍在临摹第254窟《降魔变》

敦煌研究院赵声良先生

回望莫高窟的传承与保护，转眼已是75个春秋。

70多年来，几代敦煌艺术家完成了壁画临摹作品2000多幅，整体临摹洞窟13个，在国内外举办了100多次敦煌壁画展，让不可移动的莫高窟变成了“行走的画廊”。

赵声良：从20世纪40年代以来，一代一代的莫高窟人，把一生都奉献给了敦煌艺术。我们第一任院长常书鸿先生曾经在法国留学，为了敦煌回到国内，一辈子为了保护和研究莫高窟做了奉献。我们的第二任院长段文杰先生，第三任院长樊锦诗先生，他们都是把一生的精力奉献给了敦煌。由于他们的这种精神和感召力，影响了千千万万的人，大家带着一种朝圣的精神来仰望敦煌，仰望莫高窟。

1982年，在邓小平同志的关怀下，常书鸿调任国家文物局顾问。离开敦煌时，他只带了一些日常生活用品，大部分用具都留在了皇庆寺的土坯房里，就像一个暂时离家出差的人一样。

以后的十多年里，他每年都要回敦煌，就住在这间土屋里，睡在这张土炕上，吃两碗窦妈做的面条，然后又一头扎到洞窟里。

在人生最后的几年里，从塞纳河畔归来的常书鸿依然不肯放下画笔，敦煌守护神最后的画作都是敦煌飞天。

窦妈：他就坐在这个梨树底下和我聊天。他说，这个院子，这棵树我可喜欢了，别人不知道你知道。我死以后，一定要埋在这棵梨树底下。后来就埋在这个地方了。已经埋了10年了。

1994年，90岁高龄的常书鸿驾飞天而去，他守护敦煌已整整五十年。按照他的遗愿，他的骨灰就埋在莫高窟皇庆寺的小院里的梨树下。10年后被敦煌研究院安葬在莫高窟九层楼对面的沙梁上，与他奉献一生的敦煌永远相伴。

2014年，常书鸿逝世20年时，常沙娜专门从北京赶来为父亲扫墓。她久久伫立在墓碑前，向一生敬爱的父亲倾吐了她的心声：

爸爸你好，我一辈子忘不了你，一辈子！你给我的教育，你给我的敦煌莫高窟精神永远陪伴着我，我在这里表达对你的缅怀和纪念。谢谢爸爸！

常书鸿夫妇晚年合作画飞天

朝圣敦煌的大师们

从1937年开始的七十多年间，一批又一批中外朝圣者源源不断地前往大漠中的敦煌石窟，西行路上，驼队络绎。小城敦煌，星光璀璨。

对艺术家来说，莫高窟是一个激发创作灵感的宝库。一批又一批艺术圣徒西行敦煌取经，从莫高窟壁画中汲取中国艺术变革的力量。他们中的很多人因敦煌之行成为光耀美术史的一代大师。

第一个走进莫高窟的内地画家是李丁陇。1938年秋天，从上海美专毕业的李丁陇长途跋涉来到莫高窟，面壁临摹九个月。第二年，他带着临摹作品在北京、上海举办展览。张大千看后大为震惊，决定也去敦煌一探究竟。

敦煌壁画临摹第一人李丁陇

徐勇：我从韩国汉城大学国画系毕业后，想学壁画，我们韩国没有多少壁画可以学，我就来到中国，在中央美院壁画系学习，快毕业时，到西北石窟寺参观见习。到莫高窟以后，突然觉得之前白学了，方向不对，方法错误，我必须重新学。我就到敦煌研究壁画多年。敦煌最伟大的地方是什么？我觉得就是现代西方美术模仿不了的东西，就是壁画。壁画是所有现代美术的根，从壁画开始，美术才发展起来，而且壁画是永远的东西，永远不变。我觉得这一点特别重要。

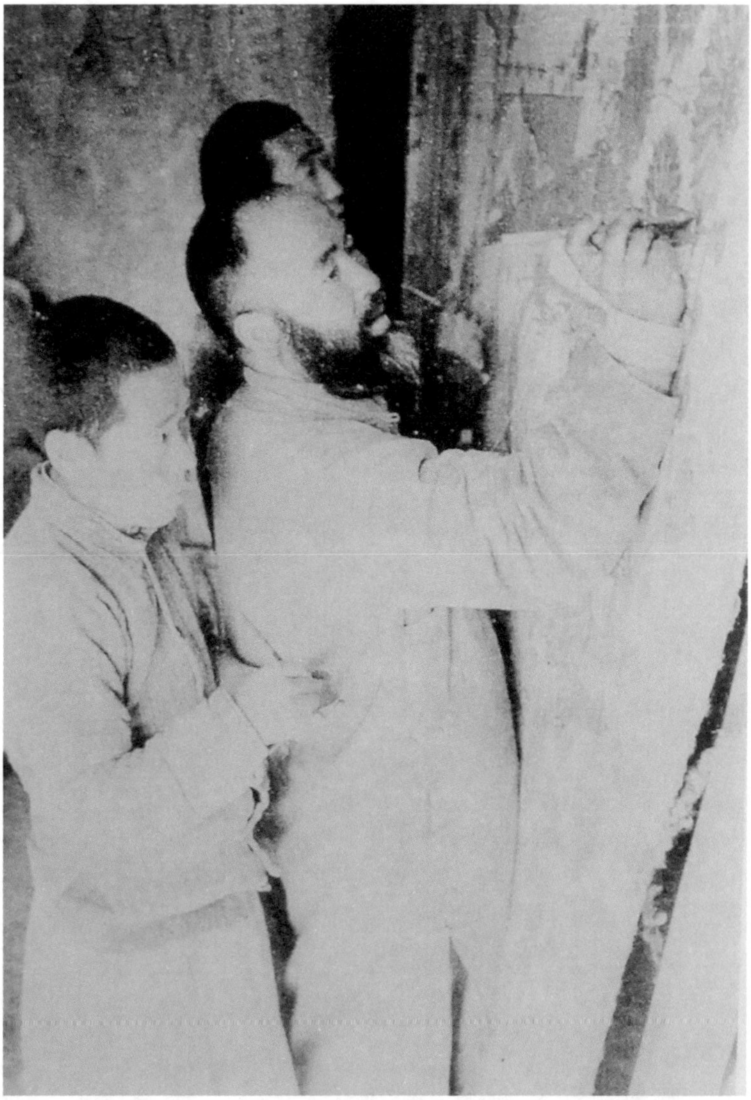

张大千和弟子在莫高窟临摹壁画

1941年春天，张大千拖家带口来到敦煌。精彩纷呈的敦煌壁画让张大千流连忘返。原计划三个月的临摹，一推再推，他在沙漠里整整面壁两年零七个月，临摹大小壁画276件。这次临摹成为张大千艺术生涯的转折点。

张大千后来在接受记者采访时说：

我们中国的临摹画不是拷贝，就跟你念书一样，现在咱们读白话文也好，文言文也好，一定要念书嘛。我说我

榆林窟第2窟　水月观音图（张大千　临摹）

张大千晚年巨作《庐山图》开笔留影（左起：张群、张大千、王新衡、张学良、徐雯波）

现在还在念书的阶段，我们的念书就是走路，走到最高，走到山顶上才可以四面地望啊。

敦煌归来，张大千画风突变，他把敦煌壁画的线描、色彩技法与文人画的写意传统结合起来，意境更加开阔，仕女画一扫明清以来的弱不禁风，人物形象丰满动人。这些画作把中国画推向了前所未有的高峰，也让张大千跻身世界级美术大师之列。

四川博物院副院长魏学峰：按照佛教的说法，张大千经历了“三薰三沐”，终于从一个传统派的绘画名家，转变为向现代艺术迈进的一代大师。所以敦煌对他的影响是非常大的。

1941年，中国美术考古奠基人王子云率领西北艺术文物考察团，对敦煌石窟进行了首次科学考察。第一次将敦煌彩塑写入

20世纪40年代的王子云

《中国雕塑艺术史》。

1942年，著名画家谢稚柳追随张大千西渡流沙考察研究敦煌壁画。他编著的《敦煌石室记》和《敦煌艺术叙录》，成为敦煌艺术研究的发轫之作。

1943年，岭南画派掌门人关山月、长安画派创始人赵望云结伴来到莫高窟面壁临摹，虽然只有短短一个月时间，但他们此后都实现了创作生涯的巨大飞跃。

关山月夫妇在一个月时间里临摹壁画82幅，在此后的大半个世纪里，这82幅壁画一直跟随关山月夫妇走南闯北，始终不卖不送，不离不弃。

1959年，关山月和傅抱石合作绘制了人民大会堂的巨幅国画《江山如此多娇》，在这幅新中国美术的划时代杰作中，关山月留下了敦煌艺术的印记。

西安美术学院教授程征：西北艺术文物考察团的工作，实际上就是我们今天说的艺术考古。他招了很多非常有才华的专业人才，有摄影的、测量的、模铸的、绘图的等等，全是专业人才。对当时中国西北地区的，就是非日占区的这些文物，做了非常系统的考察，敦煌是其中很重要的一个点。

深圳关山月美术馆馆长陈湘波：他自己给我讲，他画巨幅油画《江山如此多娇》中那个远的雪山，就是得益于那一次去敦煌写生时画祁连山的那种感悟。他画的近景的这些松树，包括有些石色的运用，也借鉴了敦煌壁画的一些元素在里面。

关山月、傅抱石作巨幅国画《江山如此多娇》

也是1943年的敦煌之行，改变了吴作人的艺术人生。这位油画高才生重新拿起毛笔，回归了中国画的根基，终成一代水墨画大师。

20世纪40年代，中国画家的敦煌朝圣更像是一场接力赛。

看到张大千在成都和重庆展出的敦煌壁画临摹作品，新婚不久的董希文像发现了新大陆一样兴奋，立即拉上新娘张琳英直奔沙漠包围的敦煌，他多年追求的油画中国风，在敦煌壁画上终于找到了突破口。

1954年，董希文创作了巨幅油画《开国大典》，被视为油画中国化的巅峰之作。毛主席还把他请到中南海，让他登上天安门国庆观礼台，给了他很高的评价。

张总：我们一看之后，非常非常吃惊，它是油画，但是又不太像那些西洋的油画，它不是用那么强的侧光表现。董希文的这个油画《开国大典》，是吸收了敦煌艺术的精华以后创造出来的。这个油画中的艺术语言，是开创性的艺术语言，他是真正地升华了。从这里我们就可以看到，从中国传统艺术里，你如果能理解它的精髓，你就可以得到多么大的成就。

董希文油画《开国大典》

1943年，12岁的常沙娜随父亲常书鸿来到莫高窟，在满眼荒凉中，她没有看到过一朵花。跟着父亲走进洞窟后，常沙娜却看到了一个硕大无朋的空中花园。成千上万盛开在天顶和四壁的奇花异卉，照亮了这个小女孩的梦想。

常沙娜披着她60年前设计的丝巾

1958年，北京“十大建筑”启动，当时只有27岁的常沙娜被分配到人民大会堂设计组，负责人民大会堂宴会厅顶部天花板的设计工作。

人民大会堂宴会厅东西长102米，南北宽76米，面积达7000多平方米，可以举办五千人的宴会或一万人的酒会。由于跨度过大、顶部过高，宴会厅的天顶装饰让许多设计专家望而却步。

初生牛犊不怕虎，常沙娜用上了她在敦煌练就的童子功。她觉得，只有气势恢宏的敦煌唐代藻井图案才配得上大国盛宴的天花板。

常沙娜：20世纪50年代，宴会厅那么多设计方案，我一画就是童子功，我的基础是从敦煌那儿开始的，我一画就像敦煌唐代的壁画。我也把敦煌的那个莲花瓣什么的借用了一下，这些花瓣都是一盏盏灯，照明用的，后来他们说照明亮度还不够，又让我放大，编成了一串项链。

常沙娜参考盛唐莫高窟第31窟藻井的莲花图案，以放射型的石膏花将通气口、照明灯有机地组成了一个完整的平顶装饰，雍容华

常沙娜设计的人民大会堂宴会厅天顶灯饰

饶宗颐国画《佛手献花》

贵，富丽堂皇，成为人民大会堂装饰设计的典范之作，受到周恩来总理的夸赞，一直沿用至今。

另外，常沙娜还运用敦煌图案设计了大会堂外立柱的须弥座、内外门楣、灯饰、窗花等，这种高贵典雅、温润调和的艺术风格，成为这座东方大国的会客厅至今不变的装饰格调。

常沙娜参与装饰设计的国家重要项目还有：北京展览馆、首都剧场、民族文化宫、共青团团徽等。

成功的设计实践让常沙娜体会到，精美的敦煌图案重新获得生命的方式，就是进入当代人的生活空间，继续为人们带来美的感受。

2017年12月，国学大师饶宗颐百岁诞辰之际，中国美术馆举办了他的最后一场画展。在饶宗颐的荷花世界里，有大量来自敦煌壁画和白描画稿的荷花图样。他效法敦煌汉简和藏经洞画稿的书画作品，笔法高古，自成一派。

2019年，舞剧《丝路花雨》创演40周年。

1979年，原甘肃省歌舞团创作人员来到莫高窟采风。他们在敦煌壁画上找到了千百年间中原和西域流行过的鼓舞、巾舞、琵琶舞、胡旋舞等各种舞蹈样式。当他们的目光与唐代第112窟中这个舞伎反弹琵琶的造型相遇时，一个世界舞剧史上的经典诞生了！

1979年9月，舞剧《丝路花雨》赴北京参加建国30周年文艺汇

舞剧《丝路花雨》剧照

舞剧《丝路花雨》剧照

演，获得巨大成功。

甘肃省歌舞剧院原院长许琪：“哗！一夜之间，怎么就那么一下子轰开了！然后就排队买票。我给你说，我原来有一张照片，现在找不着了，就是有些人拿着行军床，半夜就在那个票房门口等着，就睡到那儿了。那是九月份，很多人拿着小板凳儿，铺着报纸坐着，排着。

《丝路花雨》演出成功后，时任广东省省长习仲勋盛邀剧组赴广州演出，并特批剧组赴香港演出，由此登上了国际舞台。

40年来，《丝路花雨》已经在国内外连续演出3000多场，创造了中国舞剧演出场次之最，被誉为“舞台上的敦煌壁画”。

赵季平：其实《丝路花雨》就是以敦煌为大课题进行展现的一个舞剧，它的依据就是敦煌。现在又进行了新的加工，又进一步在世界各地演出。它能够经久不衰地不断地演出，根本所在就在于敦煌是一颗璀璨明珠，能够让《丝路花雨》不断展现它的魅力。

继《丝路花雨》之后，艺术家们用多种艺术形式挖掘敦煌文化，几年来又相继创作了《大梦敦煌》《敦煌神女》《相约千年》等舞台剧以及《又见敦煌》等情景剧，还有挖掘敦煌服饰文化的大型时装歌舞表演《绝色敦煌之夜》、复原敦煌壁画乐器演出的大型沉浸式文旅演艺《乐动敦煌》等。

很多国际艺术家也加入了敦煌艺术传承的大合唱。如俄罗斯作曲家创作了交响乐《敦煌》，轰动一时；俄罗斯画家用画笔画敦煌；意大利等“一带一路”国家的雕塑家们“塑敦煌”等等，为观众献上了一场又一场精美绝伦的敦煌艺术盛宴。

2017年5月13日，著名作曲家、指挥家谭盾根据敦煌古乐谱编写的《敦煌遗音》在上海东方艺术中心举行世界首演。敦煌五弦琵琶《长沙女引》、唐代压脚鼓《水鼓子》、敦煌反弹琵琶《飞天》等从敦煌壁画、敦煌古谱中走出的曲目，惊艳了全场。

舞剧《大梦敦煌》剧照

大型室内情景剧《又见敦煌》剧照

大型歌舞剧《相约千年》剧照

大型沉浸式古乐《乐动敦煌》

谭盾在上海东方音乐中心指挥《敦煌遗音》国际首演

谭盾交响乐《敦煌 · 慈悲颂》在敦煌演出获得巨大成功

这位曾获奥斯卡金像奖的作曲家感慨地说：

> 中国西部巨大的沙漠中，有个叫敦煌的地方，它在我的生命里，它一直在吸引我。几年前，我突然接到朋友的电话邀请，让我赶紧去敦煌。多年来的敦煌情结，让我毫不犹豫地登上了飞机。我永远没想到，这次敦煌之行居然改变了我未来十年的生活与创作。

一年后，谭盾的交响乐《敦煌 · 慈悲颂》在德累斯顿音乐节上首演。一曲终了，一千八百多名观众起立，用雷鸣般的鼓掌和欢呼，向来自中国的音乐大师致敬。

2019年，谭盾带领中外艺术家来到音乐的源头——敦煌，《敦煌 · 慈悲颂》在敦煌故乡的演出获得了巨大成功。

樊锦诗：这说明什么呢？说明敦煌石窟确实有魅力。我有时候开玩笑说有“魔力”，就像吸铁石似的，就把你，特别是这些艺术家牢牢地吸引住了。

西行路上，还有一个频繁往来于东瀛与丝绸之路的朝圣者。他就是日本画家平山郁夫。

1958年，常书鸿携带大批敦煌临摹壁画抵达东京，平山郁夫在狂热的人群中看完了这次“中国敦煌艺术展览会”，他满怀感激地说，常书鸿先生把敦煌的香火送来了。

一年后，平山郁夫创作的《佛教传来》轰动了日本画坛。他和

日本著名画家平山郁夫

加山又造、高山辰雄、东山魁夷并称日本画的“四座大山”。

20年后的1979年，已是东京艺术大学校长的平山郁夫第一次来到敦煌，见到了常书鸿先生，年过古稀的常书鸿亲自到月牙泉钓了一条鱼来款待日本朝圣者。

平山郁夫先生回忆他首次进入敦煌石窟的情形时说：

> 我看到的是一座宝山，珍贵的文化遗产。石窟中的一切，使我如同触电一样原地不动地伫立着。太棒了！精彩极了！我几度赞叹，但不知如何表达自己的心情。只是自言自语：多谢了！多谢了！这是对常书鸿先生领导的研究所诸位的感谢，感谢他们保存并研究着如此美好的宝藏。我也非常敬佩创造这绝世无双的艺术珍品的先人们，我现在能站在这里，感到无比幸福。

平山郁夫的成名作《佛教东来》

平山郁夫还发现，第220窟壁画与日本法隆寺金堂六号壁画的画法完全相同。特别是手指的表现，指尖突出的肉，那两道弧线与金堂六号壁画观音像的手指如出一辙。他从敦煌壁画中看到了日本文化的源头。

平山郁夫《丝绸之路》系列之一

后来，平山郁夫多次率领东京艺术大学的师生们考察莫高窟，他甚至规定，东京艺大的学生在校期间，必须去一次敦煌学习壁画，否则不予毕业。

平山郁夫为敦煌文物保护研究陈列中心剪彩

1988年，在平山郁夫的建议下，日本首相竹下登访问敦煌，并决定援建敦煌莫高窟文物保护研究陈列中心。平山郁夫带头捐赠了200万美元，还把个人画展收入的2亿日元也捐赠给敦煌研究院，成立中国敦煌石窟保护研究基金会。

敦煌研究院美术研究所原所长侯黎明：佛教艺术进入日本以后，才使日本成为一个文明的国家。所以日本对唐文化是无限崇拜的，为什么到敦煌来的日本人那么多？就是因为这个原因。他们都承认敦煌是他们的文化之源。本来应该是长安和洛阳对吧，国都嘛，但是长安、洛阳现在没有了，被烧掉了，那么代表唐文化的东西就在敦煌。

他说：“我认为，日本文化离开敦煌就无从谈起。”

这条频繁往来的“艺术玄奘之路”，跨越国界，将敦煌的衣钵传承至今。

漫天黄沙中，一代又一代朝圣者追随着常书鸿的脚步，来到这片荒凉的土地上寻找艺术的梦想。艺术家们在莫高窟洞壁上寻找中国绘画传统，重返民族艺术之路，成为美术史上一个令人深思的现象。

面对形形色色的艺术思潮，面对中华文化伟大复兴的使命，朝圣敦煌的大师们发自内心的告白音犹在耳：当代中国画家必须注意到，一个更优秀、更古老、更强大的传统在敦煌，那是中国画家取之不尽的创作源泉。

丁方：弘扬敦煌壁画精神的过程实际上就是中华文艺复兴的一个步骤，是其中一个有机的组成部分。你不要只是沿着宋元明清以来的那些画家的路子走，那个可以说是一个伟大的死胡同，走不通了。你要返回到敦煌，寻找在敦煌壁画中包含着的各种精神和东方文明的那种活力。在这中间，你才能找到一条出路。

在众神的注视下，我们在世界级艺术殿堂，在大雪纷飞的莫高窟连爬带跪拍了十几个晨昏。当我们钻进一个个金碧辉煌的洞窟，近距离面对无数精美绝伦的塑像、壁画时，终于理解了张大千、常书鸿、段文杰、樊锦诗、吴作人、董希文、赵望云、关山月、饶宗颐、平山郁夫等大师们，为什么到了莫高窟都会一见钟情、魂牵梦绕、惊为天人了。

雪落无声，游人的喧嚣渐渐平息，拥有无数宝藏的敦煌石窟越发古貌森然，历久弥新。层层叠叠的石窟间传来清晰的铃铎声，那是一千六百年风云留下的雄浑凝重的回声，那是几千年中华文化绵延不绝的历史交响，它将永远回荡在人类文明的天空！

叁

东方微笑

天水麦积山石窟被称为东方雕塑博物馆，其以塑造东方审美的神秘微笑造像而闻名遐迩。这里成千上万的微笑造像让中国石窟走廊变成了一条绵延数千里的微笑之路。

一度迷失的麦积山石窟

唐肃宗乾元二年，即公元759年，秦岭西端的古秦州秋风萧瑟，透着“安史之乱”后大唐由盛转衰的阵阵寒意。一位老者从长安来到这里躲避战乱。

他就是诗圣杜甫。

来秦州前，杜甫因上疏营救房琯，触怒唐肃宗，被贬到华州（今陕西华县），任华州司功参军。第二年关中大旱，杜甫感时伤世，“满目悲生事，因人作远游”，他辞掉官职，举家西行。

令杜甫没有想到的是，这次离乱中的秦州之行竟是他此后11年颠沛流离、穷困潦倒生活的开端，也是他诗歌创作的分水岭。在秦州短短三个多月时间里，杜甫创作了近百首秦州、陇右题材的诗。因为完全下沉到民间，杜甫才深刻体会到了社会动荡带给黎民百姓

天水南郭寺　杜甫雕像（何鄂　作）

的苦难。他的诗沉郁顿挫，忧国忧民，忠实记录了历史巨变，被称为“诗史”。

朱东润先生曾说：

乾元二年是一座大关。在这以前，杜甫的诗还没有超过唐代其他的诗人；在这以后，唐代的诗人便很少有超过杜甫的了。

可以说，杜甫的“诗圣”地位是在秦州奠定的。

在这首《山寺》中，杜甫写道：

野寺残僧少，山园细路高。
麝香眠石竹，鹦鹉啄金桃。
乱水通人过，悬崖置屋牢。
上方重阁晚，百里见秋毫。

宋代祝穆、清代钱谦益引用各种史料证明，杜甫诗中的“山寺”就是天水麦积山石窟。

从诗中还可以看出，“安史之乱”后的麦积山已是一片萧条，大部分僧人都已逃离，历史上高僧云集、香火缭绕、造像不止的盛景已不复存在。

五代时期，天水文人王仁裕曾游览麦积山石窟，他在《麦积山》一文中记述了当时的见闻：

麦积山者，北跨清渭，南渐两当。五百里冈峦，麦积处其半。崛起一石块，高百万寻。望之团团，如民间积麦之状，故有此名。其青云之半，峭壁之间，镌石成佛，万龛千室。虽自人力，疑其鬼功。

此文原载王仁裕的《玉堂闲话》，后因收入北宋人编的《太平

王子云1943年拍摄的麦积山石窟外景

广记》得以广泛流传。

宋代以后，这座古老的石窟寺就从史料中渐渐销声匿迹了。到了民国年间，连天水当地人也对麦积山石窟不甚了了。

2019年3月，我们来到天水市秦州区共和巷33号冯家大院，这是近代天水学者冯国瑞先生的故居，一座明清风格的一进两院土木建筑。现已被列为省级文物保护单位。

接待我们的是冯国瑞的曾孙媳陈洁。她说，家里人早就搬出大院了。因为变成了文保单位，眼看老房子越来越破旧，他们也不能自行维修，祖屋的安全隐患让他们很揪心。

冯国瑞，字仲翔，1901年生于天水。他早年考入清华大学国学研究院，师从王国维、梁启超、陈寅恪等国学大师，受过系统的国学

天水麦积山石窟

岩石 / 古近纪砾岩

建造年代 / 始于后秦，终于清代（吴健　摄）

和现代考古学教育，精通训诂考据和金石书画。中华人民共和国成立前，曾任甘肃省通志局分纂、青海省政府秘书长、国立西北师范学校中文系教授等职。中华人民共和国成立后任兰州大学中文系主任、兰州图书馆特藏部主任、甘肃省政府文化教育委员会委员等职。

冯国瑞先生

冯国瑞在清华研究院学成回乡前，导师梁启超曾给时任甘肃省省长薛笃弼写了一封言辞恳切的举荐信。信中写道：

……冯君国瑞，西州髦俊，游学两京，已经五稔，今夏在清华研究院以最优等成绩毕业。其学于穷经解诂为最长，治史亦有特识。文章尔雅，下笔千言。傍及楷法，浸淫汉魏，俊拔寡俦。此才在今日，求诸中原，亦不可多觏。百年以来，甘凉学者，武威张氏二酉堂之外，殆未或能先也。

“武威张氏二酉堂”指的是清代西北著名武威籍学者张澍。梁启超将冯国瑞与张澍并列，足见他对这位弟子的褒奖。

可惜冯国瑞回到天水时，薛笃弼已调任河南省省长，冯国瑞也就打消从政的念头，潜心考察文物、研究方志。

冯国瑞在《北史》《太平广记》等史料中发现了对天水麦积山石窟的记载，但他从未去过麦积山，周围的人也对这座石窟知之甚少。

当时麦积山一带常有土匪出没，平日里很少有人敢单独进山。冯国瑞等到1941年农历四月初八的“浴佛节”庙会，约了6个朋友，从天水城出发，走了六十里路，天黑前才到山下的后川村。这里也曾是杜甫的流寓之所。他们在庙里住了一晚上，第二天早晨又跋涉二十多里山路，终于到了麦积山下。冯国瑞看到密林中突起一座酷似农家麦垛的山峰，山上布满了密如蜂巢的洞窟。

没错！这就是一度迷失于史册和密林之间的麦积山石窟。

冯国瑞和同伴们从东崖拾级而上，“对证古本”做详细考察。冯国瑞发现，这座被遗忘的石窟与五代王仁裕《玉堂闲话·麦积山》

文中的记述完全一致。他认为，以其历史价值和艺术价值而论，麦积山石窟完全可以和当时的中国三大石窟——莫高窟、云冈石窟、龙门石窟相媲美，堪称中国的“帕特农神庙”。他说：

> 天水麦积山佛龛之伟大，为甘肃诸石窟之冠。而岩窟之雄奇，实海内所无……初疑殆非人境，及亲履其间，虽有残毁，而泰半皆森然在目，骇如幻境梦影，响壁叫绝……恐王仁裕后，千余年无此乐也！

麦积山东西两崖图（冯国瑞　绘）

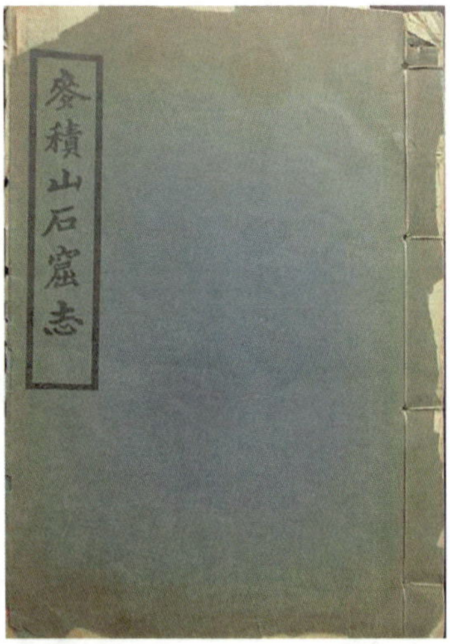

冯国瑞著《麦积山石窟志》石印版封面

山上不能过夜，冯国瑞用一天时间给所有能登临的洞窟编了号，同伴们分头抄录了历代碑文。回到天水后，他用两个月时间写了一本《麦积山石窟志》。这是关于麦积山石窟的第一本专著，也是麦积山石窟开凿1500多年来首次由专业知识分子对石窟文物进行的科学考察。

《麦积山石窟志》包括十二部分：1. 甘肃诸石窟中之天水麦积山佛龛。2. 秦汉间麦积山之史迹。3. 西魏大统时之再建麦积山佛龛。4. 北周李允信之建造麦积山七佛阁与庾信之作铭。5. 散花楼遗基间之六朝壁画与藻井画。6. 造像。7. 建筑。8. 六朝唐宋明人之摩崖。9. 宋明清人之石刻。10. 瑞应寺。11. 胜迹。12. 艺文附录。

冯国瑞的考察报告立即引起国内学术界的关注，各大报刊纷纷转载。民国元老、大书法家于右任先生欣然题词称颂麦积山石窟：

文传庚子山，艺并莫高窟。

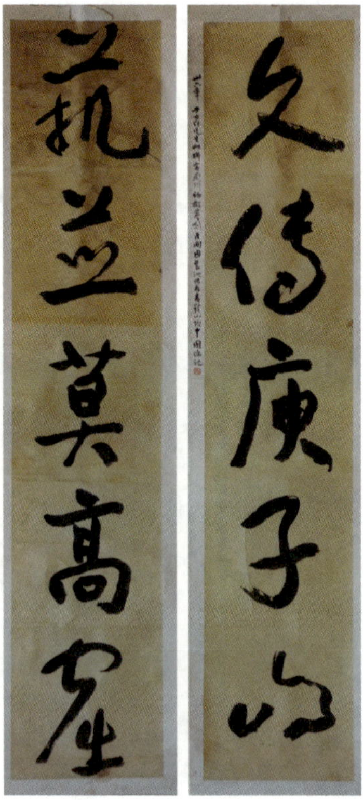

于右任先生为麦积山石窟题词

在1941年的那一次考察中，一个后来编号为133号的洞窟引起了冯国瑞的注意。这个窟在西崖大佛东端，当地人称“藏碑洞”。王仁裕称之为“万菩萨堂”：

……由西阁悬梯而上，其间千房万室，缘空蹑虚，登之者不敢回顾。将及绝顶，有万菩萨堂，凿石而成，广古今之大殿，其雕梁画拱，绣栋云楣，并就石而成，万躯菩萨，列于一堂。自此室之上，更有一龛，谓之天堂，空中倚一独梯，攀缘而上，至此则万中无一人敢登者。

红圈处为麦积山西崖第133窟

南宋以后，连接麦积山石窟东西两崖的栈道毁于野火，致使两崖断绝，西崖上部的洞窟数百年无人登临。冯国瑞拿望远镜观察，隐约看到窟口两侧有几行字，但距离太远无法辨认，只能望崖兴叹。

1947年，冯国瑞决定再去麦积山一探究竟。这次，他请来了一个身怀绝技的木匠文得权。文木匠家住麦积山下的文家村，十多岁就跟着祖父学木工。他有一手凌空架设栈道攀登崖壁的绝活。冯国瑞请他攀上西崖探视藏碑洞，文得权二话没说，腰上拴了一根长绳，胳膊下夹了一块长木板，就开始架设栈道。

他先找到西崖大佛脚下的一根残桩，将木板铺上，没有残桩的地方就找个空洞，在洞眼里插上木桩，再搭上木板，一段一段层层递进，一直攀到了大佛头顶。

20世纪50年代，敦煌研究院孙儒僴先生曾亲眼看见文得权攀岩的绝技，他回忆说：

原来的栈道经长期日晒雨淋，究竟结不结实谁都不知道。比如从这个洞到另一个洞，间距不大的，文得权身上拴个绳子，一步就跨过去了。过去以后，把木桩往那个空洞里塞进去，然后再把板子搭上，这一个洞就解决了。就这样一个洞一个洞慢慢移动。这是非常危险的。

藏碑洞近在眼前，但洞口周围既无残桩，也无空洞，文得权索性攀着绳索一跃荡进了巨洞。顿时，洞窟中的鸽子、蝙蝠惊慌飞奔。厚厚的鸟粪淹没了文得权的脚脖子。

这是三百多年来，第一次有人进入藏碑洞。这一天是1947年2月10日。

藏碑洞是一个数丈深的巨型洞窟，四周有24尊泥塑佛像，18块石造像碑，洞壁还有密密麻麻的悬塑千佛。把文得权看得目瞪口呆。

按照文得权描述的洞内情况，冯国瑞认定这就是王仁裕在《玉堂闲话》里所记载的“万菩萨堂”。大家找了一块石碑刻石记事，冯国瑞即兴撰写并亲笔手书了《天水麦积山西窟万佛洞铭并序》。

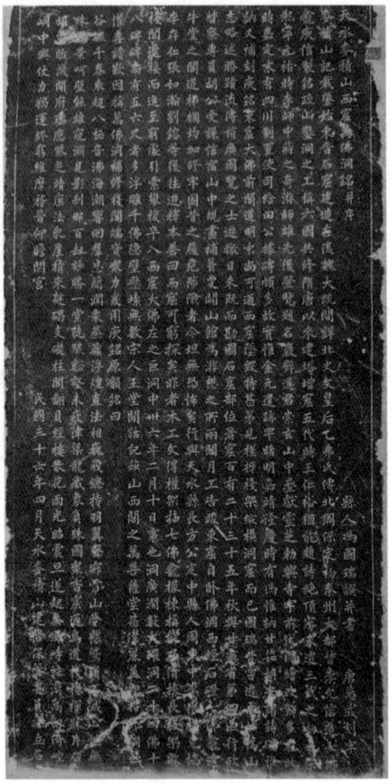

冯国瑞撰并书《天水麦积山西窟万佛洞铭并序》石碑

1947年2月，《天津益世报》记者容媛以《天水麦积山发现石佛窟》为题报道了这个新发现：

1947年2月初，天水县长方定中氏，约同冯国瑞氏至麦积山勘察续修工程。冯氏独留山中，偕寺僧率木工探险西窟，仅携木板长绳，由西窟已毁之栈道遗物间架板递接，攀木牵绳，自大佛足下竟升入距地面高数十丈相传之万佛洞内。发现深广五丈余之长方洞，内有大佛造像二十五尊，巨碑十八座，有高至七尺者，碑上浮雕佛像三十四排，每排二三尊。碑侧亦刻佛像，碑下堆积鸽子松鼠粪土深数尺，洞内光线甚暗，未见题字，仅见塑壁小像无数，均高数寸。经冯氏审定，确系北魏作风。

天水地方人士，决定补修栈道，俾人能得窥观研究，亦胜事也。

麦积山石窟，这颗被遗忘在历史深处、蒙尘隐光千百年的石窟艺术珍珠，再次被阳光照亮，放射出夺目的光芒。

一笑千年

文得权攀上第133窟后，麦积山石窟最负盛名的北魏小沙弥终于露出了庐山真面目。

小沙弥就在第133窟右边的佛龛里，他穿着不太合身的袈裟，就那么笑眯眯地站着听佛讲法，好像进入了佛祖描述的西方净土世界，又好像思想开了小差，掩饰不住的喜悦浮上脸颊，细长的眼睛笑成了一弯浅月。

有人说："连他的影子都在微笑。"

这就是麦积山的"东方微笑"。1500年来，他一直站在那里，用微笑和每一个时代的众生对话，今天的网民亲切地称他为"小鲜肉佛"。

1953年，美学家王朝闻在麦积山第一次看到小沙弥后惊为天人，他说：

> 如果说著名的龙门古阳洞佛像的外形还显得过于清瘦，那么麦积山这尊小佛像具备了柔和、圆润、丰满的特色。以面部而论，虽然面型和眉眼都是修长的，基本上是北魏末期流行的风格，但在一定的光线和角度上看，那种微笑的神气，却显得更婉美动人。

是什么让小沙弥如此沉醉，如此欣然，全然不顾这是庄严肃穆的佛堂呢？而让一个"小鲜肉"作为佛界"班子成员"紧挨在佛祖

麦积山石窟第133窟　小沙弥　北魏

身边，这种出人意料的设计，在印度、西域乃至国内其他石窟中都十分罕见。

不止一个“小鲜肉佛”，麦积山几乎每尊造像都露出了不可思议的微笑，让这座石窟在密林深处微笑了1500年。

在第121窟，同样庄严的佛堂上，佛陀正在说法，一个笑眯眯的菩萨竟然转过头去，和身边的小弟子交头接耳。他们之间没有了那种神圣不可侵犯的距离感，两个玉树临风的青春躯体自然而然地靠在一起，耳鬓厮磨，窃窃私语。

粗看上去，小弟子似乎在双手合十，但仔细看，他只是掌根靠在一起，十指却微微张开。原来，这不是合掌，而是在轻轻鼓掌。

按佛教戒规，这些都是绝不允许的。但这组充满人间情趣的塑像却堂而皇之地出现在麦积山石窟里，简直是惊世骇俗！

美术史家何正璜先生禁不住赞叹：

> 看着这么变化丰富而风致娟好的菩萨们，令人不由得感到宗教的诱惑力，原来菩萨们是如此美好和可亲的呀！

麦积山石窟雕塑与其他石窟雕塑最大的不同就是人物形象完全摒弃了外来的风格，在艺术处理上冲破了佛像造型的框框，而采用纯粹的中国民族形式，他们用充满人间温度的塑像，解构了西来佛教的仪规，把庄严的佛国从天界拉回了人间。

王朝闻先生说：“在麦积山，人们会惊奇地发现，许多佛像与其说是威严的神灵，莫如说是一个活生生的中年母亲。而那些亭亭玉立的菩萨则毫无宗教偶像的呆板气，而现出一副民间少女清秀、活泼的样儿。那些静坐的、眼光向下，永远微笑着的偶像或菩萨，似乎在沉思，似乎陶醉在某种幸福的冥想里，似乎存心不和观赏者发生关系，观赏者却不能不被那特别而不普通的神态所吸引。这些塑像和中亚或印度佛像不同，和中亚其他各地区的同一时期的佛像也不完全一样。”

《麦积山佛影》中国美术学院出版社出版

2018年秋天，何鸿主编的大型画册《麦积山佛影》出版，收录

麦积山石窟第121窟 “窃窃私语”

《麦积山佛影》主编何鸿在麦积山第14窟

了他收藏的20世纪50年代前期麦积山石窟的旧照片200多幅。何鸿选择的封面照是隋代14窟的主尊，他和旁边的菩萨一样，眼角眉梢都含着慈悲的微笑，让人感受到秦州塑像的人间温度。

中国美术学院副教授何鸿：中国古语里面也有一句话叫静以修心，我们看到佛，他端坐在那，他站立在那，无论他是很悠闲地站着，还是比较恭敬地坐着，他总有一种很安静的气息。所以我们当时看到这个佛的时候，他就好像很亲切地在跟你交流对话。

王朝闻先生走进狭小的第123窟，发现在原本是菩萨的位置上，出现了一对童男童女。男童头戴毡帽，脖子上挂着“长命圈”；女童梳着天水农村女童那种高高的双髻，细长美丽的眼睛露出天真无邪的笑容。王朝闻觉得似乎在什么地方见过她，又记不起究竟在什

麦积山石窟第123窟 “童男童女”

么地方见过。他说，后来他见过很多少女形象的佛教雕塑，没有一个超过麦积山女童的。在造型艺术上，难得看到像这样夸张而又确实的描写。一千三四百年前出现了这样具有高度写实性而又不是机械地模仿活人的形象，那些不知名的艺术家的创造才能是惊人的。

中央美术学院雕塑系原系主任曹春生：麦积山的童男童女雕塑绝对是非常的精彩，你怎么说好都不为过。西洋有维纳斯，咱这个童男童女也跟她一样，是永远有魅力的，并驾齐驱的。

在麦积山石窟工作了30多年的雕塑家段一鸣，临摹过大大小小几十尊麦积山塑像，但最喜欢的还是123窟这对童男童女。他创作的现代天水儿童题材系列雕塑《踢毽子》《跳房子》《打沙包》等，都带着这对童男童女那种率真、淳朴、细腻的风格。

麦积山石窟艺术研究所研究员、雕塑家段一鸣：古代秦州雕塑家非常善于取一个人的形象的某一点，这个很重要。比方像我们当地人的这个小孩的杏仁眼，还有那个鼻子，麦积山的童男童女你一看就是天水当地的小孩，尤其是嘴唇微微往上一挑，喜悦的表情就出来了。那么，我就吸收了麦积山塑像这种优秀的特点，把这个元素融入我的雕塑当中。

1956年秋天，日本摄影家名取洋之助来到麦积山石窟拍摄，北魏微笑的佛像给他留下了深刻印象。他说："数达几百个魏代的像全都在嘴边露出不可思议的柔和的微笑。其中很多微笑的表情是在微暗的洞窟内部，受到射进来的柔和光线的反射，隐约可见。"

如果说中国石窟造像艺术在起步阶段还是一种对印度、西域的模仿，最多是做了中国式的微调，那么，进入北魏后，一种浩荡的中原气息从山谷和千崖间涌荡而来，一个极富感染力的"表情包"——"北魏的微笑"，从云冈、龙门石窟向全国弥漫开来，加速了佛像艺术的中国化。

雕塑家段一鸣

段一鸣雕塑《踢毽子》

麦积山石窟第78窟　禅定佛像（吴健　摄）

中国石窟考古第一人王子云先生指出，中国的佛教艺术，虽然传自印度，但是由于中国民族一贯地富于吸收融合外来文化以壮大自己，当佛教犍陀罗式的造像传入中国之初，一般地还保存它原有的形象和服饰，但这仅仅只是一个极短的时间，不久就逐渐地混合了中国的民族特征，蜕变为中国人的形象，甚至穿上了中国的衣服。这些蜕变的实例，在新疆、敦煌、云冈、龙门、麦积山或其他各地的佛窟艺术中，都可以很清楚地看出。

麦积山石窟第127窟的微笑造像

在世界艺术史上，很少有哪个时代像北朝那样执着于佛陀微笑的塑造。从云冈到龙门，从龙门到陇东，佛陀的微笑一路蔓延，不仅影响了麦积山石窟，也辐射到炳灵寺、马蹄寺、文殊山、莫高窟的造像。成千上万的微笑造像，让北朝时期的甘肃石窟走廊变成了一条绵延数千里的佛陀微笑之路。

这是东方最美的微笑，是一种过滤了苦难后的从容淡定，也是人类可以保存最长久而不会令人生厌的表情。

相比之下，麦积山造像更具有汉民族的相貌特征和文化底蕴，数千个真人大小的世俗化造像，无处不在的温暖的微笑，拉近了佛国和人间的距离。无论是微笑造像的数量，还是雕塑艺术的水准，麦积山石窟都是三千里佛陀微笑之路上的一座孤峰。

西安美术学院教授王志刚：你看麦积山的佛像，不管是主尊也好，还是菩萨也好，都是和蔼可亲的。你单独看甚至觉得，哎呀，你到天水市也许就能找到原形。你看人家的生活气息，那个在交头接耳，这个在窃窃私语，这些在河西其他洞窟里没有发现。

宁强认为，麦积山的造像清秀、优雅，特别是面部表情，已经摆脱了那种原始造像的要求，什么庄严啊，雄伟啊，挺然丈夫之像啊，而是有大量的本地人的理解，那就是本地人自己的完美的佛像应该是什么样子，那就是生动的、有趣的、充满人情味的造像，这就是著名的秦州风格。

麦积山的女性佛、菩萨像，不论面部的轮廓还是身体的造型、衣饰等，都是集中了天水当地典型的美女形象塑造出来的。所以有“菩萨如秦女”的说法。

麦积山石窟　菩萨像

中国人有“笑不露齿”的古训。普通人尚且如此，神佛菩萨更是应该肃穆有加，不苟言笑。但麦积山第4窟的这尊隋代菩萨竟然笑得露出了一排牙齿！同一佛龛里的主尊佛和另一个菩萨也忍俊不禁，他们好像刚刚分享了一个特别搞笑的段子，山野间仿佛回荡着他们朗朗的笑声。

王志刚说，咱们一般要求笑不露齿，更不要说菩萨了。只有大同的华严寺里有个露齿菩萨，那就已经让人惊讶得不得了。

也许，在秦州工匠的心里，佛、菩萨就应该是这样开朗的、快乐的，甚至可以是开怀大笑的。

王朝闻先生对天水麦积山佛像有一段精彩论述：

麦积山的佛像作为人间相的写照，没有重庆大足宝顶石雕或云南筇竹寺泥塑那样浓厚的世俗气；然而作为为宗教服务的雕塑，在神性与人性的关系的结合方面，应当说

麦积山石窟第5窟　塑像

麦积山石窟第127窟　胁侍菩萨

是很自由又很严谨的。佛的神态既不显得冷酷无情，也不过于缺乏神性因而显得世俗气太重。把人性与神性结合得那么自然和融洽的艺术匠师，没有给我们留下名姓，也很难揣测他们那创造性的构思过程。但他们富于魅力的创造成果，对于并不信仰宗教的我，不只钦佩他们的智慧和才能，而且对他们所创造的美感到陶醉。

麦积山石窟佛造像的气质是超凡脱俗的。它既不似皇家石窟那般凛然不可亲近，也不似过于世俗化的石窟那般甜俗土气。站在麦积山石窟神性与人性完美结合的塑像面前，扑面而来的是一种神秘温婉的气息，而不是拒人于千里之外的宗教威严。

这一点，恰恰是佛教在中国流传千年不衰的原因之一。

秦州造像的前世今生

很多人并不知道，中华文明的第一道曙光，就是从这个叫作秦州的地方出现的。《史记・五帝本纪》记载：上古时期，伏羲通过观察天地万物，画出了代表天、地、水、火、风、雷、山、泽的八卦。这些神秘抽象的画符，开创了中华最早的文明。

天水注定与造像有缘。传说用黄土抟人而创造了人类的女娲就是天水人，她和伏羲是兄妹。

古秦州还是秦国的发源地。据《史记・秦本纪》记载，西周孝

伏羲与女娲（出自莫建成等合绘国画《敦煌印象　丝路虹霓——丝绸之路》长卷）

王姬辟方召见嬴非子，让他在汧渭之间为周朝养马。嬴非子养马很有一套，他养的马膘肥体壮而且繁殖很快。为表彰嬴非子的养马之功，周孝王把天水一带的秦地封给他，“使复续嬴氏祀，号曰秦嬴，以和西戎”。

秦地不仅出产骏马，而且出产诗歌。

2020年，日本捐赠武汉的医疗物品外包装上写的“山川异域，风月同天”“岂曰无衣，与子同裳”“青山一道同云雨，明月何曾是两乡”等古诗不胫而走，迅速火爆网络。外国人把中华传统诗词引用得如此文雅、贴切，引起国人对传统文化的深刻反思。

“岂曰无衣，与子同裳”一句出自《诗经》中的《秦风·无衣》，原是一首激昂慷慨、同仇敌忾的战歌：

岂曰无衣？与子同袍。王于兴师，修我戈矛。与子同仇！
岂曰无衣？与子同泽。王于兴师，修我矛戟。与子偕作！
岂曰无衣？与子同裳。王于兴师，修我甲兵。与子偕行！

《秦风》是《诗经》十五国风之一，共十篇，收录的都是秦地流传的民歌，最著名、最为大家耳熟能详的就是那首《蒹葭》：

蒹葭苍苍，白露为霜。所谓伊人，在水一方。
溯洄从之，道阻且长。溯游从之，宛在水中央。
蒹葭萋萋，白露未晞。所谓伊人，在水之湄。
溯洄从之，道阻且跻。溯游从之，宛在水中坻。
蒹葭采采，白露未已。所谓伊人，在水之涘。
溯洄从之，道阻且右。溯游从之，宛在水中沚。

这首脍炙人口的诗被誉为中国情诗之最。

冯国瑞依据近代天水发现秦公鼎的事实推断，麦积山石窟对面阳坡上的古墓很可能就是秦文公墓。遥想当年，秦州茂密的林地就是秦嬴的辽阔牧场，决定未来2000多年中国命运的新生力量就在这里滋长。

公元前677年，秦国迁都城至雍（陕西凤翔）。公元前350年，又从雍迁到咸阳。此时，秦国已成为战国七雄之一。最后，秦始皇嬴政吞并六国，建立了中国历史上第一个大一统王朝。

西方人对东方大国的想象，最初依托的就是秦帝国的形象。英文“China”的直译可能就是“秦国”。

但西方人难以想象的是，沿着丝绸之路来到秦州的佛陀是怎样踏着秦军的杀伐之路越过秦岭，汇入八百里秦川，将大慈大悲的佛法传播到中原大地的。

群山峻岭中的麦积山石窟

麦积山石窟第62窟　右胁侍菩萨和弟子立像（庐江草堂　藏）

来到西秦岭小陇山一带，就已经踏到中原的门槛上了。

秦州东邻长安、南接巴蜀、西连河西，又通过长安和北魏平城、洛阳以及南朝相连。东西南北文化交汇之地的特殊地理位置，让秦州自汉代起就是丝绸之路要冲，被称为“千秋聚散地”，是仅次于长安的中国北方文化中心。

当佛教传到秦州时，印度造像艺术和秦州数千年塑像传统就有了一次伟大的相遇，撞出了灿烂的火花。

著名美术史家王子云先生曾说：

在造型艺术中，雕塑是最足以表达民族文化的艺术形式，因为它具有明确的立体形象，能给人以比绘画更深刻、更完美的印象。我们试看世界上几个具有古典文化的国家，如埃及、亚述、希腊和罗马，他们到现在所遗留的文化遗迹除少数的建筑如陵墓或神庙以外，几乎全是雕刻的制作。这些制作，虽然都是属于神话的和宗教的体裁，但它的造型美，是代表着每一个民族的文化面貌的。

佛教创立之初没有偶像崇拜，也不存在佛像。最初只用足印代表佛的修行之路，以菩提树表达觉悟，用莲花座代表世尊本体，用法轮象征佛传授的理论，直到公元前334年，马其顿国王亚历山大大帝东征后，情况才发生了变化。

犍陀罗佛像（日本平山郁夫美术馆　藏）

在历时10年的东征中，亚历山大一路攻城略地，先后征服了波斯、埃及、巴比伦、印度等国家，最终建立了西起希腊、东到印度恒河流域、南临尼罗河、北至巴比伦，地跨欧、亚、非三洲的亚历山大帝国。这场掠夺性的远征，客观上促进了古希腊文化与东方古国文化的交流和融合。

大量希腊移民随着亚历山大大帝来到亚洲地区，带来了全新的生活方式和文学艺术。作为希腊化的一部分，阿波罗造像也进入了东方佛国。很快，犍陀罗谷地和印度西部流行起了阿波罗崇拜，佛教徒们感觉到了来自新宗教的竞争威胁。他们主动放弃原始戒律，学着为佛陀造像。犍陀罗的工匠们吸收了希腊雕像和浮雕的风格，结合本地特色，创造出了一种新的民族艺术形式——犍陀罗佛教艺术。

佛祖释迦牟尼涅槃500年后，第一尊佛像在犍陀罗诞生了。

佛像身着希腊式长袍，衣褶下垂。眉目端庄，鼻梁高挺，头发有波浪，头顶有发髻，很接近阿波罗神。

与此同时，印度笈多王朝的艺术中心马图拉也不甘落后，当地艺术家们创造出大量的红黄砂岩佛像。佛像身体颀长，湿衣贴体，比犍陀罗造像多了几分东方韵味，被称为马图拉佛像艺术。

这两种佛像艺术在当时盛极一时，很快辐射到了所有佛教传播之地。

中国最早的人像艺术是陶俑。20世纪70年代之前，考古界认为最早的人像大都出自公元前5000年至公元前3000年的陶俑。然而，天水市秦安县大地湾遗址出土的彩陶却改写了中国雕塑史。

1973年，秦安县五营乡邵店村农民张德禄在农田里挖出了一个人形彩陶瓶，他觉得好看就拎回家了。5年后的1978年，秦安发现8000年前的大地湾遗址，负责挖掘的省考古队向附近村民征集文物，张德禄就把陶瓶上交了。考古人员一看都惊呆了。这件彩陶瓶证明，远在7000—8000年前，泥塑人像艺术就已经在秦州大地上生根发芽。

马图拉佛像（图片来自网络）

在大地湾遗址出土的上千件陶器中，人像陶器仅此一件。这尊人头形器口彩陶瓶为细泥红陶，器形为长圆柱体，瓶口是一个东方美女的头像，葫芦形瓶体上，几道交叉的粗犷线条织成了美女的花裙子。

甘肃省博物馆馆长贾建威：大地湾美女的发髻修剪得非常整齐，相当于现在的齐刘海儿，这个发髻不像我们现在描述原始先民的那种披头散发，而是梳妆打理得非常精致而且时髦。这说明8000年前的秦州人就已经走在了时尚的前沿。

中国已知最早的微笑塑像也来自秦州。

天水柴家坪出土的红陶人面像，距今7000年。人像双颊丰满，下颌略尖，眼睛不再是两个洞，而是塑出了眼皮和眼睑。鼻子也有了鼻准和鼻翼，嘴唇上翘，弧度优美，萌态十足，活像七千多年前的“微笑表情包”。

天水柴家坪出土的仰韶文化红陶人面像

秦州大地上的彩陶把中国古代雕塑史拉长了三千年。

不过，秦代以前的陶俑以小型为多，大型人像雕塑极为少见，而且小型陶俑也有很大一部分是从模型中塑造出来的，我们看不到健美的四肢、清晰的五官和飘扬的衣褶。直到秦始皇造兵马俑时，才把俑的高度从数十厘米提高到与人等身，似乎终于有勇气把人像真正当成了人。

秦始皇兵马俑好像是突然出现的天外来客。

在秦之前的几千年中，中国从未出现过高度写实的圆雕人像作品。秦兵马俑的8000个官兵战马俑都和真人真马等高，而且结构准确，比例和谐，无论站姿还是跪姿，都栩栩如生。虽然整体看似一个模子翻出来的，但每个俑的长相、发式、衣饰都极具特色。

那么，这些兵马俑到底是谁制作的？秦国怎么会一下子冒出这么多懂得人体结构的雕塑工匠呢？

有学者认为，秦始皇建造兵马俑时，很可能从希腊、罗马请来雕塑家参与设计制造。直到考古学家在陶俑的身上发现了80个秦国陶工的人名，这个疑团才终于破解。

秦国为了监督工匠的生产过程，实行了“物勒工名”制度，规

秦始皇兵马俑

霍去病墓　马踏匈奴石雕

定每个工匠都要在自己承制的建材和器具上刻上名字。制作兵马俑的陶工有的来自秦国宫廷，有的来自地方的制陶作坊，都是经验丰富的能工巧匠。

显然，他们中的很大一部分来自陶器制作技艺一直很发达的秦州。

随着一统天下的秦国迅速灭亡，高度发达的秦国雕塑也与秦始皇一起被历史掩埋。两汉时期再也没有出现过大型圆雕人像。最具艺术价值的汉代雕像是西汉骠骑将军霍去病墓前的马踏匈奴石雕。这组群雕由战马、卧虎、卧牛、象等形象组成，造型简洁，朴实敦厚，雄浑博大，充满天趣。

袁运生：马踏匈奴组雕显示出汉朝雕刻家整体高于一切、精于利用石材、更少雕凿痕迹的创作理念和艺术家那种非凡的气概，宽厚、自信的精神力量。无疑，这一组雕刻在世界雕刻之林必有其堂皇的领先地位。

一切都随着佛教造像艺术的传入而改变了。

中国古人在绘画、书法、雕刻等造型上运刀如笔、运笔如刀的艺术技巧和写意传神、气韵生动、虚实相生的创作理念，不输于任何国家和民族。当他们与西来的佛像艺术相遇时，注定有一次心领神会的交融。

从十六国、南北朝时期开始，中国雕塑受到了佛教艺术的刺激和启发，进入了蓬勃发展的新时期。汉代流行的石刻、浮雕逐渐被大型圆雕人物像所代替，泥塑佛像艺术异军突起，圆雕人像之盛大、艺术之高超，前所未有。

张总：佛教的发展需要艺术来吸引人，普通民众都是从参拜佛像来理解佛教的教义和佛的境界的。佛像进入中国以来，中国的雕塑一下子就丰富了，艺术语言一下子就丰富了，中国雕塑开始用真正的雕塑语言来说话了。

佛教传入秦州后，印度佛像雕塑技术很快被秦州塑匠们所掌握。他们在借鉴外来版本的基础上，融入了中华民族的审美情趣，加入了自己的大胆想象，在麦积山上塑造出了自己心中的佛国。

中国敦煌吐鲁番学会原副会长兼秘书长柴剑虹：佛教艺术东进玉门关和阳关之后，在当时的凉州和敦煌地区形成了独具特色的凉州风格和敦煌特色，向东影响麦积山和炳灵寺，并进而扩散影响至云冈、龙门。在这中间，天水麦积山石窟由于紧接古都长安，因此，保存在洞窟内的那些精美的雕塑壁画成为外来佛教艺术逐步中国化的最主要的代表。

就这样，从巴尔干半岛到印度河流域，再从西域到河西，从河西到中原，然后又到日本及东南亚，古希腊雕塑艺术以佛教为媒介，以丝绸之路为途径，让几大文明古国携起了手。

在很长一段时间里，旅欧著名美术家熊秉明都认为中国没有真正意义上的雕塑。1949年，他到自己的导师、法国著名雕塑家纪蒙家里参观，导师家有一个陈设藏品的大厅，装满了来自希腊、罗马、印度、中国的雕刻。导师说，你们知道所有这些雕刻里面最精美的

麦积山石窟第5窟　弟子（吴健　摄）

麦积山石窟第135窟　佛像

卢舍那佛像　东魏（诸城龙兴寺遗址出土）

是哪一件吗？就是中国北魏的佛头。

当时熊秉明听了大为惊讶，心想这不是迷信品吗，怎么会变成最高层次的艺术品呢？他说：

> 在纪蒙的工作室里，我第一次用艺术的眼光接触中国佛像，第一次在那些巨制中辨认出精湛的技艺和高度的精神性。纪蒙所选藏的雕像无不是上乘的，无不庄严、凝定，又生意盎然。在那些神像的行列中，中国佛像弥散着另一种意趣的安详与智慧。我深信那些古工匠也是民间的哲人。我为自己过去的雕刻盲而羞愧。我受到了猛烈的一记棒喝……我们得到了另一种大觉大悟，我们懂得了什么是雕刻，什么是雕刻的极峰。

后来，熊秉明读了瑞典汉学家喜龙仁（Siren）的著作《五至十四世纪的中国雕刻》，更加明白了西方人在佛像中看见了什么。那是我们所未见的或不愿见的。喜龙仁在书里写道：

> 那些佛像有时表现坚定自信，有时表现安详幸福，有

米开朗基罗《摩西》

炳灵寺石窟　卧佛局部　北魏

时流露愉悦，有时在眸间唇角带着微笑，有时好像浸在不可测度的沉思中，无论外部的表情如何，人们都可以看出静穆与内在的和谐。

显然，在喜龙仁这样的西方鉴赏家眼里，中国古代佛像似乎是比米开朗琪罗的《摩西》更高一层次的作品。

熊秉明认为，中国艺术，包括中国雕塑之所以能一枝独秀地屹立在世界艺术之林，全在于它有着与众不同的许多特点。这些特点是世界所承认和尊重的。当许多中国人奔赴西方学习雕塑时，西方雕塑家也来中国借鉴中国古代雕塑。

熊秉明曾亲耳听到一位美国雕塑家对中国美术学院的雕塑系学生说过：“你们不要捧着金饭碗要饭。”

北朝雕塑博物馆

秦州森林的茂密超出了人们对甘肃的想象。麦积山，这座酷似麦垛的孤峰，是小陇山区最先被太阳照亮的部分。“麦积烟云”位列秦州八景之首。

麦积山石窟雕塑数量之多也超乎想象：这里有十六国、北魏、西魏、北周、隋、唐、五代、宋、元、明、清等十多个朝代的194个窟龛，石胎泥塑、木胎泥塑和石刻造像10632身。

早在5世纪初，麦积山一带就有了佛教活动。南朝梁天监十八

“秦地林泉之冠”麦积山

年（519年）慧皎撰《高僧传·玄高传》记载，著名禅僧玄高聚集僧人百余人在“秦地林泉之冠”麦积山修禅，连长安高僧昙弘也跑来与玄高讨论禅学，两大高僧聚首麦积山，让这里成为北方地区重要的佛教活动中心。

后来，玄高从陇西来到凉州讲解禅学，受到北凉王沮渠蒙逊的优礼。远近僧人都来凉州学习，他被公认为西北禅学的一代宗师。

频繁往来于长安、秦州、西秦、凉州、平城的玄高大师，对中国早期佛教的传播以及麦积山、炳灵寺、天梯山和云冈石窟的开凿都产生过直接和间接的影响。

那么，到底谁是麦积山石窟最早的开创者呢？

早在1950年，麦积山刚勘察完不久，史岩和日本的町田甲一就同时发表了不同的观点，这两种观点一直争论至今。

史岩认为，麦积山前期74窟、100窟、70窟、71窟、77窟等是北魏太武帝“灭佛”（446年）以前开凿的，相当于公元4世纪末、

麦积山石窟第74窟　右胁侍菩萨　北魏（庐江草堂　藏）

5世纪初之作，并影响了后来的云冈石窟。他甚至还认为昙曜五窟“可能就是由麦积山派遣来的优秀作家所造作”。

史岩早就注意到云冈石窟与其远亲印度（或中亚、西域）石窟之间，还应有一个近亲的中介或过渡环节。此前他踏遍河西天梯山、马蹄寺等凉州石窟群，最终将落脚点放在了麦积山石窟。

甘肃省博物馆原馆长初世宾：史岩此论绝非“空穴来风”。因为北魏平定北凉后掠夺了大批佛僧、工匠东迁平城，成为后来北魏佛教艺术大肆造作的参与者。而众所周知，如《高僧传·玄高传》所载，北魏所掠人众中也包括后秦、西秦的僧徒等。

而町田先生认为，麦积山全部早期洞窟几乎没有一个可以上溯到后秦或5世纪前半期的，现存较早之作，也晚于孝文帝太和中期，开凿年代与龙门或云冈之龙门期大体同时。

双方的争论一直没有结果。直到1963年炳灵寺第169窟发现了西秦建弘元年（420年）的墨书题记和佛像遗迹，关于十六国时期佛教艺术和麦积山开创时间的一系列谜团，终于有了判断的标尺。

亲自参与了炳灵寺西秦墨书题记发现过程的甘肃省博物馆原馆长初世宾先生，用西秦佛像艺术作为断代依据，对甘肃早期石窟的形成、发展历史和艺术特征有了更清晰的认识，并将甘肃石窟群分布由西向东划分了五个区系：

（1）河西走廊西部，称为敦煌区系，以莫高窟为代表，含榆林窟、东西千佛洞、玉门昌马大坝、下窨、酒泉文殊山等；

（2）河西走廊东部，称为金塔寺、天梯山区系，包含马蹄寺、千佛洞、上中下观音洞等；

（3）甘肃中部：炳灵寺区系，包含靖远法泉寺；

（4）陇南、渭河流域：麦积山区系，包含周边的大像山、水帘洞、木梯寺、仙人崖石窟等；

（5）陇东、泾河流域：王母宫、南北石窟寺区系，包括泾川罗汉洞、华亭石拱寺、合水保全寺、张家沟门石窟等。

初世宾：以上五个区系，除陇东一系为北魏统一以后受平城、洛阳二京影响之作，其余均产生于十六国佛教东进之浪潮中，均应早于云冈。它们各有特定的地域、政治背景，不是朝廷敕建（如姚秦“六国共修”；炳灵169窟“国大禅师”建造，天梯山沮渠蒙逊为母立像等），便是高僧驻锡、隐士遁世的禅林幽居（如昙弘、玄高隐于麦积；天竺禅师昙无毗“领徒立众”；段业读书天梯山；郭瑀修行“临松薤谷”马蹄寺；乐僔、法良坐禅莫高窟等等），均发现十六国时期窟龛及相关文献记载和历代相继造凿的窟像，遗迹文物与历史资料极为丰富，应该说毋庸置疑。

根据麦积山崖壁上的南宋绍兴二年（1132年）题记，这座石窟“始于姚秦，成于元魏”。“姚秦”是指十六国之一的后秦，“元魏”指北魏。后秦皇帝姚苌、姚兴兄弟是羌族，而甘肃陇西、天水一带，正是羌族的发源地之一。

麦积山石窟第78窟　仇池供养人像　北魏

后秦皇初三年（396年），姚兴占领天水郡的成纪（今平凉市静宁县广爷川及天水市秦安县叶堡一带）、上邽（今天水市市区），进而夺取了陇西郡。姚兴的叔父姚硕德先后被姚兴委以秦州牧、陇西公等职。

十六国时期，北方胡族政权不但要和南方汉族王朝PK武力，还要在文化软实力上一争高下。尽管中国儒、道文化不是胡族的强项，但姚秦政权也下足了功夫。他们大力提倡儒学，兴办学堂。当时的长安，云集了许多名硕大儒，如天水姜龛、东平淳于岐、冯翊、郭高等都在长安开坛讲学，各有弟子门生数百人。各地慕名而来的求学者更是多达万人。姚兴曾指示各地关卡，对来往的儒生一律放行，不许刁难。他自己也以精通中华典籍而远近闻名。

姚兴对佛法的崇信更是达到了登峰造极的地步。当时，他派姚硕德领兵攻打后凉，抢得“网红”高僧鸠摩罗什后，又将御花园逍遥园开辟为皇家译经场，把天下名僧、京师义学中的沙门、信奉佛教的官员等集中到一起，共汇聚名僧八百、徒众三千，倾尽一国之力帮助鸠摩罗什译经。姚兴还经常率群臣旁听，参与翻译。鸠摩罗什手持梵文经本口译，他对照汉文进行考校。

在姚兴的号召下，后秦举国上下崇信佛教，一时寺院林立，梵音袅袅。仅长安一地的僧人就有5000多人，有的地方事佛的人竟达到“十室而九”的地步。

姚硕德之后，姚兴的弟弟姚嵩主政秦州。这就使麦积山石窟的开窟同时具备了天时、地利、人和三大优势。

张总：后秦皇帝姚兴在长安，直接建造麦积山石窟的可能性并不大，但是他的弟弟姚嵩正好主政秦州，这样一来，由姚兴来支持，由他弟弟姚嵩具体实施麦积山石窟的开凿，还是一个很合理的推测。

麦积山东崖、西崖分别有两组摩崖大像。第13窟东崖大像主尊佛高17米，两侧菩萨高13米，是麦积山最大的一组塑像，也是麦积

麦积山石窟第13窟　东崖大佛（20世纪50年代摄，庐江草堂　藏）

东崖大佛近景

山的标志。始凿于隋代，南宋绍兴年间重塑。

1982年，李云鹤先生在修复东崖大佛时，从大佛眉心的“白毫相”中发现了宋代定窑瓷碗和一卷《金光明经》唐抄本。瓷碗底部有古代工匠题记“秦州甘谷城塑匠高振同，绍兴二十七年八月十五日”字样。这是麦积山石窟第一个留下姓名、籍贯的塑匠。

第98窟西崖大像主尊佛高13米，两侧菩萨高9米，是整个西崖的视觉中心。大佛脚踩云头，立于绝壁，俯视群山，接引众生。虽然经过了重塑，但题材和造型却透露出早期造像的特征。

麦积山石窟艺术研究所研究员夏朗云：这个佛，脚下踩的是云头。从这个类型的或者造型的角度上来说，这个佛就只能是阿弥陀佛，因为佛经上记载，阿弥陀佛是踏着云头来接引众生的。后秦的时候，迎请了西域高僧鸠摩罗什到长安翻译佛经，他首先翻译的佛经就是《阿弥陀经》，这说明后秦的时候对阿弥陀佛的崇拜是非常重视的。从这一点，我们就进一步认识到这个窟有可能是后秦时候的洞窟。

后秦时期，中国内地尚未出现如此巨大的佛像，这显然不是一般信众所为，很可能是后秦的“皇家工程”。

杜斗城教授发现，麦积山最早的一批石窟造像都是三佛题材，保存比较完整的第74、78窟里，上、左、右三面各塑一佛，三佛同大，佛像面相方圆，深鼻高目，身体高大雄健，都有水波纹的高肉髻，身着半披肩袈裟。两侧的胁侍菩萨上身袒露，赤足站立。他认为这种造像风格与炳灵寺第169窟公元420年的西秦造像非常接近，应该是同一时期的作品。

麦积山三佛窟的出现，与后秦姚兴的《通三世论》有很大关系。

姚兴曾在鸠摩罗什指导下撰写过《通三世论》。在这部佛教理论著作中，姚兴极力论证过去世（前生）、现在世（今生）和未来世（来生）“三世”的真实存在，教人相信佛教因果报应、三世轮回理论的正确。他认为，虽然其中的过去、未来两世，今世人的眼睛不能看到，但一旦因缘和合，就可以清楚地看到。

杜斗城：姚兴如此关心“三世”问题，并非一时心血来潮，也非卖弄自己的学问之深。因为“三世实有”思想符合统治者的利益。前世作恶，今世果报，来世未定。换言之，现世的社会秩序、统治者和被统治者、皇帝和老百姓之间的差别在前生就决定了，现世的老百姓只能“逆来顺受”。魏晋南北朝以来，这种思想实际上一直是维护中国封建社会的稳定器。

麦积山石窟第98窟　西崖摩崖大像

麦积山石窟第87窟　迦叶弟子立像　北魏（庐江草堂　藏）

麦积山石窟第74窟　如来坐像　北魏（庐江草堂　藏）

正是在这种思想的影响下，麦积山早期石窟的题材都选择了“三佛”。与此相映成趣的是，麦积山早期的三佛窟一般都规模宏大、造型雄伟，颇有帝王气象。像这样的巨作，根本不可能是地方官府和民众可以开凿的，应是后秦王朝的“国家工程”。

但很多学者认为，麦积山石窟找不到后秦时期的造像，最早的洞窟应该是北魏时期开凿的。

何正璜在《一串被遗忘的珍珠——天水麦积山石窟艺术》一文中写道：

> 今天在麦积山可以看到的最早作品是北魏的塑像，那些微长的面型，流利的衣褶，微带生涩而风格新鲜的作风，令人立刻联想到云冈、龙门的北魏石刻和敦煌魏塑。虽然北魏的遗物在麦积山很少，但既有它的存在，而且又找不出比它更早的作品，因此我们说麦积山石窟始建于北魏（386—534年），当无大错。

在五胡十六国当中，北魏是信奉佛教最晚的国家，但统一北方后，北魏佛教却出现了井喷式发展的势头。特别是文成帝复法之后，北魏皇帝不仅亲自参与佛事活动，而且号令地方建塔立寺、开窟造像。正是在这种背景下，麦积山石窟的早期营建达到了高潮。

到北魏晚期，受到以洛阳为中心的中原佛教造像的影响，麦积山造像基本脱离了外来影响的束缚，逐步形成了世俗化极浓厚的造像风格。于是才出现了如第121窟的“窃窃私语”、第133窟的“微笑小沙弥”像等许多脍炙人口的造像。

20世纪70年代末，袁运生和中央美院师生曾到莫高窟、麦积山等几处石窟考察、临摹，最让他感怀的莫过于北魏的塑像。

袁运生：相比敦煌魏塑的粗犷、单纯、平直，麦积山的魏塑更成熟、细腻、精炼。在北魏艺术里，即使是雕塑也是有线的造型意识，这正是使麦积山魏塑具有特殊韵味的原因。北魏艺术不是特别求形似，它求的是神。所谓神，就是精神的表达。因为是精神的表达，所以它不会做得那么细致，那么周到，它强调的是那个姿态，那个味道。这个也是很难的事情，并不是很容易的，这需要你对你想要的是什么样的形象有一个特别清晰的理解。如果你非要做得跟真人一模一样，那个感觉就不对了，而是要把那个神气做出来。

莫高窟有个藏经洞，麦积山有个藏碑洞，这就是第133窟。这里发现了18块北魏至西魏的石刻造像碑，上面雕刻了大大小小3400多个人物和动物形象。

第10号佛传故事碑将释迦佛一生的事迹，从“燃灯授记”“乘象入胎”“树下诞生”起，到“九龙灌顶”“剃度出家”“降魔成道”“树下说法”“涅槃”为止的8个故事分成8格，每一格刻一个小故事，整个看起来像一套浮雕连环画。

“乘象入胎”部分，秦州雕刻匠把笨重的大象刻得非常稳健，象鼻子高高扬起，四足夸张地分开，象背上飞起两条飘带，增强了飞奔的动态。“涅槃”部分，弟子们围绕在卧佛背后，有的哀悼，有的惊诧，有的祈祷，有的留恋，在国内石刻造像中是不可多得的杰作。

雕塑大师刘开渠尤为欣赏藏碑洞第16号造像碑。这块碑上刻着坐在轻罗帐下的三个菩萨，她们不像是神，倒像是三个身着软缎长裙的妇女在面对面谈心事。她们动作雅致，身段秀丽，衣纹微荡。整个浮刻的高低搭配得如此之妙，不管光线从哪边照过来，都让人像是面对着一朵清晨中的玫瑰花。这无疑是北朝时代最好的作品之一。刘开渠说：

袁运生教授在复制的古代塑像前

麦积山的各洞中有不少脸型甜润、面含微笑，或似沉

麦积山石窟第133窟　10号造像碑

麦积山石窟第121窟　弟子与比丘尼（吴健　摄）

思冥想，令观者感到纯洁、优美的泥塑。敦煌如果是一个历代壁画大画馆，麦积山则是我国历代的一个大雕塑馆。

北周时期，麦积山又一次出现了造像的高潮。在保持了数十年秀骨清像的风格之后，北周佛像出现了敦厚壮实、饱满圆润的风格，令人耳目一新。

北魏、西魏、东魏、北齐和北周五朝统称为北朝，与南方相继出现的宋、齐、梁、陈合称为南北朝。南北朝上承东晋十六国，下接隋朝，是中国历史上一个大分裂时期。痛苦中的人们更渴望心灵的慰藉，因此佛教在北朝更加盛行。

最早考察过敦煌石窟的王子云先生认为，麦积山的造像艺术，就实际情况来说，在形体比例和形象刻画上，一般是要高出敦煌的塑像和云冈、龙门的石刻的。这主要的原因是秦州接近西魏和北周的都城——长安，由于渭水交通的方便，当时的麦积山集中了人力、物力的优越条件，聚集了很多有才艺的名手来从事佛窟的制作。

麦积山石窟一万多身泥塑和石雕中，九千多身都出自北朝。这是中国留存北朝造像数量最多、艺术最精美的石窟，是一座名副其实的北朝雕塑博物馆。

由于历史上中国内地战乱不止，宋代以前的砖木建筑寺庙几乎毁坏殆尽，古代艺术家创造的大型佛像、供养人像等塑像传世极少，以至于中外研究者都误认为汉代以后很少有大型雕塑杰作。但麦积山石窟5世纪左右的九千多身精美塑像的发现，弥补了中国雕塑史的空白，让南北朝时期的中国雕塑一下子琳琅满目，精彩纷呈了。

天水麦积山石窟艺术研究所研究员张铭：为什么叫北朝雕塑博物馆呢？也就是说，在这一个地方，汇集了北朝开始到结束的所有的完整序列，这在其他地方是不具备的，因为其他地方都是偏重于某一个朝代，或者只有某几个朝代。在麦积山是从北朝开始到结束，这个序列是完整的，也就相当于以一个大型的山体为背景而整个雕刻的一个博物馆。

崖壁上的爱与哀愁

在秦州大山深处的慈航寺，段一鸣和雕塑家何鄂站在两米多高的脚手架上，对观音菩萨塑像的微笑表情做最后的微调。在何鄂看来，微笑是菩萨塑像能否传神的关键。仅一个微微上翘的嘴角，80多岁的何鄂就站在脚手架上精雕细刻了整整一天。

何鄂：我觉得这样的神态和它的嘴，就是要给人一种很平和的感觉。这嘴角就像是在对你微笑，每一个人看到都会想到，她很快就要和你说话了。

在雕刀的反复打磨下，观音菩萨的微笑渐渐定型，这微笑含而不露，既有神性的光芒，又有尘世的温度。

何鄂大半辈子都在参悟佛陀的微笑。

1962年，她刚到敦煌莫高窟上班的时候，雕塑大师刘开渠正在组织专家清查销毁莫高窟清代的丑恶雕塑。这件事对何鄂震动很大。当丑恶塑像被毁的那个瞬间，何鄂心想：作为雕塑家，一辈子都不能做低劣的雕塑。她说，它是会被拆除的，会被扫到垃圾堆里去的，

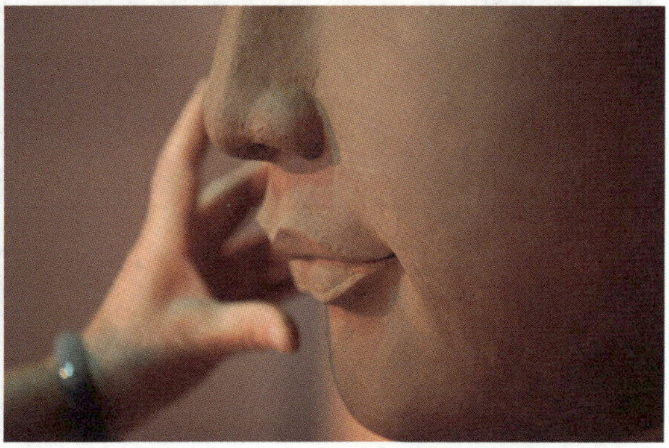

何鄂与段一鸣在慈航寺雕塑菩萨像

只是迟早的问题。

从此，莫高窟多了一个每天钻洞子临摹彩塑的女雕塑家。

1983年，何鄂创作的大型石雕《黄河母亲》成了兰州的城标，跻身中国当代最经典雕塑之列。

直到今天，83岁的何鄂依然没有放下雕刻刀。每天早晨，她都像迫不及待去约会一样，赶到施工现场看一眼昨天的雕像，心里默默地对自己的作品说：“我爱你。”

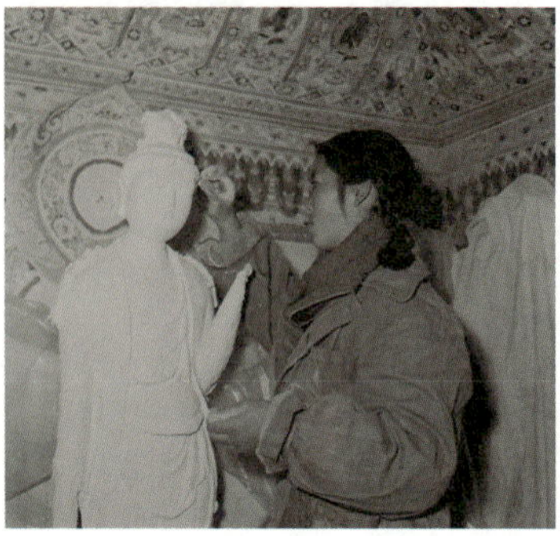
20世纪60年代，何鄂在敦煌莫高窟临摹塑像

1500年前，同样的泥土，同样的工艺，秦州工匠们怀着虔诚的爱，在麦积山塑造他们心中的雕像。

在麦积山133窟的入门处，立着一尊3米高的接引佛，佛前侍立一位少年。这是释迦牟尼第一次见到7岁的儿子罗睺罗时的场景，也是难得一见的表现佛陀与儿子亲情的雕塑作品。

罗睺罗是释迦牟尼的儿子，他出生后的第七天，父亲就离开王宫，夜半逾城，出家修行了。后来，释迦牟尼克服种种障碍，最终在菩提树下悟道成佛。

秦州工匠将父子相见的画面定格于一个感人的瞬间。佛祖柔和

罗睺罗

佛祖局部

麦积山石窟第44窟　佛像（吴健　摄）

的大手停在罗睺罗头顶，似乎要抚摸儿子。微微俯视的目光中包含爱怜与深情。罗睺罗双手合十，微微颔首，第一次见到父亲的生疏与委屈，被刻画得生动传神。

首都师范大学长江学者特聘教授宁强：我们注意到释迦牟尼的手，他的手放在罗睺罗的头上，而且这只手刻画得极为生动。它不仅柔软、富有人情味，而且充满了力量，他在保护他的儿子。但是他的眼睛却没有和罗睺罗有一个交流。正相反，他的眼睛炯炯有神，望向芸芸众生。

麦积山石窟第133窟　佛祖与罗睺罗

这是佛陀的父爱，也是人间的大爱，它超越了神与人的界限，照亮了苦难岁月中芸芸众生的心。

然而，当不得不面对死亡时，佛陀又该露出怎样的表情呢？

1947年，当冯国瑞先生从崖壁上摆荡到44窟时，第一眼就被这尊美丽的佛像惊呆了。他根据相关的史料推断，这尊佛像就是史书《北史·后妃列传》中的乙弗氏。

第44窟前室早已坍塌，数百年里佛像一直裸露在外，风雨剥蚀下，塑像的赋彩已经褪去，露出泥土的原色。从面部特征来看，佛像俨然是一位贵族美少妇。她蛾眉凤眼，似闭非闭，朱唇微启，嘴角含着若有所思的神秘微笑。很多人惊叹："她和真人相比只差体温了。"

中央美术学院雕塑系教授田世信：太好了！中国人对这个女性的头、颈、胸的关系的那种捕捉，那种归纳，太完美了！实际上，在雕塑中，有取舍是肯定的，外国人也讲究取舍，而中国佛像中的这种取舍，体现的是匠人们非常好的一种心境。

最动人的还有佛像的裙裾，优美流畅的衣纹如春水般卷着层层波浪倾泻而下，秦州工匠竟然用泥土塑出了柔软丝绸的质感。

中国人常把母亲比作今生的佛，把救度苦难的人称为人间的菩萨。这种对佛的理解，使得中国佛像艺术充满了人性的温度。

乙弗氏出身吐谷浑王族，先祖号称青海王。归顺北魏之后，吐谷浑王族也享受累世公爵的待遇，连续三代王都娶北魏公主为妻，他家的女儿也多半当了王妃。乙弗氏16岁嫁给表哥元宝炬，25岁被立为皇后。

这时北魏分裂为西魏、东魏，国力大减，威风不再。蒙古高原

麦积山石窟第44窟　主佛及菩萨塑像

新崛起的游牧民族柔然不断侵扰边境，多次兵临城下。无奈之下，皇帝元宝炬就拿自己来“和亲”，迎娶了柔然公主郁久闾氏。

这位郁久闾氏可不是个省油的灯，她提出必须废了皇后乙弗氏，自己当皇后。元宝炬不得已废了乙弗氏，将她送到儿子——秦州刺史、武都王元戊的领地麦积山出家，并嘱咐乙弗氏“带发修行，以期团圆”。郁久闾氏得知后更加妒火中烧。

不久，柔然悍然出动大军渡过黄河，直逼边境。朝野上下惊恐万分，大臣们一致认为柔然发动进攻，是因为柔然公主不被宠爱的缘故。在众臣的压力下，元宝炬将一纸“赐死”诏书送到乙弗氏面前。临死之际，乙弗氏遥对长安，祝福元宝炬：“愿至尊享千万岁，天下康宁，死无恨也！”

乙弗氏死后，儿子元戊命人依照他母亲的形象塑造佛像。于是，在麦积山崖壁上，秦州工匠把一位爱情悲剧的女主角，定格为一尊美丽的主尊佛像。

为了爱情，为了百姓免遭涂炭，即使香消玉殒，她也报之以慈悲的微笑。

也许秦州的工匠们深信，乙弗氏的美足以让人类忘却仇恨与杀心，足以涤荡人世间的贪婪、丑恶，永远给人以温暖和希望。

王仁裕在《玉堂闲话》中称之为“天堂洞”的第135窟，是麦积山石窟中规模较大的洞窟，也处于西崖最高层。窟中除了泥塑和壁画之外，出人意料地出现了一佛二菩萨三尊石雕像。石雕主佛高近2米，重约2吨，是麦积山最大的石雕像。石像用汉白玉雕刻而成，显然不是出自麦积山砾石岩体。那么，四周都是泥塑的洞窟里为什么突然出现了石雕立佛呢？而且，在没有起重机的古代，把约2吨重的石像搬进离地面70米高的洞窟中，当时的人们是怎么做到的？

更为奇特的是，石雕佛像的背上有一个反刻的“乙”字，笔画刻得很深，很有力，这里面又藏着什么秘密呢？

麦积山石窟艺术研究所研究员夏朗云：立佛背后这个反写的“乙”字，表示的是从佛的后方，乙弗氏的灵魂被主佛接引，往生西方极乐世界。我们看到的是乙弗氏的背影，这个“乙”字其实就代表了乙弗氏灵魂的背影，所以它是反写的。因此从这个证据上来说，这个立佛实际上就是当时为接引乙弗氏的灵魂立的佛。

麦积山石窟艺术研究所研究员孙晓峰在第127窟也发现了与乙弗氏有关的内容，那就是洞窟四壁的西魏壁画。他认为，乙弗氏的儿子、武都王元戊在设计这个功德窟的时候，就是想通过这些不同

麦积山石窟第135窟　释迦三尊石雕（20世纪50年代摄，庐江草堂　藏）

2018年拍摄

麦积山石窟第135窟　释迦

麦积山石窟第135窟　壁画

堪与《女史箴图》媲美的麦积山壁画

内容的壁画来表现他对母亲的纪念和祈愿。

孙晓峰：正壁《涅槃变》是希望他母亲将来能够达到佛祖的涅槃境界，脱离平常人转世轮回的这种痛苦。左壁《维摩诘变》隐含的意思是维持他母亲生前的贵族生活。右壁《西方净土变》就更不用说了，希望母亲进入西方极乐净土世界。前壁下方的《地狱变》，实际上表现的是一种扬善惩恶的观念，是对他母亲被迫自杀的怨恨的一种宣泄；上方的《七佛变》反映佛法源远流长，期望母亲永驻佛国世界。顶部的《萨埵那太子舍身饲虎图》反映他母亲为了西魏国家做出的巨大牺牲。窟顶正中的这个藻井，也是洞窟最核心的部分，里头有一个《帝后升仙图》，寄托了他对母亲得道升仙的美好期望。

冯国瑞先生在考察中发现，被誉为东方雕塑馆的麦积山石窟虽然只留下1000多平方米壁画，但却是中国最早的经变画作品。其中的北魏经变画，比敦煌莫高窟的经变画要早50年—100年，艺术价值也不在敦煌之下。

孙晓峰：我们可以通过麦积山这些大量的本生和经变故事画，管窥到南北朝时期中国的整个绘画，包括南朝地区、中原地区的绘画发展传承演变的整个过程。在它的表现形式上，融合了中国传统的中原绘画的很多东西。换一句话说，这些经变故事画就是一种中西文化交融碰撞的产物。

何正璜先生在麦积山残存的壁画中看出了北魏时期秦州画工的优美笔触。她说，壁画里飞天和供养菩萨都穿戴着北魏时代的衣冠，飘忽地飞舞在云天和花朵里。它不同于敦煌北魏壁画中那些乐人和夜叉的粗壮线条，也不同于北魏石棺上的豪迈刻纹，却是用一种精致细匀、遒劲圆润、细如银丝的线描画而成。她认为这种线描技法和东晋顾恺之的名画《女史箴图》如出一辙，只不过它们被遗忘在了麦积山的烟云深处。

麦积山石窟的巅峰之作

北周保定三年（563年），秦州大都督李允信动用数十万民众在麦积山最高处为亡父营造七佛阁（也称“散花楼”），创造了一个中国石窟建筑史上的奇迹。

麦积山现存北周洞窟39个，雕塑1000余身，壁画150平方米，相当于北周时期麦积山平均每年开凿1.5个洞窟，这也是历史上少有的造窟高潮。

七佛阁开凿在离地面70米高的麦积山顶端，是目前国内最大的

七开间八柱崖阁宫殿式石窟，高15米，长31.5米，深7米。窟内一字排开7个方形大龛，供奉着7尊佛。龛前凿出长廊，排列着8个直径1米、高达12米的八棱石柱，拱卫着里面的7个佛龛及壁画、雕塑。悬崖外，苍茫云山伸手可及。

这样一座大型宫殿式窟廊，别说在70米高的山崖上，即使建在地面上也是罕见的工程。其气魄之雄健，构造之华丽，工程之艰巨，都是任何其他地方的石窟所不能企及的。

张铭：当时北周的宇文泰“集团”为了拉拢关陇“集团”，实行与当地大族结亲和府兵制这两种制度相结合的政策。结亲就是为了拉拢人，府兵制就是把地方的乡兵归结为中央兵，由国家统一指挥，来增强国家的武装力量。李允信是陇西李氏的一支代表，通过与宇文家族的联姻，通过府兵制，他的军功不断增长，最后成了陇西李氏最强大的一支力量，所以他才有能力去开凿第4窟这样大规模的石窟。

从七佛阁的性质来说，李允信就是要营造一个山崖上的天国，来超度他亡父的灵魂。因为佛经中的天国世界仅仅存在于人们的想象中和佛经的描述中，那么，他是怎样营造想象中的天国世界的呢？

其实，李允信的天国世界不仅仅在最顶端的第4窟，而是通过从下到上几个相关洞窟的奇特组合来实现的。

第4窟七佛阁是麦积山作为佛教道场的中心所在，它标志着一个佛教圣地的最终形成。

麦积山石窟第4窟

麦积山石窟第4窟

七佛阁龛楣上的几组飞天壁画也很出人意料。

秦州工匠突破传统的造型方法，用浅浮雕形式表现飞天的面部、胸腹部、手臂、脚等肌肉外露部分；衣裙、飘带、乐器、流云、天花等，则用赭石、紫棕、蓝色，以接近“平涂”的方法绘出，让飞天有脱壁欲出之感。这种绘塑结合的、富有立体感的薄肉塑飞天，在中国现存古代壁画中极为罕见。

正当李允信举全州之力营造山顶上的佛国时，大文豪庾信来到秦州，在麦积山留下了一段佳话。

庾信（513—581年），字子山。祖籍南阳新野（今属河南）。南北朝时期的大文学家，宫体文学的代表作家，人称“庾开府”，是中国文学史上多产的作家之一。

庾信原是南朝辅佐梁元帝的官员，奉命出使西魏，被当作特殊人才强留北方。北周代魏后，被任命为骠骑大将军、开府仪同三司。保定五年，他随同北周明帝到秦州，正赶上大都督李允信造七佛龛，

张铭：李允信通过第168窟、第3窟、第4窟的洞窟组合，由低往高，通过三个台阶的高度提升来塑造一种人间天国的真实存在。168窟的那个台阶为什么那么高呢？它就相当于一条天梯，提醒人们要想进入天国就必须经过艰难的攀登。上到第3窟千佛廊，前面是千佛在注视，就相当于你们看到佛的注目礼一样，经过千佛的洗礼，然后再攀登到第4窟的终极点，就是七佛所在的终极说法场所，也是天宫所在。它有个内心经历的过程，具有一般常识和佛教常识的人都会感觉到建造者内心的变化，即历尽艰难最后才能到达朝圣的终点。

麦积山石窟第4窟 “薄肉塑”飞天

请他作铭，于是就有了这篇辞藻华丽、文采飞扬的《秦州天水郡麦积崖佛龛铭并序》：

麦积山者，乃陇坻之名山，河西之灵岳。高峰寻云，深谷无量。方之鹫岛，迹遁三禅。譬彼鹤鸣，虚飞六甲。鸟道乍穷，羊肠或断。云如鹏翼，忽已垂天。树若桂华，翻能拂日。是以飞锡遥来，度怀远至。疏山凿洞，郁为净土。拜灯王于石室，乃假驭风；礼花首于山宪，方资控鹤。大都督李允信者，籍于宿植，深悟法门。乃于壁之南崖，梯云凿道，奉为王父造七佛龛。似刻浮檀，如冰水玉，从容满月，照耀青莲。影现须弥，香闻仍利。如斯尘野，还开说法之堂；犹彼香山，更对安居之佛。昔者如来追福，有报恩之经；菩萨去家，有思亲之供。敢缘斯义，乃作铭曰：

镇地郁盘，基乾峻极。石关十上，铜梁九息。万仞崖横，千寻松直。荫兔假道，阳鸟回翼。载辇疏山，穿龛架岭，虬纷星汉，回旋光景。壁累经文，龛重佛影。雕轮月殿，刻镜花堂。横亘石壁，暗凿山梁。雷乘法鼓，树积天香。漱泉珉谷，吹尘石床。集灵真馆，藏仙册府。芝洞秋房，檀林春乳。冰谷银砂，山楼石柱。异岭共云，同峰别雨。冀城余俗，河西旧风。水声幽咽，山势崆峒。法云常住，慧日无穷。方域芥尽，不变天宫。

庾信的文章以讲究对仗和几乎处处用典为特征，代表了南北朝骈文、骈赋的最高成就。麦积山石窟也因他的这篇铭文而载入了史册。

国内一些著名的佛窟，如敦煌莫高窟、瓜州榆林窟、大同云冈石窟、洛阳龙门石窟、四川广元石窟等，都是利用一个横长的山崖和河岸崖壁，凿成一排横向的石窟。而麦积山是一座屹立的孤峰，洞窟只能在离地面数十米乃至上百米高的悬崖峭壁上开凿。

在没有现代机械的古代，像七佛阁这样气势宏伟的石窟建筑究竟是怎么凌空建成的呢？

“砍完南山柴，修起麦积崖。”“先有万丈柴，后有麦积崖。”这些千年流传的天水谚语道出了麦积山石窟建造的秘密：先在地面上堆积木材，达到洞窟施工高度后开始凿窟，凿完一层，拆除一层木材。“密如蜂房”的窟龛则通过云梯栈道相连。这些栈道自下而上层层叠叠，纵横交错，最密集处达12层之多，构成了麦积山的一大壮丽景观，走在上面，心惊胆战，大有“缘空蹑虚，不敢下顾”之感。

雕塑家段一鸣一直想弄明白，麦积山所在的西秦岭地区非常潮湿，气候条件和敦煌完全不一样，但麦积山泥塑为什么和莫高窟一样能保存一千多年？为什么至今许多塑像不仅塑泥没有脱落，而且完美如新塑，甚至坚硬如石？

著名雕塑家、麦积山石窟艺术研究所原所长孙纪元先生从古代佛像断裂处发现，麦积山泥塑的材料主要是三合土，另外加入棉花、麻刀等植物纤维。直到现在，天水、敦煌的民间艺人制作彩塑时还用这种方法。他认为，我们今天看到的那些质地坚硬如石，却肌肤似玉的泥塑，在材料工艺上是十分考究的，比如在处理比较宽大的衣褶边缘和表现质薄而又悬空的部位时，麦积山塑匠不搭制内部骨架，而是用麻布制作骨架，直接在麻布上贴泥来塑造，这样不仅提高了制作速度，而且坚固，具有较强的质感。

大地上的中国雕塑编年史

麦积山石窟是甘肃三千里石窟走廊中仅次于敦煌莫高窟的大型石窟寺。它受到中原北方云冈、龙门石窟的影响，也与南方和西方文化发生碰撞，成为佛教艺术由中原向周边扩散的中转站，更是中国石窟走廊的一座高峰，对周边石窟开凿起到了示范作用。

天水境内的众多石窟群，众星捧月般拱卫着麦积山石窟，千百年来为秦州百姓提供了心灵的庇护所。

麦积山石窟附近的仙人崖石窟也是来历不凡。它始建于北魏

天水仙人崖石窟

岩石 / 古近纪砾岩

建造年代 / 始于北魏，终于民国

晚期，相传有仙人隐居于此，故名仙人崖。现为佛、道合一的石窟寺庙。

仙人崖西崖寺是经唐、宋、明、清等朝代连续营建的，东崖有罗汉堂一幢，供大佛及十八罗汉，系明代建筑和塑像。南崖燃灯阁仍残存北魏晚期塑像。石岩洞为明末肃王朱炽宏、大剑侠汪士墉、大书法家王了望隐居论道之处。玉皇阁壁岩间，有石窟佛龛，内存唐代壁画。

天水市武山县木梯寺石窟

岩石 / 古近纪砾岩

建造年代 / 始于北魏，终于民国

榜沙河畔的武山县杨家坪，两山环抱，川流不息，丝绸之路南道和唐蕃古道在这里交叉并行，伸向秦岭南端的成都平原。高悬于西山上的木梯寺石窟是渭河上游地区重要的佛教遗迹之一。

早年，绝壁上的木梯寺几乎无路可走，山门上曾搭过一个数丈高的木梯，人们攀着梯子才能入寺，故名“木梯寺”。

晚唐及宋元时代，包括麦积山石窟在内的秦州石窟都进入了衰落期，但这一时期的木梯寺却出现了以第5窟、第7窟为代表的大型唐宋佛殿窟，填补了秦州唐宋造像的部分空白。

木梯寺　大佛

木梯寺　菩萨

武山县鲁班峡，倚天耸立的奇峰巨石中隐藏着天水第二大石窟群——水帘洞石窟群。它包括水帘洞、拉梢寺、千佛洞、显圣池和三清洞五处石窟。其中水帘洞、拉梢寺、千佛洞保存较好。

这座宛如两瓣莲花合掌的莲苞峰，犹如一个场面宏大的说法道场。水帘洞就在中间的自然拱形石壁上，长约50米，高30米，深20米，雨季山顶飞流直下形成水帘，故名水帘洞。这座石窟的开凿年代也和麦积山一样，属于十六国时期的后秦，是国内最早的石窟之一。虽然大多数壁画、塑像已失去原貌，但殿外石壁上还是保存了弥足珍贵的30平方米北魏壁画，绘有千佛。

千佛洞又称七佛沟，原有7个窟龛。崖面上部的高塑佛像，与炳灵寺第169窟西秦造像风格相同，可见也是后秦时期的塑像。下部崖面有百余尊浮雕佛像，而残存的壁画绘制了千佛、说法图、飞天、供养人及牛车，画面色彩浓重，圆润丰满。被认为具有北周风格。

最著名的就是北周建造的拉梢寺石窟。

近1000平方米的巨大崖壁倚天伫立，上面雕刻着42米高的浮雕大佛像，是目前发现的亚洲最大的摩崖浮雕大佛。

大佛躯体硕壮，面形浑圆，宽眉大眼，目光炯炯，俯视众生。左侧菩萨戴宝冠，双手捧盛开的莲花；右侧菩萨只有头部，身部已残。佛座有三层动物浮雕：第一层狮子，第二层鹿，第三层大象。

从风格看，这组大型造像已经突破了魏晋以来形成的“秀骨清像”“褒衣博带”模式，大气简练的手法，豪放浑圆的造型，为即将到来的大唐雄风吹响了前奏曲。

大佛造像题记，刻在菩萨身旁的崖面上，共12行。

这是拉梢寺石窟群中最有价值的发现。题记显示，摩崖大佛是

武山拉梢寺　摩崖大佛

天水市武山县水帘洞石窟

岩石 / 古近纪砾岩

建造年代 / 始于北魏，终于民国

北周陇右大都督尉迟迥在公元559年创建的。

尉迟迥为鲜卑政权北周的皇亲国戚。继匈奴后在蒙古高原崛起的鲜卑族，是魏晋南北朝时期对中国影响最大的游牧民族。他们对佛教极为推崇。拉梢寺大佛就是在这样一种文化背景下产生的。

天水石窟群最大的佛像出现在大像山山顶上。大佛高23.3米，位居中国十大古代佛像之列。这座大佛的营建跨越了北魏到盛唐三百多年的历史时空，大佛身上至今保留着四个朝代的建造印记。

大佛留着国内佛像中极为少见的胡须，头顶有螺旋式高肉髻，有印度犍陀罗和笈多王朝时期造像的风格；两眉之间有白毫，又表现出北周的特征；面容饱满、唇润颐丰、双眉弯曲、两眼突起，又是盛唐时期的审美要求。

甘谷大佛开凿在距地面200米之上，但无论从山下或窟内哪个角度去观赏，却都合乎比例。只是正常人的上耳郭应该与眉毛相齐，但甘谷大佛的上耳郭却高出了发际线，是正常比例的一倍多。大佛漆黑闪亮的眼仁，竟然是把一口黑釉大缸劈成两半，分别镶嵌在两个眼框里，从下面仰视，显得炯炯有神。

大佛的视线可以俯瞰甘谷全城。横穿秦州的丝路古道如今已经变成了高速公路和高铁线路，但依然没有离开大佛慈悲的目光。

山顶上的大佛以千年不变的姿势俯视着秦州大地，任凭丝绸古道潮起潮落，花谢花开。

佛教传入中国已近2000年，在华夏大地上留下了数以百万计的古代佛像。这其中，又以巨型大佛最引人注目，令人神往。

阿富汗巴米扬大佛被炸毁，改变了世界古代大佛像的排行榜，现存最大的佛像几乎都集中在中国境内：

——四川乐山大佛，高71米，是目前世界上最大的古代石刻佛像，唐玄宗开元初年（713年）开凿，唐德宗贞元十九年（803年）完工，历时90年。

——四川荣县大佛，高52米。始建于宋神宗元丰八年

甘谷大像山　大佛

天水市甘谷县大像山石窟

岩石 / 古近纪砾岩

建造年代 / 始自北魏，终于唐代

（1085年），元祐七年（1092年）完成。

——甘肃敦煌莫高窟96窟北大佛，高35.5米，建于武周延载二年（695年），藏于莫高窟的标志性建筑“九层楼”内，石胎泥塑彩绘而成，是中国国内仅次于乐山大佛和荣县大佛的第三大坐佛。

——甘肃山丹县大佛寺供奉的释迦牟尼坐像，高35米，为唐代建造。

——四川省宜宾市屏山大佛，依山崖石壁雕凿而成，高32米，无明确造像纪年，据推断为明代作品。

——甘肃武威天梯山石窟第13号窟释迦牟尼大像，高28米，据说为唐代弘化公主所建造。

——四川省彭山区彭山双佛，为一立一坐，立佛为释迦牟尼，坐佛为多宝如来，分别高28米和24米。建造于唐开元年间。

——河北省承德市避暑山庄普宁寺金漆木雕千手千眼观世音菩萨，高达27.21米，重量为110吨，用木材120立方米，是世界上最高的金漆木雕佛像。建于1755年。

——甘肃永靖炳灵寺石窟第17号龛唐代摩崖大佛，高27米，建于唐德宗贞元十九年（803年），上半身用石雕成，下半身用泥塑。

——敦煌莫高窟第130窟“南大像”，高26米。建于唐开元年间。

以上中国古代十大佛像，甘肃就占了五位。而高度在10米以上的佛像，甘肃就有12身。

除大型立佛外，甘肃的大型卧佛也赫赫有名：

——张掖大佛寺西夏永安元年（1098年）涅槃像，身长34米；

——敦煌莫高窟第158窟中唐涅槃像，身长16米；

西安美术学院院长、博士生导师郭线庐：从中国的雕塑历史看，以甘肃所拥有的资源而言，是当之无愧的中国雕塑的鼻祖。因为它丰富的遗存，给中国雕塑历史研究、当代的中国雕塑研究和未来的中国雕塑发展研究，提供了丰富的资源，具有极高的研究价值。最主要的一点，我认为从中可以体现中华文明发展的流变和脉络，意义重大。现在谈文明的发展，特别是中华文明精神的体现，甘肃造像的发展历程就很有说服力。

——敦煌莫高窟第148窟唐大历十一年（776年）涅槃像，身长15米；

——炳灵寺第16窟北魏涅槃像，身长8.4米；

——麦积山第1窟北魏涅槃像，身长6.3米。

从敦煌到陇东，从祁连山到西秦岭，从高达数十米的巨像到只有十几厘米的小佛，甘肃共有2万多身佛教塑像。这些在丝绸之路上屹立千年的佛像，年代久远、朝代完整、法相庄严，震撼人心。它们像一块块历史的丰碑，构筑了佛教中国化的清晰路标，组成了一部完整的中国雕塑编年史。

原本，它们只是坚硬的山体，因为石窟才有了生命。

原本，它们只是普通的泥巴，因为造像才有了微笑。

这是中国历史孕育出的微笑，是东方审美塑造出的微笑，它早已超越时间，超越宗教，不需要任何语言就能打动世界。

麦积山石窟第98窟　大佛

麦积山的掌灯人

冯国瑞先生雕像

如果说常书鸿是敦煌守护神，那么冯国瑞就是麦积山石窟的掌灯人。

他第一次发现麦积山石窟并向国人公布了勘察报告后，“不旋踵而传遍各地，报刊评介，学人争读”。但冯国瑞先生并没有因此停下脚步，继续为麦积山奔走呼吁。他自号“麦积山樵”，表达了他有生之年与麦积山相始终的心愿。他先后向于右任、邵力子、吴稚晖以及当时的教育部长陈立夫等民国大佬写信、打报告，晋见西北行辕主任朱绍良、甘肃省政府主席谷正伦，请求政府保护和维修麦积山石窟。

1944年2月，冯国瑞写了《调查麦积山石窟报告书》，对麦积山文物保管提出了设计纲要，呈甘肃省政府。

1946年10月，冯国瑞与当时天水专员胡受谦商洽，亲自监工修补了东窟卧佛洞到牛耳堂的栈道。

1948年，冯国瑞又发起倡议，联合地方人士成立了“天水麦积山石窟建修保管委员会”。

中华人民共和国成立后，冯国瑞被国务院任命为甘肃省政府文化教育委员会委员、甘肃省政协委员。1951年，他相继考察并介绍了消失数百年的炳灵寺石窟和天梯山石窟，引起国家文化部门和学界的高度重视。这相当于他一人主导了甘肃省除莫高窟外的三大石窟——麦积山、炳灵寺、天梯山石窟的重新发现。

1952年，冯国瑞在率先揭秘了炳灵寺石窟后，又应邀参加了西

冯国瑞先生（左二）在天水寓所

北军政委员会文化部、敦煌文物研究所联合组成的勘察团，对炳灵寺做了首次全面的科学考察。

考察结束后，冯国瑞反复恳求团长赵望云、副团长常书鸿，请他们再到麦积山石窟做一次学术考察。

一个月后，考察团进驻麦积山。这次是常书鸿先生带队，段文杰、史苇湘、范文藻、王去非、孙儒僩、窦占彪等参加，冯国瑞随队考察。勘察历时三十余天。其间，他们再次请文得权出山，帮助考察队登临了西崖第133窟。

1953年7月，当时的中央文化部又组织了更大规模的麦积山石窟勘察团，由文化部社会文化事业管理局局长、著名学者郑振铎亲自挂帅。勘察团长为吴作人，团员有王朝闻、常任侠、冯国瑞、李瑞年、罗工柳、邓白、孙宗慰、萧淑芳、戴泽、陆鸿年、吴为、张鸿宾、程新民、张建关，共15人。勘察团在为期32天的勘察中，为麦积山全部194个窟龛编了号，新增37个编号，详细考察记录了每一个洞窟的窟形、时代、建筑、造像、壁画、题记，撰写了《麦积山石窟勘察团工作报告》和《麦积山勘察团工作日记》，编录了《麦积山石窟内容总录》，出版了《麦积山石窟》图册，引起国内外研究者的高度关注。

1952年，常书鸿先生和天水甘泉区政府人员合影

1953年，文化部麦积山石窟艺术勘察团留影

在这次勘察时，冯国瑞先生在第127窟发现了《北魏法生造像碑》，他考证立碑时间当为北魏景明至熙平年间（500—516年）。后来，他带上拓片到北京、兰州等地，登门向郭沫若、吴作人、马衡、谢国桢、叶恭绰、丁希农等著名学者和邓宝珊主席求证，并请他们为造像碑写了题跋。

郭沫若题跋：

麦积山石窟之发现，为中国美术史增添了宝贵资料，窟为“良匠”所造成，惜未著其姓名也。

吴作人题跋：

北魏法生造龛碑之发现，为此次勘察石窟工作中收获之一。虽不能明确认定何龛为法生所造，但与在第115号窟造像须弥座上所发现墨迹景明三年之百余字发愿文，与北周庾信为李允信为亡父造龛铭之重要等齐。

谢国桢题跋：

……仲翔学长精研邢张之学术，博通斯毛之真理，董理甘凉之旧迹，阐明麦积、炳灵之宗风，足与大同、龙门而媲美。发扬祖国文化优良之传统，此吾辈后生之责也！仲翔迂道进门，下榻南开，连窗共话，快慰平生，出示墨本，爰不忝而为之记。

邓宝珊题言：

拓片及诸家题跋文字都是珍贵文物资料。

如今，这幅珍贵拓片和名家题跋也成了研究中国美术史的重要资料。

在1965年出版的《中国通史简编》第三编续订版中，范文澜先生列举了九大石窟，分别为：

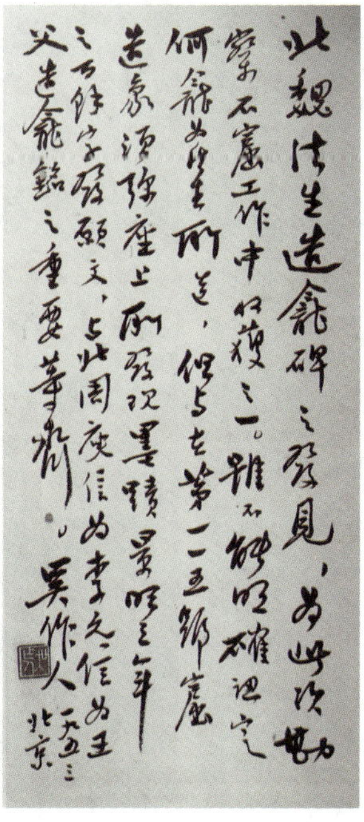

吴作人题字

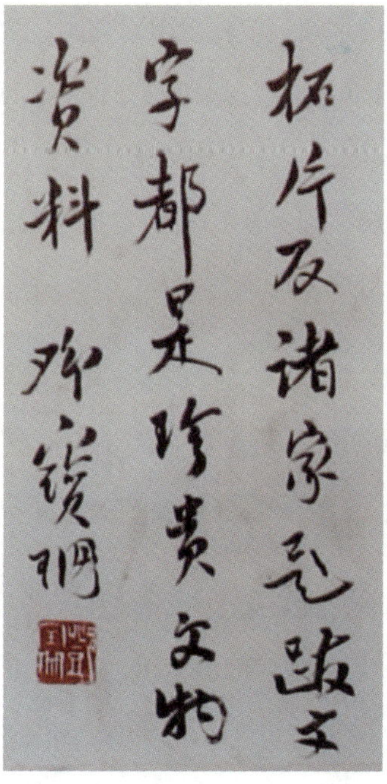

邓宝珊题字

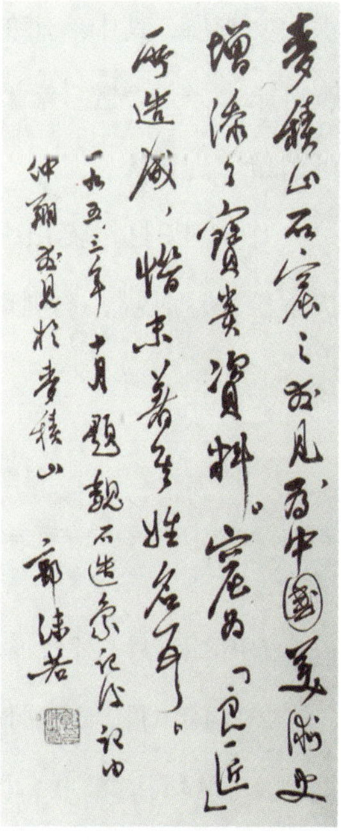

郭沫若题字

敦煌莫高窟、云冈石窟、龙门石窟、麦积山石窟、义县万佛洞、炳灵寺石窟、巩县石窟寺、南北响堂山、天龙山万佛洞

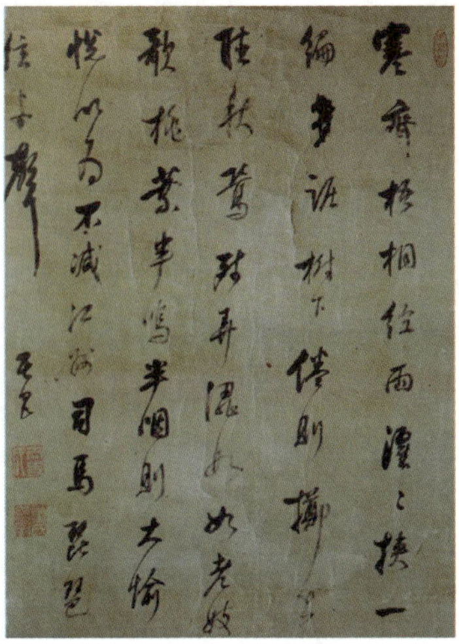

冯国瑞捐赠麦积山石窟的董其昌书法

在佛教艺术章节里编配的两幅照片，分别是云冈石窟石佛和麦积山石窟石佛。范文澜先生称麦积山石窟是“一个佛教艺术的重要地区”和“陈列塑像的大展览馆”。

至此，麦积山石窟终于走出大山密林，走向了世界。

罗家伦先生曾赠诗冯国瑞：

水木清华染寇尘，
忼瞻遗墨尚如新。
扶持绝学传薪火，
一代名师有几人？

1960年，身患重病的冯国瑞预感来日无多，他将自己毕生珍藏的文物、书画、拓片、名人书信等，装了七大木箱，全部捐给了麦积山文管所，其中有唐伯虎山水图、黄公望山水立轴、董其昌书法、唐琏草书条幅、赵雪堂《秋山风雨图》、犀角雕刻香炉、西夏古佛等，可谓价值连城。

1961年3月，麦积山石窟被国务院公布为首批全国重点文物保护单位。这时候，冯国瑞已卧床不起。

冯国瑞曾孙媳陈洁：得到消息以后，他在病床上流泪了，他说我毕生的精力，毕生的收藏，现在真的是有去处了，有人来保护它了，夙愿已偿了，我此生无憾了！

冯国瑞捐赠麦积山石窟的唐寅山水画

1963年3月12日，冯国瑞先生病逝于兰州。享年63岁。

2014年6月，冯国瑞先生曾为之付出巨大心血的麦积山石窟、炳灵寺石窟同时被联合国教科文组织列入“丝绸之路：长安—天山廊道的路网”世界文化遗产名录。

肆

国家宝藏

1923年秋天，美国人兰登·华尔纳率领考察队来到泾川，在回中山脚下发现了一座北魏石窟——王母宫石窟。由此揭开了陇东石窟考古的序幕。古代泾州是全国石窟分布最密集的地区，大小70多处石窟，在泾河两岸形成了一条数百里长的石窟长廊。

发现王母宫石窟

美国探险家兰登·华尔纳

1923年8月，哈佛大学福格艺术博物馆东方藏品部主任兰登·华尔纳率领考察队从北平出发，前往额济纳旗黑城和敦煌莫高窟。吸引他们的是科兹洛夫在哈拉浩特，斯坦因、伯希和在敦煌藏经洞轮番上演的“芝麻开门”的神话。

从这张唯一能找到的华尔纳探险照片上看，他脚蹬长靴，头戴毡帽，手提工兵铲，留着小胡子，俨然一个很潮很酷的西部牛仔。据说他就是斯皮尔伯格执导、哈里森·福特主演的美国大片《夺宝奇兵》中考古学教授印第安纳·琼斯的原型之一。

但华尔纳可不是放牛娃出身，他1881年8月出生于美国马萨诸塞州一个名门望族，1903年毕业于哈佛大学。毕业后，他在纽约迎娶了美国前总统罗斯福堂兄的女儿洛伦·罗斯福。1903年底，他加入了卡耐基基金会组织的中亚考察队。1906年留学日本，师从冈仓觉三学习亚洲佛教艺术考古。1913年到中国，筹办北京美国考古学院。期间先后考察了龙门石窟、巩县石窟、云冈石窟。1917年担任宾夕法尼亚博物馆馆长。

在19世纪末、20世纪初的中国西部考古大发现中，瑞典人斯文·赫定、俄国人科兹洛夫、英国人斯坦因、法国人伯希和等探险家频繁出入新疆、内蒙古、敦煌，一项项轰动世界的考古发掘，无数价值连城的出土文物，让华尔纳垂涎三尺。他一直摩拳擦掌，跃跃欲试，梦想在中国西部考古大发现中施展手脚。他说：

英国人、法国人、德国人、俄国人，已大规模拓展了人类的历史知识，还顺手牵羊从中国新疆带回了不朽的历史杰作，以此丰富自己的博物馆。在那方面，美国人没有任何贡献，几乎已成为令人备感耻辱的一件事。

1923年，华尔纳被母校哈佛大学福格美术馆请回，出任东方藏品部主任。他立即组织了由他和宾夕法尼亚博物馆的老同事翟荫二人组成的哈佛大学福格美术馆中国考察队。

在通向敦煌的漫长道路上，华尔纳没有放过沿途的任何一个目标。

9月13日，当考察队进入陕西与甘肃两省交界的泾川县时，他们在泾河、汭河交汇的回中山绝壁上发现了一座低调而又奢华的石窟——王母宫石窟。

王母宫石窟，《泾州志》中称为“大佛洞”。华尔纳到来前，这座石窟刚刚在清末同治年间遭受了严重破坏，洞窟大部分被塌落的泥土和石块覆盖。尽管如此，华尔纳还是敏锐地辨认出，这是一座中心塔柱窟，与他在云冈石窟看到的洞窟形制完全一致。中心柱的四个柱角上各伸出一头大象，象背上驮着小宝塔。华尔纳称它为“象洞”。

1923年，华尔纳拍摄的王母宫石窟托塔大像

2018年拍摄的王母宫石窟

“象洞”高11米，宽14米，深11米。规模宏大，装饰华丽。中心柱南面龛内是释迦牟尼、多宝佛说法像，保存较为完整。佛的形象古朴健壮，面部微露笑容。华尔纳看到，北面龛中的佛像从堆到肩部的碎石块中露出精美绝伦的头部和肩部，神态安详宁静。除了被掉下来的石块削掉鼻子外，面部仍然完整。华尔纳判断，王母宫石窟的塑像风格与大同云冈石窟第6窟非常相似，此窟开凿于6世纪初，也就是北魏太和末、景明初的可能性较大。

他在考察笔记中写道：

窟内的光线还算令人满意，雕刻在岩壁上的一排连一排的佛像俯视着我们。它们的造型生动逼真，其中有许多曾遭到损坏，但是，根据我们的第一印象，有的几乎没有被改动过。毫无疑问，这就是我们想要的公元6世纪的原原本本的佛教雕塑，迄今未见报道过。我们意识到，过去在河南府的三个星期和将要西去的敦煌的两个月时间里，在这一段伟大的西北部道路上，再没有那个时代的其他范例了。细微的检查表明，近代确实对这些雕像或多或少地进行了一些补偿性修补，但主要的雕像风格是明确的，正是中国佛像雕刻的那个最早时代的风格，足以和我之前看到过的任何一件伟大的北魏石雕相媲美。

王母宫石窟的佛传故事浅浮雕也引起了华尔纳的注意。浮雕中有年轻的太子以剑劈树和掷象等场面的刻画。他说，如果我的记忆没有错的话，这两个故事表现的是乔达摩太子在婚礼上的游戏。据我所知，除了云冈石窟、巩县石窟和这些新发现的早期石窟外，中国不存在任何其他石刻的佛本生故事。

华尔纳认为，在远离北魏统治中心的泾州出现如此古老和高规格的石窟，绝对是一件不同凡响的事。

随后，他们从停在河滩下的两轮车里取来了照相机、闪光灯和测量卷尺，对石窟进行了拍摄和测量。为了拍摄北魏大佛的原貌，

泾川王母宫石窟

岩石 / 白垩纪砂岩

建造年代 / 始于北魏，终于清代

1923年，华尔纳拍摄的王母宫石窟二佛并坐说法塑像

他们不惜剥掉了后期重塑的表层泥皮，留下了第一张泾川北魏石雕佛像的照片。

1925年，第二个到泾川考察佛教石窟的外国人是华尔纳的美国同行霍勒斯 H.F·杰恩，他在专著《泾河流域的佛教石窟》中，经过仔细对比也得出同样的结论：王母庙石窟与云冈第6窟及其他早期窟内的造像表现方式与风格完全相似，应该是直接模仿云冈第6窟建造的。

他还佐证了华尔纳等人剥取北魏大佛表层泥皮的事实：

> 当初发现时，这尊塑像被一层厚泥覆盖着，剥掉泥层后，露出了这尊仿造的完美雕像。在这个塔柱的另一面，即南面，开一类似的小龛，内造二像。不过造像表面的原有线条已被粘得极牢的泥层覆盖了。从塔柱的比较完整来判断，我们应该这样推测：在这个泥层下面，隐藏着相似的特征与细部。尽管这铺像在造像学上是很平常的（都表现释迦牟尼、多宝佛并坐），但云冈第6窟以同样的表现形

式与它如此的类似，以致再次有迹象证实了那个假设：王母庙的工匠，是在云冈先师的直接指导下完成雕刻的。龛上的坐佛行列与云冈第6窟龛上的也是相同的。

一个流传很广的说法是，华尔纳从王母宫石窟里凿下了几个石佛头带回了美国。事实真是这样吗？

福格美术馆《纪事》1925年4月号发表了华尔纳从王母宫石窟中攫取的8件石刻。其中一件佛头入藏宾夕法尼亚博物馆（今费城博物馆），其余6件佛头和一件菩萨残躯都由福格美术馆收藏。

研究者认为，华尔纳攫取的这些佛头不一定是现场砍凿的，一

华尔纳从王母宫石窟窃取的佛像

是石像的年代和风格比较复杂，从西魏、北周直至唐代的都有，但却没有和石窟年代一致的北魏头像。其次，这些石刻上没有发现砍凿的痕迹，有的佛像头部还留有安插头光的榫口。中华人民共和国成立后，文物部门对王母宫石窟进行了维修和清理，收集到北魏至唐代的30多身石像。估计附近原来有规模很大的古代佛寺，因为在同治年间被毁，石刻残像才被移入王母宫石窟内。

我们看到，王母宫石窟的墙角里至今仍摆放着若干石雕佛、菩萨残躯，只是统统没有了头。它们当中会不会有华尔纳带走了佛头的佛身？这些历尽劫波、身首异处的佛像有没有机会重新复原呢？

被遗忘的百里石窟长廊

在考察了整个泾河流域的佛教遗迹后，霍勒斯 H.F · 杰恩总结道：

6世纪时，横跨现陕、甘两省的泾河流域显然是一处重要的佛教艺术中心。虽然它不像云冈、天龙山和龙门石窟那样著名，但是曾有众多的朝拜者。由于它处于遥远的西部，其雕刻特质和造像技法，以及在这一地区发现的少

泾河两岸

数绝对纪年材料，对研究中国早期雕塑具有不可忽视的重要价值。

发源于陇山（即今六盘山）的泾河是渭河最大的支流，流域地区包括今甘肃省平凉市、庆阳市和陕西省咸阳市。它有两个源头，南源出于甘肃泾源县老龙潭，北源出于宁夏原州区大弯镇（原属甘肃）。两河在甘肃平凉八里桥附近汇合，然后折向东南，流经泾川，然后依次流入陕西长武县、彬县、永寿县、淳化县、泾阳县等地，在高陵区注入渭河。在泾水、渭水两河交汇处，渭水清而泾水浊，于是就有了“泾渭分明”这一家喻户晓的成语。

地处六盘山以东的平凉、庆阳两市，古代同属泾州管辖。泾州因泾水而得名，是丝绸之路东段最靠近长安的一座军事重镇。

古泾州被称为中华文明的发祥地之一。秦代以前属雍州，秦代属北地郡，西汉至晋代为安定郡，北魏时为泾州。众多史籍中都有黄帝、广成子、西王母、周穆王、岐伯、周先祖、秦始皇、隋文帝、武则天等古代顶级牛人与泾州的相关记载。

天下道教第一山——平凉崆峒山

平凉境内的崆峒山被誉为“中华道教第一山”。史载，轩辕黄帝听说崆峒山上住着一位道术高明的仙人广成子，就带上文武官员前来问道。广成子说：“天地各司其职，阴阳各居其所，谨慎守护你自身，万物就会自然茂盛。我持守‘至道’的纯一而把握‘至道’的和谐，所以我修身一千二百年了，我的形体却还没有衰老。”得到广成子的指点，黄帝领悟了最高的道理，他以顺其自然的方法，实现了天下大治，自己也活了110岁。

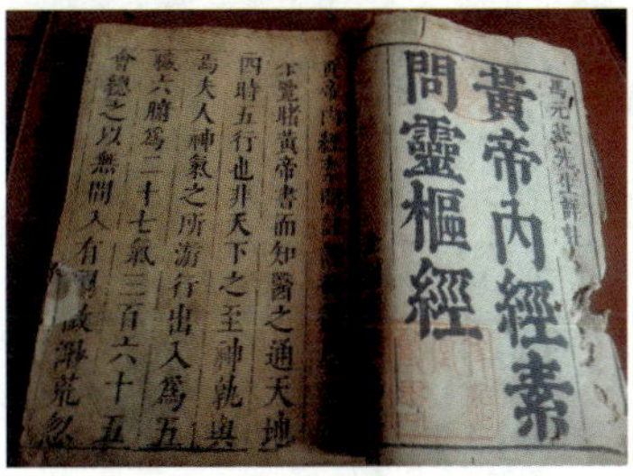

《黄帝内经》

中国第一部医书《黄帝内经》传说是黄帝与岐伯合著的，这部中国最早研究生理学、病理学、诊断学、药物学以及治疗原则的中医典籍，被誉为生命科学的百科全书。其中的《素问》篇，基本上是黄帝询问，岐伯作答。

由于年代过于久远，关于岐伯的籍贯有不同的说法，除了陕西岐山说，还有甘肃庆阳说，四川盐亭说。《庆阳县志·坛庙》载：“岐伯庙，在县城南。”

岐伯不仅创立了中医学的基本理论，也创立了中医针灸学理论和人体按摩学，他尝百草、辨药性，辨证施治，创方剂，建立了中药学。

中国传统医学素称“岐黄”，或谓“岐黄之术”，署名都是岐伯在前、黄帝在后，显示了古人对岐伯高深医学造诣的极度推崇。

古泾州和轩辕黄帝的渊源关系很不寻常。

黄帝有个曾孙叫帝喾，他与姜嫄所生的儿子叫姬弃，他就是周人的始祖。姬弃死后，儿子不窋继位。到夏代后期，游牧部落不断南下侵扰，居住在富庶的渭北平原的周人受到影响，不窋就带着部族北迁到了远离政治中心的“戎狄之间”。

据唐代《括地志》载：“不窋故城在庆州弘化县南三里，即不窋在戎狄所居之城也。”庆州弘化县就是今天庆阳市庆城县。

不窋在庆城“教民稼穑”，把关中先进的农耕、养殖技术推广到黄土大塬，他还指导当地人改地穴为现在还在居住的窑洞。

庆城县周祖陵，有不窋的陵墓。

到了公刘时代，周人再次强大。他们从渭河以南找来坚硬的石

庆阳市庆城县周祖陵

头，打制成新的生产工具。还选育了更多的农作物和家畜新品种，改进了陶器烧制、青铜制造工艺，把一个原始社会带入了农耕文明时代。

周人部落日渐强大后，公刘果断迁都豳地（今陕西咸阳市旬邑县、彬县一带），很快发展成为一个繁庶兴旺之邦。《史记·周本纪》有“周道之兴自此始，故诗人歌乐思其德”的记载。

因为这次搬家，公刘开创了中国历史上最长的王朝——长达800年的周王朝。

《史记》记载，公元前1134年，周穆王西征犬戎到了泾河上游，据说穆天子与西王母在瑶池相会，留下一段佳话。

泾州一带，原属周王朝辖地边缘，居住着被称为“犬戎”的母系氏族部落。历史学家吴晗认为：“西王母是公元3000年左右活动在陕甘高原的‘西戎’即‘犬戎’的别名。”人们推测，西王母很可能是这个部族的酋长。

泾川回中山王母宫

据说周穆王向西王母送上了精美的丝绸，西王母则用美酒和蟠桃款待中原君主，临别时，周穆王答应西王母有机会一定回来看她，不知为何一直没来。

后来这座山被称为回中山，山脚下有座回屋，人称“回中降西王母处”。

《太平寰宇记》记载，汉武帝巡游泾川时，曾为西王母立过祠堂。今天的王母宫就建于西汉元丰年间。

《汉武帝内传》这样描述西王母的容貌：“视之年可三十许，修短得中，天姿掩蔼，容颜绝世，真灵人也。”王母娘娘简直就是一位美艳绝伦的女神。

但《穆天子传》中对西王母的描述却令人大跌眼镜：“其状如人，豹尾虎齿而善啸，蓬发戴胜，是司天之厉及五残。”回中山山门崖壁上近代人补塑的西王母浮雕，就是按照《穆天子传》中的描

泾川西王母浮雕

述塑造的。王母娘娘并非风姿绰约的美女，而是凶神恶煞般的魔兽。

来过泾州的唐朝大诗人李商隐在诗中写道：

瑶池阿母绮窗开，
黄竹歌声动地哀。
八骏日行三万里，
穆王何事不重来。

如果王母娘娘真是山门塑像上的那般尊容，周穆王“不重来”也就情有可原了。

两汉时期，随着道家的地位越来越高，西王母也被尊为能让人长生不死的神仙。汉代山东、四川等地出土的画像砖中，都有被神化了的西王母形象。但如今王母宫却没有留下古代西王母的造像，而佛教造像却堂而皇之地开凿在王母宫的石壁上，可见南北朝时期佛教势力之大。

宁强：西王母是我们传统意义上的一个母亲形象，一个最重要的女神，而释迦牟尼佛是从西域、从南亚走过来的一个男神。本地的人怎样把自己的文化和外来的文化做一个融合呢？在这里我们就看到了一个非常典型的例子。当一男一女面对面的时候，人们做出了一个怎样的选择呢？那就是把一男一女结合在一起，成了一个新的中国式的佛像。

古泾州是陕西、甘肃、宁夏三省（区）交汇处，也是丝绸之路东段最靠近长安的一座军事重镇，是历史上中原通往河西、西域以及宁夏平原和蒙古高原的交通要道。

王母宫石窟佛像

泾州自古为丝绸之路上的佛教圣地

说到丝绸之路，大多数人只知道从长安出发，经天水、兰州、敦煌到西域的线路，而很少知道从长安出发，沿泾河进入泾川，翻越陇山，同样可达兰州、敦煌。从丝绸之路西来的商旅和僧人翻越陇山，才算进入中国内地。

中国社会科学院世界宗教研究所研究员黄夏年：都说玄奘西行走的时候很风光，其实不是，他是偷渡出去的，但是他回来时是很风光的。他回来以后没有先进入长安城，而是在泾川那个地方待了一段时间。他待在那里干吗？就是等着皇帝来召他进长安的。所以说明泾川这个点是很重要的，就是所有要进入长安的人首先会到那个地方去，所以这个地方的佛教应该是很兴盛的。

佛教传入中国后，作为长安与凉州之间最大中转站的泾州，成为中原、西域取经弘法僧侣进出八百里秦川的桥头堡。佛陀的足迹在这里随处可见。

泾川有大小佛寺130多处。至今很多乡村的名字还是以寺为名。如“上寺街”“下寺街”“水泉寺”“和尚沟”“罗汉洞”“袁家庵”“铁佛村”等。

泾川县博物馆馆长魏海峰：截至1945年，全县一共有58个以佛、寺、庵命名的地名，其中绝大部分至今还在沿用。这些地名并非随意得来，几乎每一个名字都对应着一座佛寺或者庵堂。泾川自古便佛教兴盛、丛林遍地，根据文献记载，清朝末年，县境内共有佛寺庵堂153座。

泾河两岸的悬崖上布满了大大小小的洞窟

泾川县境内隐藏着众多的石窟遗存，仅泾河两岸50公里的岩石上，就开凿了王母宫石窟群、南石窟寺石窟群、罗汉洞石窟群、丈八寺石窟群、吊吊塔石窟群、南石崖石窟群6大石窟群、822个窟龛，形成了“泾州百里石窟长廊”。窟龛总数居全国县城之首，是中国石窟群分布最密集的区域。

但这些石窟绝大多数都空空如也，既没有壁画，也没有造像。这是为什么呢？

泾川学者张怀群：没有造像的洞窟可能价值更大。为什么呢？因为没有佛像的洞窟很可能要早于有佛像的。在未曾出现佛陀造像时，古印度僧人开凿出一种石窟——支提窟。窟中心有一石塔柱连接上下，僧人修行时一边环石柱绕行，一边诵经观想。这种古老形制的石窟在泾川出现并能保留至今，非常难得，这是中外佛教文化交流史上的一个难得的实证。也证明泾州是丝绸之路上一处规模宏大的古代禅修中心。

但杜斗城教授不同意这个说法。他认为，没有保存造像的这些窟龛不一定就是禅窟，可能原来是有造像的，后来被破坏了。再说泾州这个地方属于陇东地区，自然环境比较好，气候比较湿润，造像容易损坏。但是泾河两岸出现这么多的石窟，证明这个地方佛教确实非常兴盛。

华尔纳的敦煌之行

结束了泾川的考察后，华尔纳考察队继续西行。1923年11月13日，他们到达额济纳旗黑城（哈拉浩特）遗址进行发掘，但他们绝望地发现，斯坦因、科兹洛夫已将遗址中的文物洗劫一空。两个星期过去了，他们只发现了一面铜镜和一些壁画碎片。无奈之下，考察队不得不离开哈拉浩特，前往敦煌。

1924年1月21日，华尔纳考察队到达敦煌。当时敦煌县长已经接到肃州镇道两署的通知，第二天宴请了华尔纳一行，饭后华尔纳

华尔纳考察队在前往敦煌的途中

便迫不及待地动身前往千佛洞。

当华尔纳到达莫高窟时，王圆箓道士恰好进敦煌城化缘去了，华尔纳一个人在洞窟里参观了一天。

在给妻子的信中，华尔纳这样描述他第一次进入莫高窟时的情形：

这里至少有一千个洞窟，其中四分之三里面存有壁画，并具有一些有意义的和重要的东西。但是，到处都有用手指头挖掉的眼睛，或者是划着深深刻痕的脸。风沙的危害和许多世纪里来自自然力的危害看来是不可避免的，也不大值得诅咒……不时地，你可以在很多地方看到一张脸的局部，其眼神中透露出唐代气韵，绝不会有错；你还可以看到一条飘带仍然被天堂的真气吹得迎风招展。我不知道我曾经在何时如此大受感动过……但是一个俄国团队

1907年的莫高窟南区（斯坦因　摄）

（指1922年400名白俄俘虏被关押在莫高窟）的番号被胡乱地涂画在这些美丽的脸庞上，一些斯拉夫语下流话从坐着讲授《妙法莲华经》的佛陀的口中流出。毫无疑问，许多洞窟和大量的雕塑可断代为六朝，但因为毁损太严重了，我怀疑照片是否能够将它们显示出来。它们更像是米开朗琪罗的画，而不是中国的画。

华尔纳在莫高窟拍摄了大量内外景照片，其中北大像（第96窟大佛）胸部以上裸露在外的照片，为目前唯一的影像。在1907年斯坦因、1908年伯希和、1914年鄂登堡考察队拍摄的照片里，北大像都有三层楼保护，说明到1924年，三层楼上半部分窟檐已坍塌，致使北大像素面朝天，遭受烈日暴晒，风吹雨淋，脸上留下一道道水痕，仿佛大佛在风雨中哭泣。

华尔纳于1924年拍摄的第96窟大佛

现在的九层楼是十多年后，也就是1936年，由敦煌乡绅、百姓集资重建的，它成了莫高窟的标志。

当时，一度震惊世界的藏经洞被彻底掏空，华尔纳就打起了莫高窟精美壁画的主意：

斯坦因认识的王道士出门进城去了，但今天晚上或者明天他就会回来。让我感到很高兴的是，在心理战打响之前我可以一个人单独待一天。不用说，我就是折颈而死，也要誓死带回一些壁画局部。我的职责就是豁出命来，从这个很快就将要变成废墟的遗址中，尽自己最大的努力去挽救和保护任何一件东西。很多世纪以来，这个遗址一直处于平稳安宁的状态，但是现在它的末日就在眼前了……我真想毫不犹豫地把这个地方剥得光秃秃的，一点都不剩。谁知道中国军队什么时候也会像俄国人那样驻扎在这里呢？再过三十年，这个地方将不值得一访。

王道士返回莫高窟后，华尔纳立即就剥离壁画的事与王道士进行了交涉，并送了75两银子作为贿赂。夜深人静时，华尔纳偷偷摸摸地开始剥离壁画了。

华尔纳之前，德国人、英国人、俄国人、日本人在新疆石窟剥离壁画的方法都是先将选中的壁画切割成块，然后从壁画泥层的背部入手，将泥壁与岩石层分离，整块拿下壁画。但华尔纳发现，这种原始的剥离方法不适合敦煌石窟。他几次试图撬下最松动的脱落泥土层，但很快证明，用这种方法不能控制较大的彩绘泥墙片以保全较完整的画像或细部，即使使用锯子小心切割或用凿子凿出一个槽来也不行。敦煌工匠用泥和麦秸做成的地仗层，厚度达到1.5厘米至5厘米不等，虽然涂抹在砾岩的粗糙表面上，但一千多年后依然坚硬似铁，无法撼动。

华尔纳显然是有备而来的。他准备试一试哈佛大学博物馆专家推荐的壁画剥离新技术。

离开北京前，我按照专家们的建议，为自己装备采购了大量的固着剂，用于紧固古代的颜料，北京的一位化学家给了我一种无色的液体。我首先残忍地着手将这种液体涂抹在墙壁上，以固定正在脱落的颜料，然后再将加热了的糨糊状涂层抹在颜料层上。不过这时出现了意想不到的困难。洞窟里的气温在零度以下，我一点都不能保证我使用的化学品能够在冻结之前渗透到墙壁的灰泥里面去。王近仁（翻译）和苦力（老周）勇敢地坚守在火盆边上，火盆用来加热我的那些涂料；而我本人则冒着种种困难抹刷这些涂料……我首先在没有画壁画的墙壁上或画壁已不可救药的墙壁上做试验。我必须再往前走一步，在真正的壁画上做试验，然后将揭下来的壁画运到坎布里奇，让我在福格艺术博物馆的朋友们将壁画从坚硬的涂层上挽救出来，如果真有这种可能的话。

华尔纳粘走的莫高窟壁画

华尔纳的实验成功了。

他在莫高窟一共逗留了10天，其中5天就在剥壁画。他剥下的一块块壁画残片被安全地包裹在毡布中，再用平木板夹牢，用绳子捆紧，运到哈佛大学福格艺术博物馆，那里的专家顺利地将壁画从坚硬的涂层上抢救了出来。

在所有造访莫高窟的外国探险家中，华尔纳采取的手段最为恶劣，给敦煌壁画造成了永远无法弥补的伤害。

1955年，敦煌守护神常书鸿在《警告霍雷斯·杰尼和他的主子们》一文中愤怒地揭露：

> 敦煌文物工作者和敦煌县人民，对于美帝国主义分子劫夺文物的无耻罪行是知道得最清楚的。如众所周知，敦煌文物近五十年来曾经受到帝国主义者不断的劫夺，其中最卑鄙最无耻的一个，就是1924年到敦煌劫夺了千佛洞唐代彩塑和壁画，因而获得华尔街老板们的青睐，换得了哈佛大学福格博物馆馆长的兰登·华尔纳。据不完全的统计，1924年华尔纳在千佛洞用胶布粘去与毁损的初、盛唐石窟壁画，计敦煌文物研究所编号第320、321、323、329、331、335、372各窟壁画26方，共计32006平方厘米，其中有汉武帝遣博望侯张骞使西域迎金佛等有关民族历史与中国佛教史的重要故事内容的初唐壁画多幅。

华尔纳从敦煌带回的真正精华，是第328窟一尊一米多高的唐代彩绘胡跪菩萨像。

华尔纳将一块块壁画粘走，王道士并没觉得有什么不妥。但华尔纳进一步提出要搬走一件塑像的时候，王道士却表示坚决反对，他误以为华尔纳在打他的新塑像的主意。那是他四处化缘请人重塑的，虽然那些簇新的雕塑品质低劣，恶俗不堪，但却是王道士引以为自豪的政绩。现在来了一个发疯的洋鬼子，虽然给了一笔可观的礼金，但他竟然想拿走一件塑像！

莫高窟第328窟（佛坛左侧少了一尊菩萨像）

华尔纳窃取的第328窟菩萨

王道士给华尔纳建议，你在敦煌城里多留几天，就可以从我雇佣的塑匠那里定做一件塑像，何必找麻烦花运费呢？他甚至还建议说，等到了北京再找大城市的匠人做一件塑像不是更好吗？

华尔纳看穿了他的心思，坚持说我更喜欢洞窟里那一件又古又旧的、失去光泽的塑像，绝不拿你最近才花钱做好的塑像。王道士这才放心了。

华尔纳请来几个当地民工，用了5天时间才把第328窟这尊1米多高的唐代胡跪菩萨像从佛坛上“请”了下来。

当菩萨像被搬出第328窟时，华尔纳特意拍下这张照片留作纪念。照片上的当地民工傻乎乎地站在菩萨像后，完全不像某些文艺作品中所表现的那样，说民工感到对不起祖先，用红布蒙住眼睛，反而是一副满不在乎甚至受宠若惊的样子。可见当时民众的愚昧和麻木到了何等地步！

莫高窟第328窟菩萨塑像刚刚搬出洞窟时（华尔纳摄于1924年）

菩萨像装车前，华尔纳脱下自己的内衣和棉袜紧紧裹在

1925年，华尔纳再次来到王母宫石窟（剧照）

菩萨像上，以免它在返回北京的18天旅途中受到损坏。

从此，这尊绝美的敦煌菩萨就永远离开了佛祖和同伴，漂洋过海到了大洋彼岸的美国，做了哈佛大学赛克勒博物馆的镇馆之宝。

因为第一次考察满载而归，福格艺术博物馆很快批准了华尔纳的第二次考察计划。这一次，华尔纳准备了三马车的胶布和照相器材，打算把莫高窟西魏第285窟的整窟壁画全部粘走。

1925年3月，华尔纳考察队再次路过泾川王母宫石窟，随同哈佛考察队一起考察的北京大学研究所国学门考古学会陈万里先生看到了这样的景象：

洞内东西北三面均有造像，下层者悉毁损，碎石遍地，残破之造像触目皆是。

显然王母宫已经无宝可挖。华尔纳考察队就沿着泾河两岸展开了搜寻。

泾水河畔的惊天秘密

2005年5月，“中华的文明——世纪国宝展”在北京举行，金缕玉衣、秦陵石胄等200多件文物珍宝惊艳亮相。在展厅里有一间十分神秘的小屋，要求每位参观者要排队进入，每次限进一人，每人只能停留30秒。

其实，即使进入小屋，也只能透过落地磨砂玻璃上那个一尺见方的透明玻璃窗，看到一个小小的琉璃瓶，瓶中的东西根本看不清楚。但是，仍然有不少人虔诚地走进了小屋。

这瓶中究竟装着什么宝物，会如此玄秘而至尊至上？

事情还要从1964年10月那个秋天，一个农民的一铲说起。

1964年10月，正是秋收时节，甘肃省平凉市泾川县水泉寺大队组织社员在泾河川里集体劳动。社员乔世荣一铲下去，突然发现一个洞口，他探头一望，洞里似乎藏有东西。

乔世荣至今都觉得不可思议，他这一铲竟铲出一个惊天大秘密！

乔世荣把头伸进去好久才看清里面的景物。

这个砖石混筑的洞穴有门还有过道，两侧的壁面上残存着彩绘和线刻，刻绘有香炉、飞天和力士，周围的乡亲们都说这一定是古墓。

乡下有讲究，古墓里的宝物要男人挖。于是，他们让女人们都回家后，才开始挖宝。

爬进洞后，乔世荣看见洞内石砖铺地，中间放一个斗大的石函，洞壁有少量的图画。洞内冰冷彻骨，抱起这40多公斤的石函，乔世

泾川大云寺佛祖舍利石函，舍利石函内的铜匣、银椁、金棺、琉璃瓶（甘肃省博物馆供图）

荣直不起腰来。洞外的乔碎成只好运足气力，抓住乔世荣的双脚，连人带石函一同拉出了洞外。

他们在第一时间报告了县文化馆。时任县文化馆馆长的张怀玉得到消息后，一边向县上有关部门汇报，一边派文物专干到现场进行详细勘查。

被派去现场勘察的文物专干是兰州大学历史系毕业、当时县文化馆最有学问的张映文。见到石函的一瞬，张映文立即意识到了它的分量。

拭去盖上的积土，几行字迹清晰显现："大周泾川大云寺舍利之函总一十四粒。"

此刻，张映文的心急剧地跳了起来：这是武则天时代的地宫文物！揭开石函，是一个铜匣，里面放着鎏金铜钥匙；打开锁，轻轻开启铜匣，里面是个银棺材；银棺材内又是一个金棺，金棺里装着一个透明的琉璃瓶。

当打开琉璃瓶的一瞬，张映文的手颤抖了——

14枚形如米粒、质似珍珠的佛舍利，静静地躺在瓶中。现场只有张映文明白，这是佛舍利自大周之后的第一次面世，这一瞬间跨越了千年！

大周是武则天的国号，距今已有1300多年的历史。这个中国历史上唯一的女皇和这14枚舍利究竟有什么关系呢？

公元690年，武则天废睿宗，自称圣神皇帝。

依靠佛门即位的武则天宣布："释教开革命之阶，升于道教之上。""僧尼处道士、女冠之前。"这等于宣布革命彻底成功！

她对参与《大云经疏》编撰的十名僧人大加封赏，皆赐爵位改穿紫色袈裟，戴银龟袋，其位之尊可以与三品重臣相比。从此长安皇家寺院出现了只有文武三品以上高官才能穿的紫色衣服，一时间，出现僧人以穿紫袈裟为荣的风尚。

为了传播《大云经》，她下诏令各州兴建大云寺，用来珍藏《大云经》。

泾川大云寺就是当时应诏而建的。

更为巧合的是，就在开挖塔基时，人们在这里意外地发现了14枚佛祖舍利！

这一消息让武则天龙颜大悦，认为这是天赐祥兆。于是她动用当时中国金银器制造水平最高的工匠，镂金雕银，做成石函、鎏金铜匣、银椁、金棺、琉璃瓶，供奉这14枚佛祖舍利。

宁强：武则天把这个舍利当成了一个继承王统、王权的象征，而且她的金棺、银椁开创了中国历史上的一个先河。也就是说，中国的棺椁作为一种标准葬式，现在用来把佛舍利装到里头，这代表佛舍利传统、佛教艺术传统和信仰传统彻底中国化的一个标志。

这是迄今为止，中国发现的最早的金棺，比法门寺舍利容器要早180多年。史学界把全国曾经藏过佛祖舍利的地宫按建制年代排序，甘肃泾川大云寺塔地宫排为第一。

甘肃省博物馆闻讯后，立即派出考古队副队长张学正和董玉祥前来认定。张学正与董玉祥都是经验丰富的考古工作者，多次参加过省上重大考古活动的发掘和整理，文物鉴定经验丰富。但这一次的鉴定让他们深深震撼了——这是世所罕见的佛祖真身舍利！

据专家考证，从石函上的铭文得知，兴建大云寺时，该地已有一座残破的佛塔塔基。

那么，这个废旧的塔基建于什么年代？武则天时期兴建大云寺时发现的舍利究竟是什么时候放入的呢？

在浩繁的史料中，专家们找到了有关古泾州供奉舍利的记载。

这14枚传奇的舍利又和中国历史上另一位传奇的皇帝联系在了一起。他就是隋文帝。

西方权威学者迈克尔·H·哈特认为，在中国，对世界历史影响最大的两个皇帝，第一是秦始皇，第二就是隋文帝。两个人都是因为统一大业而闻名。

隋文帝是第一次实现中国大范围内的多民族统一的皇帝，他不仅首次实行了一直沿用到清朝的三省六部制、开创了科举，还缔造了使接下来的唐朝延用了近300年的府兵制，制定了当时最为先进的律法《开皇律》。

当然，他还有一个让历史牢牢记住的兴佛之举。

唐代阎立本名画《历代帝王图》中的隋文帝杨坚

中央民族大学教授蒙曼：《隋书·高祖本纪》记载，隋文帝生于冯翊般若寺，出生的时刻“紫气充庭，神光满室”。父亲杨忠当时是个将军，中年得子，唯恐养不活，于是将他托身佛门，让佛祖佑护。杨坚是在寺庙里被尼姑养大的。

在寺庙里生活了13年，使隋文帝对佛教的感情非同一般，这便是隋文帝杨坚从骨子里尊崇佛教的一个重要原因。

开皇九年（589年），文帝对南朝用兵，一举灭陈，统一了全国，他非常得意，认为是神佛的保佑。他常对人说：“我兴由佛法。”这是隋文帝尊崇佛教的又一重要因素。

蒙曼：文帝立隋后的第一件大事，就是普诏天下，广兴佛事，度僧、建寺、修塔、写经成为风潮。有文献记载，隋文帝恢复佛教之始，民众从风仰慕，仅民间所有佛经就多于儒家六经有百倍之多。在隋文帝的推动下，隋代成为我国佛教大发展的历史时期。

据史料记载，隋文帝在即位前从一位印度僧人那里得到一包佛祖舍利，请他供养。印僧走后，他将舍利放在掌心，想数一数有多少颗，可数来数去就是数不清，更觉佛法高深莫测，非凡情可度。

释迦牟尼去世250多年后，为传播佛教，阿育王将佛祖的84000份佛舍利分送各地建塔供奉。这些舍利的一部分传到中国，中国各地便有了佛教舍利塔。

史学界认为，中国所有帝王中，在分发舍利、建塔立寺方面，隋文帝最有气魄。他曾三次下令全国各州建立塔寺，派高僧分送这些佛祖舍利。连时辰选择也是效仿阿育王，要求必须在同一时间入塔供奉。

《广弘明集》是历史上非常著名而又权威的佛教著作，其中卷第十七就清晰记载着隋文帝的《隋国立佛舍利塔诏》。

> 奉天承运，皇帝诏曰：朕皈依三宝，重兴圣教。思与四海之内一切人民俱发菩提共修福业，使当今现在，爰及来世，永作善因，同登妙果。宜请沙门三十人谙解法相兼堪宣导者，各将侍者二人并散官各一人，熏陆香一百二十斤，马五匹，分道送舍利……

诏书明确：30个建塔的州务必要在仁寿元年十月十五日午时，同时奉舍利入石函。

在《仁寿元年奉送舍利表》中清楚地记录着奉送之僧、奉送之地和建塔之处。从这张表中可以找到古泾州供奉舍利的记录，那是一个叫郎延的高僧奉送到泾州大兴国寺的，也就是后来武则天时期更名的大云寺。

14枚佛舍利由隋、唐两代帝王先后两次颁赐泾州，可谓来历不凡。而且，泾川大云寺舍利的瘗埋时间比陕西法门寺还早180年，泾州佛教之盛，由此可见一斑。

明代洪武三年，也就是公元1370年，泾河发生了一场大洪水，泾州大云寺被洪峰吞没，佛舍利深埋河底。600年后，佛舍利再次震撼出世。

黄夏年：佛教那么多派别，它们从来就没有统一意见，但是有一个东西大家都认得这是什么，就是这个佛舍利。所以佛舍利是有相当的号召力的，作为每一个统治者，佛舍利是他最好的一个信仰的对象，或者说是一种统治工具。

泾川北周天和二年慧明造像舍利石函内的铜棺和琉璃瓶

深埋泾州地下的历史不会自甘寂寞，总有一天会发出声音，给后世的人们带来猝不及防的惊喜！

大云寺佛舍利出土后不久，1969年冬天，同样在水泉寺村的农田里，又挖掘出了北周宝宁寺比丘舍利函，有石函、铜椁、铜棺、舍利瓶、舍利、金银钗、玉指环、医用铜刀等，石函铭文刻记年代为：北周天和二年（567年）宝宁寺供养。

2013年1月，还是在大云寺东墙边，修公路的施工队挖出了一

大云寺地宫出土的石刻造像

个装满佛头和佛身残件的巨大地窖，内藏北魏、西魏、北周、隋、唐，一直到宋代的石刻造像270多件，诸佛舍利两千余颗。地宫铭文记载的埋藏时间是北宋大中祥符六年，就是公元1013年。

2013年5月，我们摄制组路过泾川时，考古挖掘尚未结束，获得批准后，我们拍摄到了藏佛地窖的原貌。

这批石刻造像造型浑厚，雕刻精细，刀法纯熟，与长安周围出土的同时期石刻造像风格非常接近。

黄夏年：从龟兹石窟到河西石窟群、炳灵寺石窟、麦积山石窟，最后到龙门、云冈石窟，这是佛教东传中国的路线。中国佛教艺术传递是依靠一个又一个石窟雕造而向前推进的。为什么这些隋唐造像和西安现存的造像很像？因为泾川是离洛阳、离陕西很近的地方。窖藏佛像的发现再一次证明了泾川佛像在佛教东传的主线上的不可替代的作用。

三次出土佛舍利的泾川大云寺

探寻南北石窟寺

南石窟寺之碑　北魏

1925年3月24日，华尔纳考察队在泾河北岸的王家山石崖上找到了一个大石窟。有塑像的洞窟只剩下东、西二窟。西边的小窟为宋代雕塑的十六罗汉，称为罗汉洞。东边的大窟为主窟。按照分工，陈万里和溥爱伦负责西窟罗汉洞的考察。

根据泾川县保存的《南石窟寺之碑》，陈万里断定，东窟就是南石窟寺。碑文落款处有“大魏永平三年……奚康生造”字样，显示建窟年代是公元510年，主持建造者是泾州刺史奚康生。

原落款如下：

大魏永平三年，岁在庚寅四月壬寅朔十四日乙卯，使持节督泾州诸军事平西将军兼华泾二州刺史武安县开国男奚康生造。

据《魏书》记载，永平二年（509年）正月，泾州爆发了沙门刘惠汪聚众叛乱，北魏朝廷急调平西将军兼华州刺史奚康生到泾州平叛。奚康生武艺高强，骁勇善战，而且极度崇佛，他先后在四个州担任过刺史，每到一地都要造窟建塔。平息刘惠汪叛乱以后的第二年，奚康生就在泾州开凿了南石窟寺。

南石窟寺1号东大窟还保持着当年的原貌。这是一个直接开凿在石崖上的七佛窟，比王母宫石窟更加宏大雄伟，宽17米，深13.5米，高12米。正壁和东西两壁雕刻出高6米的七身大立佛，高4米的

泾川南石窟寺

岩石 / 白垩纪砂岩

建造年代 / 始于北魏，终于清代

十身胁侍菩萨像。门内两侧各雕一尊高约3米的未来佛交脚弥勒像。覆斗形窟顶雕刻佛传故事浮雕，大部已残，仅存“阿私陀占相”“拘尼立塔”“宫中观舞”“夜半逾城”等画面。

七身大佛面相方圆，细眉大眼，高鼻薄唇，体型健壮，庄严豪迈。胁侍菩萨们个个眉目清秀，笑容可掬，与佛的庄重形成对比。雕刻技巧纯熟，刀法精到。线条简洁流畅，浑然一体，造像风格明显受到了龙门造像的影响，与同时期流行的秀骨清像则有明显差异。

初世宾：从风格来看，南石窟寺的佛像非常像宾阳洞的，都是非常文质彬彬的那种，具有中原汉文化的特征。

十六国、北朝时期，全国各地竞相雕造七佛像。在这一时期，云冈石窟、龙门石窟、莫高窟、炳灵寺、麦积山等石窟都有七佛题材的造像或壁画。但是像南石窟寺这样专门为七佛造一个大窟的样式，在国内还不多见。

南石窟寺　七佛大殿

七佛造像源于南北朝时期广泛流行的七佛信仰。

所谓七佛，指包括释迦牟尼佛在内的过去七世佛。他们的名号分别为：毗婆尸佛、尸弃佛、毗舍浮佛、俱留孙佛、俱那晗牟尼佛、迦叶波佛、释迦牟尼佛。佛教教义认为，一世一劫只有一佛出世教化众生，所以“七佛”也就代表“七世”。七佛信仰与中国人崇尚孝道，对先祖追根溯源的传统不谋而合。

杜斗城：七佛信仰的根本就是佛教要宣传它的历史悠久。因为当时反佛的声音很大啊，特别是道教认为佛教的这些历史都是编造的。佛教要宣传它的历史悠久，过去佛现在佛还有未来佛，释迦牟尼之前就有六佛，释迦牟尼是现在佛，以后我们还有未来佛弥勒佛。所以造七佛题材的一个很重要的原因，就是要宣传佛教的历史悠久。

为了营造宏大的空间布局，奚康生选择了新的建筑形式，他把北魏的中心柱窟、云冈的大佛窟，改造成了一个雄伟开阔的中国祠堂式殿堂窟，将七尊大佛及其胁侍菩萨并排一堂，这就把七佛变成了主尊，一改过去云冈、龙门和其他石窟中七佛的从属地位，这种设计当时在国内外都很罕见。

宁强：过去的宗法社会，每个家族都有一个主祠，帝王也有祠堂，祠堂的建筑形制就是一个殿堂。现在这个南石窟寺，就是把一个供奉祖宗的殿堂，改换成了一个供奉佛祖的殿堂。

据研究者分析，南石窟寺的开凿不是由表及里、从外到内，而是从最高处的天窗开凿，先完成窟顶浮雕，再一边去石、一边凿像，由上到下一点点雕琢掏空。七尊大佛，都是先凿头顶，再凿额头、眉、眼、鼻、唇，最终到脚趾一寸寸凿出来的。这样庞大的石窟雕刻工程，究竟耗费了多少人力物力财力？真是难以想象！

历史上，大型石窟开凿的背后，往往都有声势显赫的王公贵族的支持。北魏时期，泾州境内连续出现王母宫石窟和南石窟寺这样的大型石窟绝非偶然，说明泾州与中原王朝关系非同寻常。

在《南石窟寺之碑》的碑阴刻有当年捐资助款人的名单，其中安定临泾胡氏一族最为引人注目。

杜斗城：宣武帝的皇后是胡太后，胡太后正好是泾州人。奚康生在泾州修建南北石窟，我觉得他有讨好胡太后的心态。

曾一度掌握北魏王朝最高权力的胡太后，名叫胡充华，她是安定临泾人，司徒胡国珍之女，北魏宣武帝元恪的妃子，孝明帝元诩的母亲。延昌四年（515年）元恪死后，不满五岁的儿子元诩即皇帝位，所以，国家大权就落到了他母亲胡充华手中。

据《魏史》记载，胡太后精明干练，执政初期“亲览万机，手笔断决”。她还是一个忠实的佛教徒。在未入宫前就曾出家为尼，做了皇太后以后大兴寺塔，洛阳龙门石窟中的宾阳三窟、莲花窟等大窟，就是由北魏皇室修建完成的。胡太后还曾率领文武百官到老家安定临泾巡游过。学者认为，王母宫石窟很可能就是在此前后兴工动土的。

当年奚康生镇压沙门暴动，表面上看是在严厉打击佛教势力。但是平叛之后，奚康生为什么又举全州之力，“命匠呈奇，竞工开剖，积节移年，营构乃就”，开凿了比王母宫石窟更大的南石窟寺呢？这其中又有什么玄机呢？

黄夏年：五胡十六国有个明显的特点，就是各国之间边打边融合，这是因为佛教在这里面起了很重要的作用，推动了各国互相之间的融合。就是大家一说起信仰佛教就觉得非常亲近，有了共同语言。所以宗教的作用是很重要的。到最后，五胡十六国没了，可是佛教却保留下来了。

陈万里先生推测，既然有南石窟寺，就一定有相对应的北石窟寺。但《南石窟寺之碑》没有提供北石窟寺的信息，泾川当地也再找不出同样规模的石窟。华尔纳考察队就此放弃了调查。

庆阳董志塬边缘的覆钟山

素有“天下黄土第一塬”之称的庆阳董志塬，是陇东面积最大而且最平整的黄土地，这里沉积着天下最厚的黄土层，最大深度达到200米以上。

在董志塬边缘，蒲河与茹河交汇处的覆钟山下，厚的黄土中生长出100多米长的一道石梁，质地均匀的黄砂岩正适合雕刻佛像。1959年，文物工作队发现了北石窟寺，印证了陈万里先生的推断。消失数百年的北石窟寺终于佛光重现。

庆阳北石窟寺

岩石 / 白垩纪砂岩

年代 / 始于北魏，终于清代

据165洞保存的清乾隆六十年《重修石窟寺诸神庙碑记》与《镇原县志》等有关记载，北石窟寺为北魏永平二年奚康生建。因与南石窟寺相对，故今名北石窟寺。永平二年即公元509年，比泾川南

北石窟寺全貌（吴健　摄）

石窟寺还早一年。也就是说，南北两座大石窟都是由同一个人是在同一时间主持兴建的。

杜斗城：泾川南石窟寺、庆阳北石窟寺虽然分置两处，但垂直距离只有50华里，两座石窟所在地，汉代同属安定郡，北魏属泾州安定郡临泾县，在当时属同一个地方官管辖。所以，它们为泾州刺史奚康生同时建造是完全成立的。

北石窟寺第263窟　佛像

今天的北石窟寺，实际上是一处包括了北魏、西魏、北周、隋、唐、宋、清等朝代的295个窟龛、2125身石刻雕像的庞大石窟群。窟龛分布的岩石断面南北长120米、高20米，分三层雕凿，造像均为高浮雕和圆雕，分布密集，形如蜂房，刻画逼真，风格各异，为陇东著名的旅游胜地。

石窟碑文显示，清代同治年以前的北石窟寺，“殿宇轩昂，龛像俨然，丹素炫彩，金玉垂辉，佛光普照，僧众云集，阁楼峻丽，蔚为壮观”。而同治期间，专事毁灭儒、释、道文化古迹的宗教极端分子，将偌大的北石窟寺付之一炬，整个庙宇建筑群悉数被焚，僧人全部被杀害。

130多年前那场毁灭性的大火，至今仍在北石窟寺岩壁和大佛像身上留下触目的焦黑。幸亏洞窟开凿在坚硬的岩石上，数千造像才得以劫后余生。

北石窟寺最大的洞窟是奚康生创建的第165窟，它与泾川南石窟寺形同孪生姊妹。无论石窟形制、造像题材，都与南石窟寺完全相同，只是第165窟面积更大，规格更高。它不仅是中国现存最早、最宏伟的七佛窟，也是一座宏大的北魏石雕艺术殿堂。

首先映入眼帘的是窟门两侧的两尊天王，高达5.8米，身披铠甲，足蹬战靴，手扶利剑，怒目圆睁，威风凛凛。进入洞窟，宛如进入了中国式的宫殿。和南石窟一样，北石窟也是空间宏大、气势磅礴的殿堂窟。南北宽21.7米，纵深15.7米，高14米。东（正壁）、北、南三壁雕刻七尊立佛，每尊佛高8米，佛与佛之间有4米高胁侍菩萨10身。洞窟西壁为两尊七佛的“接班人”——未来佛交脚弥勒，高5.8米，旁边分别有骑象菩萨和阿修罗天王像。四壁和覆斗式上顶刻有飞天、供养人、佛传故事浮雕。

巨大的洞窟空间和七座大佛环壁并排的组合方式，给人以强烈的视觉震撼。

宁强：有一个日本的教授写过一本《佛教艺术东渐史》，他把佛教艺术的传播过程看成了一个由西到东的单向的过程。但是，这个165窟的七佛像告诉我们，其实即便是在早期，佛教艺术的传播也不是单向的，而是双向的。从西往东有一个传播的过程，从东往西也有一个传播的过程。七佛造像诞生在西方，传到西域、河西走廊，一直到云冈、龙门石窟，再传到泾州奚康生这里，就发生了一个变化，诞生了这个大型七佛殿堂窟的样式。诞生之后，它又有一个西传的过程。它反映出佛教艺术中国化是一个双向的过程。

虽然建筑形制和造像题材与南石窟寺完全相同。但北石窟寺第165窟整体上呈现出雄浑、拙朴、粗犷的艺术特征。佛陀的浓眉大眼、直鼻厚唇，还带有犍陀罗艺术的痕迹，表现了北方游牧民族的强悍之风。

初世宾：如果说南石窟寺的佛像非常像龙门石窟的宾阳洞的佛像，那么，北石窟寺的佛像就有点像云冈石窟的，比较强悍。云冈时期的佛像正好是鲜卑族在中国的政治舞台上最强大的时候，那种民族气质，那种氛围表现得淋漓尽致。

第165窟造像不仅造型高大、刻画细微，而且多有出人意料的设计。西壁的骑象菩萨和同类题材大不相同，本来应该在地面牵象拽蹬的昆仑奴，竟然和普贤菩萨、比丘同骑象背；与普贤菩萨相对的另一侧，按照常规应该是骑狮的文殊菩萨，这里却是一个三头四

北石窟寺第165窟　石雕大佛（高达8米）

北石窟寺第165窟　骑象普贤菩萨（吴健　摄）

北石窟寺第165窟形制（吴健　摄）

臂的阿修罗天。这个来自印度教的护法神，三副面孔三种表情，一喜一愁一怒。一手举日、一手擎月，一手执降魔杖、一手握金刚杵，威风八面，法力无边。

这种奇特的形象设计其实是暗藏玄机。

初世宾：阿修罗是一个妖魔，但是皈依了佛法以后，成了保卫佛教的一个天神，一个非常孔武有力的大力士，他又变成了驱魔、镇邪的一个神。实质上是在暗藏、隐喻着他镇压农民起义得胜的一个历史事实。

北魏以后，西魏、北周、隋、唐、宋、清各代都在北石窟寺留下了造像。其中唐代洞窟数量最多，共有198个窟龛。占现有窟龛的三分之二。

第222窟是唐代的代表洞窟。正壁雕一佛二弟子二菩萨，佛高4.05米，弟子高2.8米，菩萨高3米。主佛面相圆润，细眉大眼，鼻

北石窟寺第165窟　阿修罗

北石窟寺第222窟　主佛石雕像

北石窟寺第222窟　48龛

北石窟寺外景

宁强：当代美术当中残破的、不完整的、抽象的审美因素，我们在北石窟寺的外立面上都可以见到。古人的审美和今人的审美其实在精神方面是相通的，灵魂是相通的。所以，这些残破的具有历史沧桑感的艺术品，对我们当代人而论，仍然具有极高的艺术价值和文化价值。

大口方，肩宽腰圆，雕刻技巧娴熟，风格质朴大方。窟内南、北、西壁布满小佛龛，分为4层，共计62龛217身造像。大部分保存完好。

北石窟寺的唐代石雕，既不同于龙门石窟中的雍容华丽，也不同于永靖炳灵寺石窟中的玲珑剔透，而是线条粗放，衣饰简洁，朴实无华。专家认为，这是因为北石窟寺的石质比不上龙门、云冈那般坚韧细腻，所以很难进行华丽繁缛的装饰性加工。

千年岁月的打磨让北石窟寺裸露在外的石刻褪去了华丽的外表，反而产生了一种朴素的威严，一种平凡的伟大，一种让人可以走近的神圣，这是否更符合佛教的本意呢？

一千五百年过去了，北魏石雕大佛依然高高在上，以泰山压顶之势矗立于大殿中，接受着丝绸之路上东来西往的信众的敬仰。

陇东石窟群的隐秘身世

今天又是农历四月八浴佛节。泾川百里石窟长廊中最大的石窟群——罗汉洞石窟前，延续千百年的浴佛节庙会正在山前的开阔地上热热闹闹地举行着。锣鼓家什一响，宁夏专业剧团带来的全本秦腔大戏《周仁回府》开场了。从十里八乡赶来的老戏迷们看得津津有味，摇头晃脑。很多老人家还拿着手机拍照发视频。剧场外围挤满了售卖服装百货、各色农产品和小吃的摊子，小贩的叫卖声盖过了舞台上周仁的怒吼。

霍勒斯 H.F · 杰恩在《泾河流域的佛教石窟》中写道：

> 罗汉洞在当时曾是一处很有名气的佛教活动中心。即使现在，尽管沿这条公路，从泾川到罗汉洞需要几个小时，但僧侣接踵而来的盛况和悬崖下面建造的若干居室都暗示出，它仍然是邻近地区的重要礼拜场所。

佛教传入中国一千多年间，佛教的节日和礼拜活动已融入了中华民族的节日文化，演变为中国人自己的狂欢节。每逢庙会，无论高低贵贱，无论是否信教，大家都喜欢去石窟寺扎堆，象征性地礼佛祈福之后，普通老百姓更热衷的还是歌舞、杂耍、占卜、餐饮、售卖等社交、娱乐、商业活动。

在城市文明尚未兴起的农耕社会，丝绸之路上的每一处石窟群都是古代的“纽约时代广场”，是引领时尚、传播文化、增进和谐的大舞台。庙会文化已融入中国人的血脉之中。

山下是锣鼓喧天、人声鼎沸的庙会，山上是连续营造了1500多年的罗汉洞石窟。

开凿于泾河北岸红砂岩壁上的罗汉洞石窟，始建于北魏，有大小窟龛260多个，分上下两层，在绵延两公里多的悬崖峭壁上，窟龛之间有栈道相连，也可通过竖井爬到上层石窟，洞中还有套洞，有秘密的出口，钻进洞窟如同进了迷宫。

罗汉洞的主窟为中心塔柱结构，有4根大石柱支撑窟顶与地面，四个柱子之间有一座高1米的方形石坛，石坛中央的佛、菩萨造像均毁于1966年。石柱上残存的宋代泥塑彩绘高浮雕佛像、天王像十分珍贵，这种高浮雕在敦煌、龙门、云冈等著名石窟中都很少见到。

前些年，罗汉洞石窟底层坍塌，露出了一个小洞窟。洞内有二

罗汉洞石窟　高浮雕彩塑　宋代

平凉市泾川罗汉洞石窟

岩石 / 白垩纪砂岩

建造年代 / 始于北魏，终于清代

罗汉洞石窟　二佛并坐说法石雕像　北魏（后世敷泥）

佛并坐说法塑像，佛像头部的表层泥皮脱落，人们才发现，这组塑像原来是北魏石雕，被后世重新泥塑彩绘过。

如今，塌陷的小洞窟还没有清理出来，已现北魏石雕真身的佛像，双眉弯曲，嘴角微翘，在齐腰深的泥土中，露出了标志性的北魏的微笑。

平凉市华亭县石拱寺石窟，这个看起来貌不惊人的小石窟也有1500多年的历史。它开凿于北魏延昌元年（512年），现存窟龛14个，均为石雕造像。最大的洞窟是第6窟和第2窟，第6窟佛像高达6米。

华亭石拱寺石窟

但两窟都在清代同治年间被烧毁，据说当年熊熊的大火烧了三天三夜，直到把巨大的石雕佛像烧得炸裂粉碎。

石拱寺保存最好的是第11窟。正龛为一佛二菩萨，主佛尽管被战火烧得浑身漆黑，但依然慈眉善目，垂怜众生。菩萨发髻高耸，双唇微启。南壁顶有维摩诘与文殊菩萨对坐图，窟顶正中有一朵莲花浮雕，四周有对舞飞天，飘带飞扬，动感十足。

与石拱寺一样，陇东地区的大多数石窟就像脚下的黄土一样谦卑低调，以至于在很长的历史时期都不为人知。

万里赴戎机，关山度若飞。

朔气传金柝，寒光照铁衣。

将军百战死，壮士十年归。

平凉市庄浪县云崖寺石窟群

岩石 / 白垩纪砂岩

年代 / 始于北魏，终于清代

这首脍炙人口的《木兰诗》中提到的关山就是六盘山，也称陇山。在庄浪县城东28公里处的关山深处，奇峰秀岭中隐藏着一个大石窟群，它就是云崖寺石窟群。

这座具有1500多年历史的石窟寺群，由云崖寺、朱林寺、大寺、西寺、乔阳寺、金瓦寺、佛沟寺、三清洞、罗汉洞、殿湾10个石窟组成。其中最大的云崖寺石窟开凿在云崖主峰的崖壁上，始建于北魏时期，唐、宋、元、明、清历代都有营建。窟内泥塑的秀骨清像风格，显示出这是北魏晚期到西魏时期的作品。

南北石窟寺还不是陇东最早的石窟，庆阳市合水县的张家沟门石窟，有北魏太和十五年，也就是公元491年的造像题记，这是目前陇东地区已知最早的石窟。

张家沟门石窟位于合水县平定川中段西岸的陡壁上，共有8个窟龛，分别建于北魏太和十五年（491年）和二十年（496年），是目前已知陇东地区最早的石窟。从供养人的着装就可以看出，这是北魏孝文帝汉化改革前的作品，供养人身穿长袍，腰系宽带，脚蹬长筒皮靴，与云冈石窟太和年间的鲜卑族供养人服饰毫无二致。

合水县张家沟门石窟

岩石 / 白垩纪砂岩

年代 / 始于北魏，终于宋代

合水县莲花寺石窟

岩石 / 白垩纪砂岩

年代 / 始于北魏，终于宋代

平定川流域是陇东向北通往陕北、漠北地区的通道，佛教从北朝以来就一直很兴盛。这里还分布着北朝到宋金、明代开凿的十几处石窟。

平定川口葫芦河北岸的一道红砂石崖上有一个摩崖大龛——莲花寺石窟。崖面长19米，高6.4米，保存了唐、宋时代开凿的大小佛龛18个。大龛内依山势而分开小龛，龛室相连，造像密集，雕刻精美。特别是整个摩崖佛龛利用一个崖面自然布局，在起伏不平的崖面上刻满造像，错落有致，浑然一体，堪称中国石窟雕刻的杰作。

平定川流域规模较大的石窟——合水县保全寺石窟，始建于北魏中期，也建在一道石崖上，南北长约40米，共开龛30余个，多

合水县保全寺石窟

岩石 / 白垩纪砂岩

年代 / 始于北魏，终于宋代

为圆拱形残龛，高约1米。保存比较完整的13号龛，雕刻了释迦牟尼、多宝佛并坐说法图，佛陀身着半披肩袈裟，鼻直眼大，面形方圆，雕刻精细，形象丰满，面带微笑。5号龛的一佛二菩萨，衣纹线条纤细而均匀，极富韵律感。

镇原县石空寺石窟

岩石 / 白垩纪砂岩

年代 / 始于北魏，终于清代

由北石窟寺向西，在镇原县茹河南岸，十几尊大佛像凌空高悬在十多米高的石崖上，俯视着山下的城镇。这就是石空寺石窟。

石空寺石窟现存8个石窟，有石雕佛像13尊，泥塑神像25身，壁画数十幅。最高的大佛殿，分前后两殿，共有高6米的大佛9尊，高3米的小佛5尊，都是石胎泥塑，有宋代世俗化造像的风格。

除了佛、菩萨以外，这里还供奉着“关帝爷”“土地爷”“百子娘娘”等，甚至把孔子、释迦牟尼、老子三尊塑像放在一起供奉。释、道、儒三教共处一室，其乐融融，显示了中国文化极大的包容性。

陇东地区分布着全国密度最大的石窟群，大小石窟多达70余处。它们像繁星散落在泾河两岸。在这些渐渐被岁月淡忘的石窟里，残存的塑像还在诉说着昔日的辉煌。

丝绸古道上最深的车辙，就在北石窟寺旁边的董志塬石梁上。

这是一道异常陡峭的石梁，丝路行旅的车轮竟然在岩石上切出了数十厘米深的车辙。半坡急转弯处，几道扭曲的车辙交叉叠压，触目惊心。难以想象那些满载货物的牛马骡车，是怎样冒着随时会滚下山坡的危险上山下山的，那些远走他乡的旅人又曾经历了怎样的惊恐和挣扎呢？

这条崎岖的山路上，曾走过多少帝王将相、高僧大德？走过多少商人使者、歌伎百工？

关山难越，谁悲失路之人？

萍水相逢，尽是他乡之客。

再艰险的道路，也不能阻止人类交流的冲动。两千多年来，丝绸之路冲破了亚欧大陆上一个又一个大山、沙漠的阻隔，打开了一个又一个封闭的文化圈，让希腊、印度、西亚、中亚与中原的文化交汇碰撞。丝绸之路上灿若星群的石窟，就是在这股巨大的文化交流的洪流中诞生的。

黄土高坡上的丝路车辙

佛教造像艺术从印度不远万里一路走来，经过龟兹、敦煌、凉州、河州、秦州，终于度过关山来到了泾州。

向西走下这道陡坡，在北石窟寺礼佛祈愿，然后义无反顾地向河西走廊和无比遥远的西域进发；向东攀上这道山梁，越过子午岭，令人无比神往的长安、洛阳就近在眼前了。

东方睡狮已然觉醒

20世纪初，敦煌莫高窟、泾川南石窟寺等石窟群相继被西方探险家发现，尘封千年的国家宝藏大量流散，震惊了全世界，也警醒了沉睡已久的国人。中国历史上第一次文明大抢救工作拉开了大幕。

1925年，当华尔纳考察队准备在新发现的南石窟寺里故伎重演、砍凿佛像的时候，被山坡上放牧的羊倌发现，遂鸣锣为号，将附近村民召来。他们把洞窟团团围住，要求“洋鬼子”赔偿损坏的佛像，不然，一个也别想走出洞窟。

陈万里在1925年3月24日的日记中写道：

余正在凝视出神之际，忽有乡民二十余，蜂拥而至，群起诘问。余等遂未便再事工作，拟即收拾一切登车还城。乡民则强拉骡马不令走，余婉曲言之，许久，势稍缓和。复来十余人咆哮更甚，其中之一诘责翟荫君毁坏佛像之罪。翟荫君不谙华语，未能答，彼即牵其袖曰，同到庙里去，非俟佛像修复不能任汝行。十余人和之，亦有

华尔纳考察队在泾川县城门口（华尔纳摄于1925年）

数人谓非先搜检外人，解除凶器不可。

当时南石窟寺为附近上下贾家沟、王家沟、何家坪、凤凰庄、纸坊沟等六村所管，村民提出必须等六村村民来齐才能解决。但村民越聚越多，吵得越来越凶。陈万里只好出面调解，跟他们协商和平解决方法。围困了两个多小时后，村民推举出来几位代表，随同考察队一起进县城商量解决。最终，洋人赔偿南石窟寺66块银圆的重修费，其中包括18个小佛像，每像2元，一个大佛像30元。交付赔偿金后，乡民代表才散去。

哈佛大学福格博物馆第二次中国考察队西行出师不利，刚到泾川就碰了一鼻子灰。华尔纳两手空空离开泾川，继续前往下一个目标——敦煌。

没想到，他们还没到敦煌，剥取壁画的计划就告吹了。

1925年5月1日，考察队到达酒泉肃州。陈万里、翟荫拜访了掌管酒泉、嘉峪关、玉门、安西、敦煌各地军事大权的肃州镇守使吴静山，报告了他们准备剥离敦煌壁画的计划，遭到吴静山的严词拒绝。

翟荫自知计划难以实施，就打消了剥壁画的念头，决定只拍摄敦煌壁画。他们把从北京带来准备剥壁画的洋布一捆、木箱五件全部寄存在肃州，轻装前往敦煌。

5月18日，除华尔纳外的其他考察队员都到达敦煌县城，与敦煌县县长等地方政府官员商量拍摄事宜，但县里规定，考察队在莫高窟的拍摄时间不得超过两星期，而且必须当日往返，不得在莫高窟留宿。拍摄时，他们又被形影不离的敦煌人像盯贼一样死死盯住。

陈万里在第285窟洞壁上发现了“大代大统四年”及“大代大统五年”的西魏墨书题记。翟荫告诉他，这就是他和华尔纳在北京时就计划剥取壁画的洞窟。按照原计划，他们要把这个西魏经典洞窟的所有壁画全部剥光，拿回福格博物馆再重新复原。但没想到局势发生了如此巨大的逆转。

华尔纳判断：

莫高窟第285窟　主室东壁　西魏

如果我们胆敢试图剥离敦煌壁画的话，那么天法的绞索便会套在我们欲望的脖颈上。

第285窟因此免遭灭顶之灾。

重重限制之下，翟荫对拍摄洞窟也失去了兴趣，他们匆匆拍了三天就草草收场。5月24日，翟荫迫不及待地先行离开敦煌，赶往肃州阻止华尔纳西来；其余人也随后离开敦煌，经疙瘩井、甜水井、安西（今瓜州县）口，于5月26日到达安西（今瓜州县）境内，在这里等待华尔纳的到来，然后准备考察斯坦因于1907年首次考察过的万佛峡（榆林窟）。

一连串的不顺，让华尔纳感到，东方睡狮已然觉醒，他的考察计划正面临着破产。他在给斯坦因的信中愤愤不平地说：

我曾经给王道士赠送一点点钱，只有75两白银，可是这个数字也被夸大到10万银圆，村民们因此去找王道士，要求和他分享这笔钱。王道士当然拿不出这笔现金来，于是村民们就以死来威胁他。王道士只能装疯卖傻，才躲过了这场灾难。翟荫去敦煌的时候，随身带着我过去的翻译员，这位翻译员在前一次随我访问敦煌时对王道士极为友好，但是此时王道士竟然不认他，躲得远远的。

华尔纳、翟荫和考察队在安西汇合后，又在榆林窟考察了几天，拍摄了一批照片。1938年，华尔纳出版了他的敦煌学研究著作《万佛峡：一个9世纪佛教壁画洞窟的研究》。这是国内外第一部榆林窟研究专著。在本书的"绪论"中，华尔纳回忆了当时被安西民众严格监督的窘境：

当地政府只允许我们在蘑菇台子的庙宇中居住七天，而蘑菇台子又距离我们要来看的石窟有两英里远。显然，要想对细节做一次详尽无遗的研究，那我们拥有的时间太短缺了。因为有十几个村民的出现，使情况变得极为棘手。这些村民丢下了自己的日常活计，跑了大约十五英里的路，来监视我们的行动，并千方百计地想引诱我们闹事，这样便可以找到理由向我们进攻，或者用武力将我们从这一地区驱逐出去。面对着唠唠叨叨找茬责骂，面对着背信弃义，甚至公开的敌对，为了避免肉体遭受暴力，我们也只得坚持不懈地保持彬彬有礼的姿态，尽管几乎每个小时都会因为当地人制造麻烦而发怒、发狂，一个小小的失误，甚至一张生气的面孔，都可能会招致整个蜂群在我们耳边嗡嗡作鸣，甚至很有可能让我们丢了性命。

华尔纳感叹：

我万万没有想到，在短短的七个月时间里，整个中华民族就从沉睡中醒来，并且打了一个可怕的哈欠，吓得我们这些洋鬼子们全都夹着尾巴滚回了我们的公使馆里。

雪落榆林窟

莫高窟第17窟　藏经洞

1928年，国民政府在学界敦促下成立了古物保管委员会。

1930年，曾两次“光顾”敦煌，先后斩获一万六千多件藏经洞文物的斯坦因，再次手持考察护照来到新疆，准备第三次到敦煌挖宝，古物保管委员会闻讯后立即向南京政府呈文，反对斯坦因在新疆、甘肃的旅行，并请求新疆政府把斯坦因驱逐出境。从此，斯坦因再也没有踏上中国的土地。

这是中国人保卫国家宝藏的成功范例，它标志着中华民族在文化上的觉醒，显示了中国学术界高度的责任感和强烈的文化主权意识，也宣告了外国人肆意攫取中国文物的时代一去不复返了。

中国文联荣誉委员、作家冯骥才：敦煌是世界文化遗产，世界文化遗产更有它神圣的一面，它更不能移动。在历史某一个时期被移动的，最后还应该恢复它的原貌，还应该回到它原来的地方，这是必须要做的。这个体现一个国家的文化主权和文化尊严。

人们把敦煌藏经洞称为天下第一洞。确实，地球上没有任何一个小小岩洞能像藏经洞一样，包罗万象，纵接千年，横贯东西。这是人类文化的又一座宝库。它开启了中古时代十个世纪丝绸之路沿线国家的社会生活和千头万绪的文明线索。

藏经洞发现100多年来，几乎所有的中国文化名人都介入了这场文明大抢救。

1909年，罗振玉先生看到伯希和在北京六国饭店展览的敦煌卷子后大为震惊，立即报告学部，要求封闭藏经洞，并把剩下的卷子全部运送北京。这一万多卷劫后余生的敦煌文书后来入藏国家图书馆。当年12月，罗振玉根据伯希和带来北京的部分敦煌文献，编辑

罗振玉先生

发行了国内第一部敦煌学文献《敦煌石室遗书》。

1911年清朝灭亡后，罗振玉、王国维东渡日本避难。期间埋头整理研究甲骨文、敦煌文献和简牍。1913年，罗振玉将伯希和陆续寄给他的18种敦煌文献照片整理编辑了第二部敦煌学著作——《鸣沙石室佚书》。他还从伯希和的老师沙畹教授那里要回了斯坦因在新疆、敦煌挖掘的汉晋简牍影印件，与王国维分工合作，重新分类考释，于1914年出版了中国汉晋简牍研究的开山之作《流沙坠简》。后来，罗振玉从日本探险家橘瑞超处看到大谷探险队所获敦煌文书的目录后，又立即借回参阅，并编成《日本橘氏敦煌将来藏经目录》刊布。

曾任北洋政府司法总长、财政总长的董康，与敦煌文献有很密切的关系。1922年，董康辞去财政总长的职务，率实业考察团赴英法考察。在巴黎，他在图书馆中待了30天，抄录了敦煌文书中有关法制方面的资料。随后，董康前往伦敦，又在大英博物馆抄到了《云谣集》等敦煌文学资料。1927年，他到日本京都，抄回了许多流散到日本的敦煌文献。

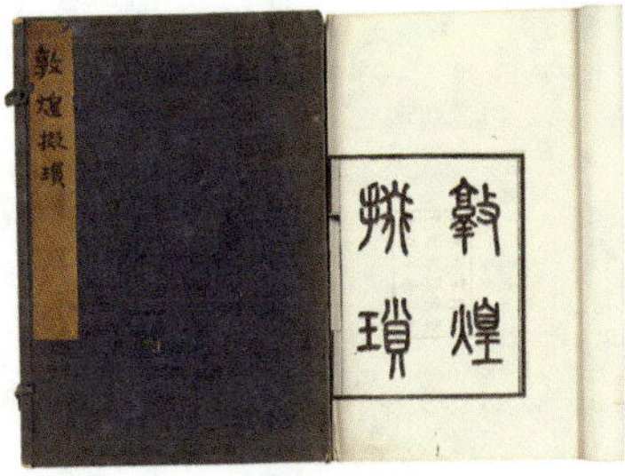

刘半农《敦煌掇琐》

1924年，北京大学刘半农教授在法国留学期间，将法国国立图书馆收藏的反映世俗生活的104件敦煌写本全部抄录下来，回国后出版了《敦煌掇琐》三册。这一抄本在很长时间里成为中国敦煌研究必读资料。

胡适先生

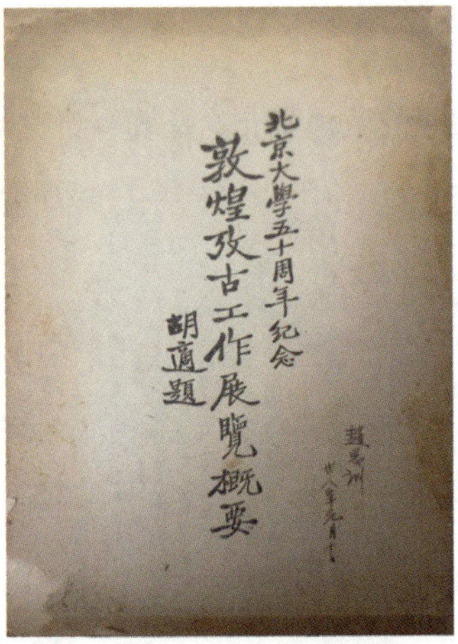

胡适先生为《北京大学敦煌考古工作展览概要》题字

1926年，胡适先生在游历英国、法国时，专门到大英博物馆、法国国家图书馆，抄录了敦煌写经中不为人知的禅宗资料，编成的《菏泽大师神会遗集》成为中国禅宗史研究的划时代著作。

1931年，陈垣先生整理编辑的《敦煌劫余录》出版，收录了京师图书馆所藏敦煌写本8679件，对每一卷写本的编号、起止、纸数、行数及内容都做了详细辑录，成为国内第一部大型敦煌写本分类目录。国学大师陈寅恪在为本书所作的序言中说：

陈垣先生

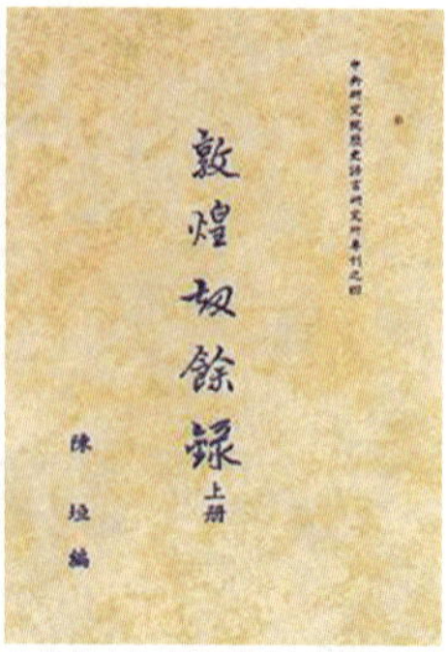

《敦煌劫余录》

一时代之学术，必有其新材料与新问题。取用此材料，以研求问题，则为此时代学术之新潮流。治学之士，得预于此潮流者，谓之预流（借用佛教初果之名）。其未得预者，谓之未入流。此古今学术史之通义，非彼闭门造车之徒，所能同喻者也。

敦煌学者，今日世界学术之新潮流也。自发见以来，二十余年间，东起日本，西迄法英，诸国学人，各就其治学范围，先后咸有所贡献。吾国学者，其撰述得列于世界敦煌学著作之林者，仅三数人而已。夫敦煌在吾国境内，所出经典，又以中文为多，吾国敦煌学著作，较之他国转独少者，固因国人治学，罕具通识，然亦未始非以敦煌所出经典，涵括至广，散佚至众，迄无详备之目录，不易检校其内容，学者纵欲有所致力，而凭藉未由也。

按照陈寅恪先生的说法，刚刚兴起的敦煌学，就是既有新材料，又有新问题的“世界学术之新潮流”。这在中国学术史上具有重大意义。

学界认为，敦煌学让中国的学术风气为之一变。从此，中国学者认识到，研究中国的学问不能只翻阅四书五经，不是我注六经六经注我，学术研究要关注不同文明的交流互鉴，以及不同民族间的文化互动。也就是说，由敦煌学开始，中国的学术研究才真正走进国际学术语境。

陈寅恪先生

但是，因为敦煌文献中的绝大部分都已流散世界各地，为了研

向达先生

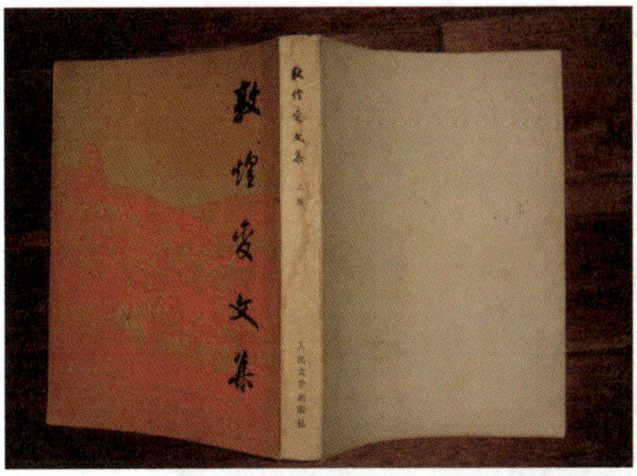

王重民著《敦煌变文集》

究敦煌学，为了获取藏经洞文献的原始资料，更多的学人不得不远渡重洋，去英法博物馆、图书馆查阅、抄录敦煌文献。

1934年至1939年，北平图书馆派王重民、向达先生分赴法国、英国进行学术考察。在巴黎，王重民埋头翻阅敦煌卷子，写成了《巴黎敦煌残卷叙录》《敦煌古籍叙录》《敦煌曲子词集》等重要敦煌学论著。他还把重要的卷子拍成照片，目前存放在国家图书馆的13000余张敦煌遗书照片，主要是王重民当年在巴黎拍摄的。1938年，王重民和向达又赴英国伦敦，后来写了《伦敦所见敦煌卷子群书叙录》《敦煌遗书总目索引》等。向达先生在大英博物馆受到小翟理斯的刁难，看到的卷子比较少，但也抄回来500个卷子。

姜亮夫先生

1935年，姜亮夫自费去法国留学。他本来是要到巴黎大学攻读博士学位，但去了巴黎，看到数千卷敦煌文书后，他说："整个中国文化都在敦煌卷子中表现出来了。"他放弃了攻读博士学位的机会，每天早上坐在博物馆里抄录敦煌卷子，一直抄到晚上博物馆关门。他恨不得用手中的笔把数千件遗书"搬"回来。

那是怎样一种虔诚的中国文化情结！

冯骥才：当时姜亮夫到图书馆去就带几片面包，中午饿了，打了一杯水，吃几片面包，再接着抄下去。经卷被拿走了但我得把经文抄下来送回来。这完全没有功利目的。我觉得当代的知识分子缺一点东西，就是缺一点纯粹的文化精神，缺一点对文化的那种敬畏精神。我觉得那一代的知识分子有。我想那一代知识分子的精神应该传递给我们这一代人。

剑桥国王学院中世纪艺术史家巴福尔曾说，没有一个时代会完全独身存在；每个文明不仅通过它自己的成就赋形，也依靠它汇纳往昔的成就赋形，如果那些成就毁灭，我们也丧失了自己历史的一部分，我们将为此而贫弱。

如果摧毁了文化和历史，那我们就什么都没有了！

敦煌藏经洞数量如此巨大的文化遗产遭到严重的肢解，这在人类文明史上是罕见的。100多年前，藏经洞文物流散到亚洲、欧洲、北美洲等十几个国家和地区，变成了40多家博物馆的镇馆之宝。而被

赵声良在莫高窟第427窟

敦煌研究院院长赵声良：由于藏经洞文物大量流散到世界各地，引起世界各国的关注，那么，一门新的学问产生了，那就是敦煌学。到现在已经100多年了，热度依然没有降低，现在世界上有20多个国家都有人在研究敦煌学。就像国学大师季羡林所说的，敦煌在中国，敦煌学在世界。

掏空的藏经洞，犹如中华民族心灵深处的一块伤痕，至今仍隐隐作痛。

2018年5月，大英博物馆副馆长芬克尔、大英图书馆原东方部主任吴芳思造访莫高窟，当他们面对100多年前斯坦因、伯希和等曾经挑过卷子、如今却空空如也的藏经洞时，也是感慨万千。

2018年6月，大英博物馆副馆长芬克尔（中）在敦煌学院访问

2018年6月，吴芳思在敦煌学院讲学

芬克尔：对于文字学的学者来说，敦煌是一个最有意义的地方，因为这里面所藏的所有的文字是没有经过任何战乱和昆虫的咬食，完整保存下来的，敦煌在世界上可以说是最有意义的古文字的收藏基地。

吴芳思：藏经洞的发现，不仅是对中国历史有意义，而且对世界历史也有很大的意义，因为它打开了丝绸之路的历史，发现了中国唐代之前有什么历史档案。斯坦因懂梵文，他了解佛教，所以他知道的佛教历史也保存在那个小洞里面，是非常丰富的历史资料。

2018年5月，法国国家图书馆东方写本部的工作人员开始为一个新任务忙碌了，因为这一年秋天即将开幕的丝绸之路（敦煌）国际文博会要做一个“流散海外敦煌藏经洞文物复制”精品展。这也是巴黎藏敦煌文物第一次以原大原色、高清复制的形式回到老家敦煌展出。

工作人员小心翼翼地从特藏室中取出敦煌藏经洞经卷文书，为了达到原大原色复制的精度，他们用高清扫描仪逐段扫描这些传世文献，并在电脑上合成为高清图片。

2018年9月27日，来自大英博物馆、大英图书馆、法国国家图

法国国家图书馆工作人员在拼接敦煌经卷扫描图

敦煌文博会推出流散海外敦煌藏经洞精品文物复制展

书馆、巴黎吉美博物馆的200幅绢画、经卷的复制品在敦煌亮相，失散100多年的藏经洞精品文献以原大、原色高清复制的方式回家了。尽管这些展品只占流散海外敦煌文物的几百分之一，也让敦煌人惊叹不已。

敦煌阳关博物馆馆长纪永元：里面确实有一些复制品复制的档次非常高，完全跟看原件是一样的效果。所以作为敦煌人，看了这个展览，这种激动兴奋的心情真的是难以描述的。

2019年3月，敦煌研究院院长赵声良来到巴黎吉美博物馆，找到了当年常书鸿曾经驻足的敦煌展厅。这里收藏了伯希和从敦煌带来的藏经洞绢画220卷、木雕21件，是世界上除大英博物馆外，收藏敦煌绢画最多的地方。

赵声良：这是一幅唐代的绢画《父母报恩变》。敦煌藏经洞出土的绢画中，父母报恩变是最常见的题材之一。这幅画的色彩非常鲜艳，因为敦煌画工用的都是矿物质颜料，又在藏经洞封藏了一千年时间，所以色彩如新，这是唐代中国绘画的原作，是非常罕见的。但是它们远离故乡已经100多年了。

站在曾让常书鸿震惊的藏经洞绢画前，赵声良心头涌起的是百年敦煌的历史风云。

赵声良在巴黎吉美博物馆观看敦煌绢画

甘肃石窟开启“敦煌模式”

1972年，从巴黎归来的敦煌守护神常书鸿刚从“牛棚”中被解放出来，就给周总理写了一份建议书，他建议把新疆、甘肃境内的26处石窟群、2197个洞窟集中起来，由国家统一管理，以免中国最优秀的石窟艺术遗产遭到破坏。

但由于当时条件不成熟，直到他九十岁去世时也没能实现这个梦想。

七十多年来，经过几代敦煌守望者的艰苦努力，敦煌研究院在石窟壁画和土遗址保护上已经走到了全国前列。

故宫博物院院长王旭东：实际上我们的前辈，就是敦煌研究院莫高窟的这些前辈们，他们在过去，足迹就已经踏遍了甘肃的那些石窟，他们发现那些地方也应该得到妥善的保护，也应该加强对它的研究，让更多的人能够了解它。因为甘肃是一个石窟长廊啊，它记录了1000多年中石窟艺术不断的发展演变，有很多石窟从内涵上是相似的，从建筑形式上是相似的，应该得到同样的保护、管理、研究、传承和弘扬。

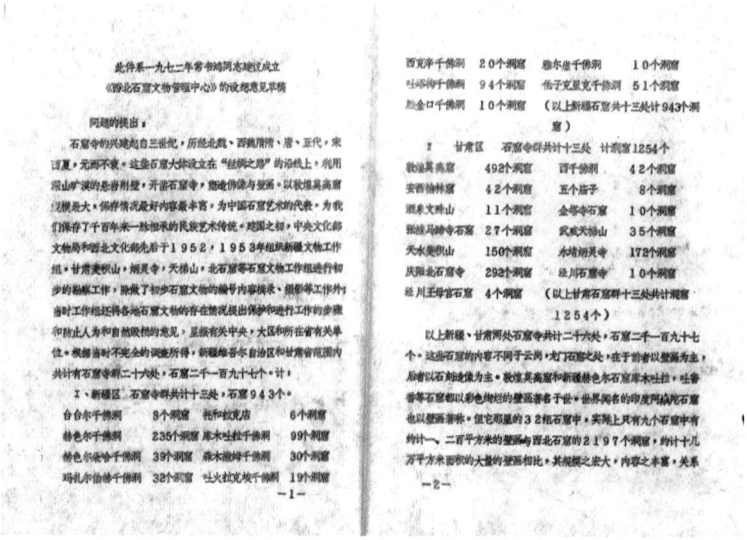

此件系一九七二年常书鸿同志建议成立

《西北石窟文物管理中心》的设想意见草稿

问题的提出：

石窟寺的兴建起自三世纪，历经北魏、西魏隋唐、唐、五代，宋西夏，元而不衰。这些石窟大都设立在“丝绸之路”的沿线上，利用深山旷漠的悬岩削壁，开凿石窟寺，塑造佛像与壁画。以敦煌莫高窟规模最大，保存情况最好内容最丰富，为中国石窟艺术的代表。为我们保存了千百年来一脉相承的民族艺术传统。建国之初，中央文化部文物局和西北文化部先后于1952，1953年组织新疆文物工作组，甘肃麦积山，炳灵寺，天梯山，北石窟等石窟文物工作组进行初步的勘察工作，除做了初步石窟文物的编号内容摘录、摄影等工作外，当时工作组还将各地石窟文物的存在情况提出保护和进行工作的步骤和防止人为和自然毁损的意见，呈报有关中央，大区和所在省有关单位。根据当时不完全的调查所得，新疆维吾尔自治区和甘肃省范围内共计有石窟寺群二十六处，石窟二千一百九十七个。计：

I、新疆区 石窟寺群共计十三处，石窟943个。

台台尔千佛洞	8个洞窟	托和拉克店	6个洞窟
赫色尔千佛洞	235个洞窟	库木吐拉千佛洞	99个洞窟
赫色尔朵哈千佛洞	39个洞窟	森木赛姆千佛洞	30个洞窟
玛扎尔伯赫千佛洞	32个洞窟	吐火拉克埃千佛洞	19个洞窟

—1—

西克辛千佛洞	20个洞窟	雅尔崖千佛洞	10个洞窟
吐峪沟千佛洞	94个洞窟	伯子克里克千佛洞	51个洞窟
胜金口千佛洞	10个洞窟	（以上新疆石窟共十三处计943个洞窟）	

Ⅱ 甘肃区 石窟寺群共计十三处 计洞窟1254个

敦煌莫高窟	492个洞窟	西千佛洞	42个洞窟
安西榆林窟	42个洞窟	五个庙子	8个洞窟
酒泉文殊山	11个洞窟	金塔寺石窟	10个洞窟
张掖马蹄寺石窟	27个洞窟	武威天梯山	35个洞窟
天水麦积山	150个洞窟	永靖炳灵寺	172个洞窟
庆阳北石窟寺	292个洞窟	泾川石窟寺	10个洞窟
泾川王母宫石窟	4个洞窟	（以上甘肃石窟群十三处共计洞窟1254个）	

以上新疆、甘肃两处石窟寺共计二十六处，石窟二千一百九十七个。这些石窟的内容不同于云岗，龙门石窟之处，在于前者以壁画为主，后者以石刻造像为主。敦煌莫高窟和新疆赫色尔石窟库木吐拉，吐鲁番等石窟都以彩色绚烂的壁画著名于世。世界闻名的印度阿旃陀石窟也以壁画著称。但它那里的32组石窟中，实际上只有九个石窟中有约计一、二百平方米的壁画与西北石窟的2197个洞窟，约计十几万平方米面积的大量的壁画相比，其规模之宏大，内容之丰富，关系

—2—

常书鸿给周恩来总理的建议

樊锦诗接受剧组采访

盛夏的敦煌莫高窟。旅游热似乎已逼近室外40℃的高温。人们在烈日下排好几个小时的队，就是为了一睹世界最大佛教艺术宝窟的风采。旅游旺季，每天上万游客带来的人为影响，让莫高窟不堪重负。

樊锦诗：仅2018年一年，就有195万游客！莫高窟受得了吗？所以我们就要想各种办法。绝对不能因为开放、旅游而牺牲文物，破坏文物，也不能因为要保护文物去怠慢观众，所以这两个方面就要结合起来做了。

从1963年来到敦煌，到2015年退休；从满头青丝，到一头白发，敦煌研究院名誉院长、中国改革先锋樊锦诗先生在敦煌坚守了半个多世纪。她用毕生精力做了一件事，就是与时间抗争，让敦煌

樊锦诗（中）与国外专家探讨敦煌壁画保护

石窟活得更长久。她竭尽全力推进“数字敦煌”工程，将洞窟壁画、彩塑的原貌用高清数字图像采集、储存下来，展示出去，借助高科技手段实现了敦煌石窟的永久性保存，成为中国石窟遗产保护的成功范例。

樊锦诗：我们也希望这样的遗产能永久保存下去，但它最后可能会越来越少。我们已经采取了那么多措施了，最后我们要靠这个数字化的方式永久保存，永续利用。尽管这个洞窟塌了、坏了，我这些信息还在，起码是虚拟的形象还在这里，还可以用。

在从事石窟壁画、塑像修复的六十多年里，“大国工匠”李云鹤先生的足迹踏遍了甘肃三千里石窟走廊，除了修复敦煌莫高窟、西千佛洞、瓜州榆林窟之外，他还修复过天水麦积山、永靖炳灵寺、泾川王母宫、甘谷大像山、张掖马蹄寺等十多个洞窟。看到由于保护条件和修复技术所限，省内外大部分石窟的壁画、塑像病害严重，很多处于岌岌可危的状况，他心里比谁都急！

李云鹤：很多石窟的文物比我们莫高窟的薄弱，病害要严重得多，有些老先生对我很有意见，说你到处跑着去修，我们这里还有好多没修的呢。我说对，我说你不知道，你真正去看一看，它那个害的是急性病，你不救它，它就没命了，我们这个是慢性病，把它们的急性病治好了再回来治慢性病都可以。我是本着这么一个想法。

从只有两三人的文物保护组，到现在近200人的国家壁画和土遗址保护工程技术研究中心；从抢救性保护到预防性保护，敦煌文物保护走过了漫长而曲折的发展之路。

李云鹤修复炳灵寺第169窟“建弘元年”题记

敦煌研究院保护研究所工作人员修复壁画

敦煌研究院副院长苏伯民：敦煌文物保护工作，应该说从常书鸿先生来到敦煌的第一天就开始了。七十年来，我们基本完成了对莫高窟壁画的抢救性保护工作。从20世纪50年代起，我们掌握了欧洲的起甲修复技术，后来又对材料和技术进行了自己的摸索和研究，找到了适合敦煌的修复方式，使我们在20世纪六七十年代抢救了大量的起甲壁画。后来和美国盖蒂保护研究所合作之后，我们共同研究出了空鼓灌浆加脱盐的技术，把壁画地仗层当中的盐分从泥中脱出，这是一项创造性的成果。对每一种修复材料的稳定性和安全性我们都要进行长期的科学试验。随着对壁画病害更深入的了解，我们不断摸索出新的修复技术，修复过程越来越精细化、规范化、科学化，以确保壁画的真实性、完整性，使其能长久地保存下去。

2016年，甘肃省委、省政府做出决定：将炳灵寺石窟、麦积山石窟、北石窟寺划归敦煌研究院管理。这意味着敦煌莫高窟、西千佛洞、瓜州榆林窟、天水麦积山石窟、永靖炳灵寺石窟、庆阳北石窟寺这6处横贯东西、相距三千里的甘肃精华石窟全部纳入敦煌研究院统一管理。

王旭东：甘肃省委、省政府做出一个非常重大的决定，将甘肃的最重要的6处石窟交由敦煌研究院统一管理，就是想把敦煌研究院75年来在保护、研究、传承、弘扬方面积累的一些经验，一些做法辐射到其他石窟。不仅仅是保护这些遗产，还要把它的价值挖掘得更加深入，而且我们要让这个遗产的价值为今天的经济社会服务，为我们今天的文化建设服务，为我们今天老百姓的精神文化追求提供营养。

至此，甘肃石窟全面开启“敦煌模式”。常书鸿先生当年的遗愿终于在莫高窟第四代、第五代掌门人手中实现了。

有人说，一个时代能留给后世的所有事物中，只有艺术品才是最鲜活的。艺术可以让一个时代复活，并向我们展示这个时代的面貌和细节。

一千六百多年来，无数的画工、塑匠用毕生的虔诚和惊人的创造，为后世留下了甘肃三千里石窟走廊。灿若星群的壁画、雕塑，

全人类共有的精神文化遗产

见证了四大文明的交流融合，再现了中古时代中国宗教、社会生活的生动细节，包含了中国艺术全盛时期的无数杰作，反映了印度佛教艺术中国化的全过程。这是中华文化孕育出来的传世瑰宝，是全人类共有的精神遗产。

回望三千里石窟走廊，重读那些镌刻在崖壁上的生动鲜活的历史表情，寻找千年佛陀留在丝绸之路上的悠远足音，我们仿佛听到那一声声开凿石窟的斧凿声，犹如一声声不倦的叩问，从时间深处传来，点燃了历史，照亮了未来。

中国石窟走廊，在一次又一次轮回中历久弥新，闪耀着绚烂夺目的光芒。

冯骥才：在人类发展的历史过程中，它的文明是不断积累下来的，它经过了一代一代人的创造。在创造的过程中，它要淘汰一些东西，要把经典的、精华的东西留住。这些优秀文化，是我们的祖先一代一代留下来的，所以呢，对优秀文化的保护一定是一个全民性的保护工程。用现在的话讲，就叫文化自觉。它应该是一个全民的文化自觉。

导演手记

发现一个石窟里的精彩中国

安秋

A. 与中国石窟艺术史的一次相遇

丝绸之路的粗犷和险峻，与丝绸柔软而华美的视觉是相悖的。它的基因是自由的、广阔的，并借此成就了伟大。

艺术史大师贡布里希论及古代中西方交流，有一段浪漫的动态描述：

古人大概比我们要坚毅，要大胆。商人、工匠、民间歌手或木偶戏班在某天决定动身启程，就会加入商旅队伍，漫游丝绸之路，穿过草原和沙漠，骑马或步行数月，甚至数年之久。

中国石窟史就在这样的行走中书写。那些东来西往的弘法高僧，那些怀揣秘籍的能工巧匠，那些满心虔诚的艺术圣徒，他们沿着丝绸之路来到中土，与某个有缘的地方相遇，然后驻留在那里，或开窟造像，或丹青画壁，或发愿禅修。一座座崖壁上的圣殿，就这样伴随着他们的行走渐次盛放。

后人从他们留下的雕塑和壁画中，遥想回放着这样的画面：某个印度笈多王朝的画师，为龟兹带来他们富有立体感的凹凸晕染法；某个阿富汗的雕塑家，在河西留下了犍陀罗风格的雕塑印记；某个凉州的工匠给平城带去西域风格的造像；某个长安的宫廷画师给敦煌带来中原的壁画粉本……

就这样，这条行走了1600多年的旅途，在状似一柄如意的甘肃版图上，在西域与中原的交会处，留下了中国内地最古老、最初始的佛教艺术样态，留下了中国佛教艺术从对西域的被动模仿，到中国元素的主动渗透，直至完全中国化的嬗变轨迹，这正是甘肃石窟最可贵、最有趣、最具价值之处。正如中国社会科学院世界宗教研究所黄夏年所说，中国石窟里完全中国化的样态并不稀奇，真正难得的是像甘肃石窟这样忠实记录西来的佛教艺术如何一步步完成中国化改造的流变过程，这种动态的信息才是最有生命力的。

纪录片《中国石窟走廊》所做的，正是要集中呈现丝绸之路留给甘肃的这一文化胎记与艺术宝藏，让千年石窟复活，让观众走进历史，发现一个石窟里的精彩中国。

我们从中国开凿最早、地理位置最西的新疆克孜尔石窟，到中国内地石窟的鼻祖——武威天梯山石窟；从号称中国石窟断代史标尺的永靖炳灵寺石窟，到名闻世界的佛教艺术宝库敦煌莫高窟；从身世显赫的肃南文殊山石窟，到延续云冈昙曜五窟造像的庆阳北石窟寺、平凉南石窟寺；从被誉为“东方雕塑馆”的天水麦积山石窟，到甘肃“东大门”的古泾州百里石窟长廊；从“天下黄土第一塬”董志塬上留下的丝绸古道车辙，到瘗埋时间比陕西法门寺还早180年的泾川大云寺舍利……追寻甘肃石窟的来路与归途，探访中国石窟艺术的前世和今生，捡拾起一片片沉寂在历史尘埃中的文明印迹。

在天山脚下木扎提河谷的雾霭中，在塔克拉玛干沙漠的落日下，在疏勒河峡谷的皑皑白雪中，在万里关山的郁郁葱葱里，在千里河西的苍凉戈壁上，在黄河逶迤的丝路古道边……我们的身影努力走近，再走近，我们的镜头景深努力扩大，再扩大，只为与这条漫长行旅中的故事和人物相遇。因为一处石窟遗址所告诉我们的，要远远超过一本书。它赤裸地、直白地还原了一段历史。

B. 一条发光的走廊

这是一部解读佛教艺术的纪录片。但它所涵盖的背景和生发的要义，远远超越佛教艺术本身。

考量一个地域的历史价值和发展前景，必须返身回溯，深入她的源头，探究她何以成为现在的理由。“从哪里来，到哪里去”的追问，正是重塑地域自信的开端。作为一个历史文化大省，甘肃需要这样的探求。

丝绸之路，从长安到罗马全线距离16000多里。其中，夹在青藏高原和蒙古高原之间的一条3000多里的狭长走廊，是一段黄金大通道，一条名副其实的石窟走廊，一条注定要书写历史和为历史所书写的文化长廊。

佛教东传初始，正是中国人的地理大发现时代。西汉张骞是第一个出发的探险家，他率先打通了西域最重要的地理单元：河西走廊、祁连山、天山、昆仑山。甘肃段成为往返长安、西域和印度的必经之路，河西走廊是佛教东传进入中国内地的第一站。其间穿梭往来的，不只是商人和丝绸，还有思想和信仰。

除了地处丝绸之路黄金路段的地理因素外，更重要的是人文驱动力。河西石窟建造的高峰期魏晋南北朝时期，恰是中国政治经济文化中心处于西北地区的时期。彼时，虽然中原动荡，而河西走廊却是除“衣冠南渡”之外的另一个世外桃源。无数中原学人云集于这个相对宁静的避风港，或开班讲学，弘扬文化精粹；或著书立说，延续华夏文脉。人文的开化和普及，使西来的佛教一踏入这片文化沃土，就受到滋养，尔后生根开花。

在佛教中国化最彻底的隋唐时期，恰是大一统王朝的鼎盛时期，官方对佛教的大力推行，让甘肃石窟一路勃兴，元气淋漓。这条中西文明孔道以其开放的胸襟，使世界文明和中原文明的每一次碰撞、革新，都会在这里开花、结果。只是宋元以后，随着这条孔道的封闭，格局不在，文脉渐衰。这一切都折射在甘肃晚期洞窟衰败的气息里，特别是明清时期对魏晋和隋唐雕塑壁画拙劣的修复印记中。自此，这里再也没有了河西凉州石窟群所张扬的勇猛精进，秦州“东方微笑”所展显的超然洒脱，敦煌菩萨眼目中所传递的温和慈悲，“长安门户”古泾州石窟群所凝聚的包容自信……

每一段文化记忆的精神气象，最终取决于人的精神气象。这部纪录片一直都在努力寻找和挖掘人物。因为人就是故事，就是文化，就是历史。

这部纪录片每一集都贯穿着两条线：创造石窟的人，保护石窟的人。一条线是历史镜像中的人物：创造了“凉州模式”的沮渠蒙逊、为中土带来大乘佛教经典的鸠摩罗什、在武山拉梢寺留下世界第一大摩崖浮雕的秦州刺史尉迟迥、动用40万民众在麦积山顶营造经典石窟散花楼的秦州大都督李允信、在麦积山崖壁上永远诉说爱情悲剧的西魏皇帝元宝炬和被废的皇后乙弗氏……时空转入现当代，在历史与现实的交叉叙述中，一批甘肃石窟研究与保护的人物出场：放弃已在法国拥有的艺术成就和舒适生活，将一生奉献给莫高窟的“敦煌守护神”常书鸿；师从王国维、梁启超的麦积山石窟保护研究事业的开创者冯国瑞；足迹踏遍甘肃、新疆、中原石窟，提出“凉州模式”的中国考古泰斗宿白；“敦煌女儿”樊锦诗；靠绳索凌空攀爬到20多米高的炳灵寺169窟，探得中国石窟最早题记的岳邦湖、初世宾等甘肃老一代文物工作者；在天梯山石窟搬迁中坠入山崖牺牲的年轻人倪思贤；如今八十多岁还在石窟里修复壁画雕塑的“大国工匠”李云鹤先生……

李云鹤曾满怀深情地说：“你看那些塑像，那些壁画，在等着你去救救它呢，它有了病啦，你赶紧把它救一救啊！它也是有生命的。在那个历史条件下，这么高水平的艺术工作者辛辛苦苦绘制出来的这么多的壁画、塑像，要是再破坏掉，我们对得起祖先们吗？”我想，每一位观众听之都会为之动容，他道出了每一位石窟保护者的心声。

C. 感恩与欢喜

我一直认为纪录片的创作者最大的收获就在于——我来了，我看到了，我记录了。每当我看到一部优秀的纪录片时，常会假想如果我来做会怎样驾驭。同样，自己在做一部片子时，也喜欢假设如果是别人来做会如何操刀。毋庸置疑，每一部纪录片都会因创作者的洞察表达、审美取舍和驾驭能力的不同，最终呈现出不一样的风貌。对我来说，做片子是最好的成长方式。它带着我向上走，从广处看，往深处想。

这部纪录片用一句话概括，就是集中呈现甘肃石窟艺术，明确其在中国石窟史上的地位和价值。3000里石窟长廊的集体亮相，是按地理文化单元划分，还是按艺术衔接整合？总导演秦川最初的分集大纲选择了后者。2018年盛夏，当我们各分两集写完汇总时，发现问题来了：四集内容多处重复交叉。痛定思痛，我们重新按地理文化单元，即以凉州石窟群、敦煌石窟群、天水石窟群、陇东石窟群来分集。要知道，一般为了给采访拍摄的不确定性预留选择空间，每部纪录片的初稿我们都会按两倍的文字量写。就这样，四集七万多字的初稿要清零重写。我们没有抱怨，只是很安静地投入了新一轮的创作。因为15年来纪录片创作的经验告诉我们，哪一部片子都是在无休止的修修补补中完成的——大到整个片子的架构、段落的增删，一次次的补拍，小到一句解说词、一个镜头的调整。

与开端满怀新鲜感的创作相比，这种贯穿全程的修改，是一场持久战，好在我们这个只有5人的拍摄小团队有一个好班长——总导演秦川。主担片子谋篇布局、撰稿、导演、摄像、剪辑、音乐所有环节的他，也主担着各种修改和返工的活儿。就在我写这篇手记的此刻，他还在机房修改，整个假期他一直在机房苦战。因为按播出档期，从原来一集50分钟要删减到38分钟。这等于将一针一线绣好的新嫁衣一针一线拆掉，然后再一针一线绣好。

有一年拍摄台湾舞蹈家谌琼华，她看到秦川连日扛着重机器涉沙漠、跑戈壁，全程粗犷勇猛的工作状态，临别前感慨地说："你很像美国西部片里的荒野大镖客。"我想，如果谌老师看到他点灯鏖战，一帧一帧剪辑、一句一句斟酌、一次一次修改时的细致和耐心，可能会说他更像张飞绣花。

由于《莫高窟和吴哥窟的对话》与《中国石窟走廊》两个纪录片同时交叉作战，甚是艰苦。我们剧组翻山越岭，摸爬滚打，走遍了从新疆到甘肃，从河西到陇东，从黄河三峡到秦岭山区，以及龙门、云冈的几万里河山、数百座佛窟。在这样的工作节奏下，需要的是纯粹的热爱与激情。

累归累，终归是欢喜的。这种全程的感触交织起伏很像2018年12月7日一天的经历。寒风刺骨，雪没脚腕，车子不能直接开进榆林窟，只能停在两公里外。数百公斤的设备全靠肩扛手提，下台阶，上栈道。可推开唐25窟，看到动人心魄的壁画，又惊遇张大千的题记"辛巳十月二十四日午后忽降大雪时正临写净土变也"，想到77年前的那天也是大雪，张大千也站在这幅壁画前，这种因缘和合，真是令人感念万分。

拍摄完毕已是傍晚，再一趟趟在雪地往返搬运设备，羽绒服套棉大衣还是冷，手指脚趾都已冻僵。可抬头一看，天边积雪的大漠上，红彤彤的晚霞气象万千，犹如无数红衣少女挥动衣袂，我除了尖叫无以表达内心的畅意。接着是夜归途中，雪滑难行，我们只好停下来装防滑链。站在黑黝黝的大戈壁上，披着月光，我感觉这一天真像片子创作过程的浓缩版，也更像人一生的浓缩版——累着，苦着，欢喜着。

参考文献

1. 宿白,《克孜尔部分洞窟阶段划分与年代等问题的初步探索》，文物出版社，1997年。

2. 宿白,《凉州石窟遗迹和“凉州模式”》，文物出版社，1996年。

3. 常书鸿,《九十春秋—敦煌五十年》，浙江大学出版社，1994年。

4. 赵声良,《敦煌石窟艺术简史》，中国青年出版社，2015年。

5. 冯骥才,《人类的敦煌》，文化艺术出版社，1997年。

6. 敦煌研究院,《敦煌——纪念敦煌藏经洞发现一百周年》，朝华出版社，2000年。

7. 杜斗城,《河西佛教史》，中国社会科学出版社，2009年。

8. 张总,《新疆石窟壁画的布局与佛像识别——张总访谈录》，2015年。

9. 董玉祥、杜斗城,《北凉佛教与河西诸石窟的关系》，2019年。

10. 张学荣、何静珍,《论凉州佛教及沮渠蒙逊的崇佛尊儒》，原载《敦煌研究》，1994年第2期。

11. 史岩,《凉州天梯山石窟的现存状况和保存问题》，原载《文物参考资料》，1995年第2期。

12. 史岩,《散布在祁连山区民乐县境的石窟群》，原载《文物参考资料》，1995年第4期。

13. 张学荣,《凉州石窟及有关问题》，原载《考古学报》，1986年第4期。

14. 甘肃省文物工作队,《马蹄寺文殊山昌马诸石窟调查简报》，原载《文物》，1965年第3期。

15. 赵声良,《榆林窟艺术概述》，原截《丝绸之路》，1996年第6期。

16. 向达,《莫高、榆林二窟杂考》，1944年。

17. 沙武田,《绽放在敦煌的长安之花：莫高窟220窟历史与艺术漫谈》，新华每日电讯，2018年7月31日。

18. 胡杨,《沿着石窟的长廊，佛走进了中国》，原载《中国国家地理》，2007年第11期。

19. 赵雪芬,《丝绸之路与炳灵寺石窟》，原载《中国美术报》，2017年5月11日。

20. 张焯,《云冈石窟为何被誉为“东方佛教的第一圣地”？》，原载《云冈石窟全集》，青岛出版集团,2019年。

21. 胡同庆,《甘肃石窟雕塑艺术概论》，原载《敦煌研究》，1997年第4期。

22. 魏文斌，《20世纪早中期甘肃石窟的考察与研究综述》，原载《敦煌学辑刊》，2005年第1期。

23. 魏文斌，《七佛、七佛窟与七佛信仰》，原载《丝绸之路》，1997年第3期。

24. 马化龙，《丝绸之路东段的几处佛教石窟——泾川王母宫与南、北石窟寺考察》，原载《西北师范学院》，1983年第4期。

25. [美]霍勒斯 H.F · 杰恩，《泾河流域的佛教石窟》，原载《敦煌学辑刊》，1992年第1、2期。

26. 张怀群，《泾川佛教文化遗产录》，转自《佛教圣地泾川》，2006年。

27. [美]兰登 · 华尔纳，《在中国漫长的古道上》，新疆人民出版社，2001年。

28. 王冀青，《华尔纳与中国文物》，原载《在中国漫长的古道上》译后记。

29. 陈万里，《西行日记》，北京朴社，1926年。

30. 金夫，《甘肃东部石窟群：它们是古代最先锋的“时尚产品”》，原载《中国国家地理》，2016年第2期。

31. 熊秉明，《佛像和我们》，选自《熊秉明文集》，上海文汇出版社，1999年。

32. 吴浩军，《河西文化圈的形成及其代表人物略述》，2005年。

33. 陈寅恪，《隋唐制度渊源略论稿》，三联书店，2001年。

34. 耿朔，陈锋，吴健，《河西石窟群：中原石窟的老祖宗在这里》，原载《中国国家地理》，2016年第1期。

35. 冯国瑞，《麦积山石窟志》，天水石印本，1941年。

36. 初世宾，《麦积崖的开创年代与相关问题——兼论早期佛教艺术》。

37. 冯国瑞，《天水麦积石窟介绍》，原载《文物参考资料》，1951年第二卷第10期。

38. 郑振铎，《麦积山石窟》序，文物出版社，1954年。

39. 张锦秀，《麦积山重点魏窟述评》，原载《丝绸之路》，1999年 S1期。

40. 何正璜，《天水麦积山佛窟》，原载《旅行杂志》，1953年第9期。

41. 王朝闻，《麦积山石窟艺术》，原载《人民画报》，1954年二月号。

42. 王子云，《麦积山石窟雕塑艺术的初步介绍》，原载《艺术生活》，1954年3期。

43. 孙纪元，《麦积山雕塑艺术的成就》，原载《中国石窟 · 天水麦积山》，文物出版社、日本平凡社，1998年。

44. 谢成，《通向自由和生命的天窗——解读麦积山121窟一组雕塑》，原载《丝绸之路》，2000年第4期。

45. 郑炳林、沙武田，《麦积山石窟北朝雕塑艺术体现的佛教人间化倾向》，原载《敦煌佛教艺术文化论文集》，兰州大学出版社，2002年7月。

46. [日]名取洋之助，《麦积山摄影之行》，原载《麦积山石窟资料汇编初集》，1980年3月。

47. 何鸿，《麦积山佛影》，中国美术学院出版社，2019年。